Zentralitäten 4.0

RAUMPOLITIKEN UND NEUE MOBILITÄT AUF DEM LANDE

Schriftenreihe des Fachbereichs Architektur, Stadtplanung,
Landschaftsplanung der Universität Kassel   Band 8

ZENTRALITÄTEN 4.0 RAUMPOLITIKEN UND NEUE MOBILITÄT AUF DEM LANDE

TEIL I DIGITALISIERUNG UND NEUE MOBILITÄT

TEIL II
RAUMPOLITIKEN
UND NEUE ZENTRALITÄTEN

TEIL III
GLOBALISIERTE RÄUME –
GESPALTENE GESELLSCHAFT

Philipp Oswalt, Stefan Rettich

Einleitung
Auf dem Land
viel Neues

Philipp Oswalt

geboren 1964 in Frankfurt am Main, ist Architekt und Publizist, seit 2006 Professor für Architekturtheorie und Entwerfen an der Universität Kassel. Von 2009 bis 2014 war er Direktor der Stiftung Bauhaus Dessau. Zu seinen wichtigen Projekten gehören die Forschungen über Zwischennutzung (Urban Catalyst 2001 bis 2003) und Schrumpfende Städte (2002 bis 2008), die kulturelle Zwischennutzung des Palasts der Republik (2004) und das Projekt Bauhaus (2015 bis 2019).

Stefan Rettich

geboren 1968 in Ebingen, Schwäbische Alb, ist Architekt und Professor für Städtebau an der Universität Kassel. Von 2011 bis 2016 war er Professor für Theorie und Entwerfen an der Hochschule Bremen, zuvor lehrte er vier Jahre am Bauhaus Kolleg in Dessau. Er ist Gründungspartner und Mitinhaber von KARO* architekten. Rettich berät das Bundesministerium für Wohnen, Stadtentwicklung und Bauwesen als Mitglied des Expertenbeirats Urbane Resilienz sowie des IBA-Expertenrats.

Im Zuge der Digitalisierung zeichnet sich ein rasanter Wandel der Strukturen des Einzelhandels, der Mobilitätsangebote und der Daseinsvorsorge ab. Dieser Wandel beeinflusst auch die Entwicklung der Mittelzentren in Deutschland. Angesichts zunehmender Disparitäten zwischen den ländlichen Räumen und den Metropolregionen verändert sich die Rolle der Mittelzentren ohnehin. Durch technologische Neuerungen wie Onlinehandel, autonomes Fahren oder Telemedizin ist damit zu rechnen, dass manche zentralörtlichen Funktionen noch weiter modifiziert werden. In Zukunft werden einzelne kommunale Aufgaben durch Koproduktion zivilgesellschaftlicher Akteure gestützt, durch neue Angebote ersetzt oder gar ganz entfallen, aber auch neue Aufgaben hinzukommen. Die ursprünglichen Steuerungsmodelle der Raumordnung und auch der Mobilität, die unter ganz anderen ökonomischen und technischen Rahmenbedingungen entwickelt wurden, müssen an diese Veränderungen angepasst werden.

Walter Christaller hat in den 1930er Jahren zur Bestimmung seines Zentrale-Orte-Systems (ZOS) neue Medien herangezogen: Er zählte Telefonanschlüsse, um raumübergreifende Zentralitäten zu identifizieren. Heute wirkt sich Digitalisierung prägend auf den Raum aus, auf Stadt, Land und Mobilität. Das Buch geht diesem Kernthema anhand von drei Themenblöcken nach: Einleitend wird diskutiert, welche strukturellen Veränderungen im Zuge der Digitalisierung – insbesondere durch neue Mobilität – zu erwarten sind und wie sich diese auf die Attraktivität des ländlichen Raums und die Aufgaben von Mittelstädten auswirken könnte. Im zweiten Teil beleuchten Beiträge die Aktualität des ZOS. Dies wird theoretisch, aber auch praktisch anhand von Raumpolitiken aktueller Landesentwicklungsprogramme, unterschiedlicher Auffassungen von Daseinsvorsorge sowie den Aufgaben von Mittelzentren in städtisch und ländlich geprägten Räumen erörtert. Abschließend werden Ursachen populistischer Tendenzen, Verlusterfahrungen durch Globalisierungsprozesse sowie rechtsextreme Entwicklungen im ländlichen Raum beleuchtet.

DIGITALISIERUNG UND NEUE MOBILITÄT

Seit einigen Jahren erleben wir eine rapide Zunahme an Sharing- und On-Demand-Angeboten im Mobilitätsbereich, die allesamt über digitale Apps gesteuert werden. Ebenso wie der Diskurs über die Automatisierung des Motorisierten Individualverkehrs (MIV) werden diese digitalen Angebote aber fast ausschließlich auf den städtischen Bereich bezogen oder dort angeboten. Eine Übertragung auf den ländlichen Raum liegt ebenso wenig vor wie eine Differenzierung – beispielsweise welche Angebote im ländlichen Raum sogar besser oder zielführender anwendbar wären oder zwingend etabliert werden müssten.

Stefan Rammler beschreibt Megatrends, die sich auf Verkehre auswirken und die sowohl Veränderungszwänge als auch Chancen hin zu einer *Mobility as a Service* (MaaS) erzeugen. Um dies zu erreichen, müsse Mobilität vom Gesamtsystem hergedacht werden, anstatt wie bisher nur von den einzelnen Verkehrsträgern. Eine Voraussetzung für die Verkehrswende sieht er zudem in einem massiven Ausbau der öffentlichen Verkehrsinfrastrukturen im ländlichen Raum, da dort Mobilität unmittelbar mit sozialer Gerechtigkeit und Daseinsvorsorge verknüpft ist. Die anfängliche Euphorie in der Automobilbranche, in kurzer Zeit fahrerlose, vollautomatisierte Fahrzeuge produzieren zu können, ist aufgrund vielfältiger ethischer, aber auch technischer und verkehrlicher Fragen einer gewissen Skepsis gewichen. Nichtsdestotrotz ist es erforderlich, das Szenario vom Ende her zu denken und mögliche Fehlentwicklungen vorausschauend in den Blick zu nehmen. **Dirk Heinrichs und Benjamin Heldt** fassen den Wissensstand und unterschiedliche Modelle zu den Auswirkungen des autonomen Fahrens zusammen, mit einem Fokus auf vollautomatische Fahrzeuge (Level 5). Sie differenzieren nach Raumtypen und stellen die Auswirkungen auf deren Siedlungsentwicklung heraus wie auch die Auswirkungen auf die Bodenpreise und damit die Auslastung der Grundstücke, die die Automatisierung des MIV haben wird. Auch **Mathias Mitteregger** befasst sich mit der Einführung des autonomen Fahrens und spricht vom langen Level 4, also von der Phase vor der Vollautomatisierung, die uns länger begleiten wird, als ursprünglich – von der Autoindustrie für 2020 – angekündigt. Er befürchtet daher, dass für bereits weit automatisierte Fahrzeuge eigene Infrastrukturen entwickelt werden, an den Stadträndern, entlang von Autobahnen. Das würde im suburbanen Raum erneut zu Orten höchster Erreichbarkeit und dort zu einer Dynamisierung der Siedlungsentwicklung führen. Er spricht zudem die enorme Datenmenge an, die von automatisierten Fahrzeugen generiert wird, und stellt die Frage, wem diese Daten gehören und für wen sie zugänglich sein sollten.

Der Wandel hin zur Digitalisierung und Automatisierung der Verkehre stellt gerade die öffentlichen Verkehre vor eine große Herausforderung, denn es wird noch bequemer, sich mit dem Auto fortzubewegen. Der Konkurrenzkampf, so **Kai Völckler**, wird nicht allein über eine Optimierung des Systems gelingen. Vielmehr werden gutes Design und einfache Funktionalität die individuelle Mobilitätswahl für den Umweltverbund entscheidend beeinflussen. Multimodalität und das Umsteigen vom Auto auf alternative Verkehrsmittel müssen praktisch und bequem sein. Gutes Design nachhaltiger Mobilität muss daher eng vom Nutzerverhalten abgeleitet werden und spielt für das Gelingen der Verkehrswende eine entscheidende Rolle. Die Vorstellung, dass vollautomatisierte Automobile gleichzeitig zu einer geteilten Mobilität führen und Sharing-Dienste die öffentlichen Verkehre ablösen werden, sieht **Rainer Meyfahrt** kritisch. Dies würde allenfalls in größeren Städten zum Tragen kommen, wo der Umstieg auf Nahverkehr und Sharing-Angebote bereits heute weit vorangeschritten ist. Im ländlichen Raum dagegen zähle der leistungsfähige Ausbau des öffentlichen Verkehrs auf den zentralen Achsen zwischen Ober-, Mittel- und Unterzentren, um die Pendlerverkehre dorthin zu verlagern. Außerhalb der Achsen bleibt nach seiner Vorstellung auch in Zukunft der Individualverkehr die sinnvollste Form, nach Möglichkeit mit dem Fahrrad. Im Prinzip sieht das auch **Theresa Mayer** so, die sich jedoch ergänzend für On-Demand-Ridepooling als Zubringerdienst für effektive Linien des ÖPNV ausspricht. Diese müssten in den ÖPNV integriert werden, um eine Konkurrenzsituation auszuschließen. Sie müssten zudem langfristig und großräumlich angeboten werden, um sich gegen den MIV durchzusetzen, auch wenn sie erst dann kostendeckend sein werden, wenn durch autonomes Fahren eine drastische Reduktion der Personalkosten möglich wird.

Philipp Oswalt, Stefan Rettich, Frank Roost und Lola Meyer zeigen anhand zweier Szenarien die möglichen Auswirkungen des autonomen Fahrens auf den ländlichen Raum auf und kommen zu der Schlussfolgerung, dass wenn nicht frühzeitig die Entwicklung proaktiv gestaltet wird, die öffentlichen Verkehre verdrängt und die Klimaschutzziele in weite Ferne rücken. In dem Szenario „Gemeinschafts-Land 2050" stellen sie am Beispiel Nordhessens dar, wie unter anderem durch die Einführung von On-Demand-Verkehren und einer baulichen Infrastruktur von ländlichen Mobilitätshubs dem gezielt entgegengewirkt werden kann.

Neben dem klassischen Linienverkehr haben sich zur Stärkung des ÖPNV im ländlichen Raum verschiedene flexible und alternative Angebotsformen etabliert. **Carsten Sommer** gibt einen Überblick aller bereits verfügbaren Angebotsformen und deren sinnvoller Einsatzbereiche, wie auch zu deren rechtlichen Einschränkungen, die stark davon abhängen, ob sie von öffentlichen Trägern angeboten oder privat betrieben werden. Er bietet zudem einen Einblick in die verschiedenen Betriebsformen von On-Demand-Verkehren und deren Begriffsdefinitionen. On-Demand-Ridepooling ist demnach die Betriebsform, die im ländlichen Raum für den Flächenbetrieb geeignet und gut in den ÖPNV integrierbar ist.

2018 wurde erstmals jeder zehnte Euro im Onlinehandel ausgegeben. Ein Trend, der sich durch die Corona-Pandemie drastisch verstärkt hat. **Sven Altenburg, Sören Groth, Judith Kurte und Dirk Wittowsky** erörtern im abschließenden Beitrag des ersten Kapitels die komplexen Wechselwirkungen zwischen Onlinehandel, Lieferverkehren und Typologien des stationären Einzelhandels sowie zukünftige Trends und Entwicklungen. Sie weisen zudem darauf hin, dass die Auslieferung im ländlichen Raum teurer ist und die Differenz perspektivisch auf die Endkunden übertragen werden könnte. Ganz grundsätzlich ist der Onlinehandel im ländlichen Raum ein zweischneidiges Schwert. Zum einen bietet er Zugang zum weltweiten Warenkorb und unterstützt die Daseinsvorsorge und die Schaffung gleichwertiger Lebensverhältnisse in der Stadt und auf dem Land, weit über die Bereitstellung von Waren des täglichen Bedarfs hinaus. Zum anderen birgt diese Tendenz die Gefahr, dass Grund- und Mittelzentren mit dem Erodieren des Handels wesentliche Funktionen verlieren und dadurch weiter geschwächt werden.

RAUMPOLITIKEN
UND NEUE ZENTRALITÄTEN

Im ländlichen Raum sind viele Mittelzentren und ihr Einzugsbereich von einem Bevölkerungsrückgang betroffen, der deren Status in Bezug auf rein quantitative Faktoren langfristig infrage stellt. In wachsenden Regionen hingegen gewinnen die Mittelzentren zwar an Bevölkerung, doch in funktionaler Hinsicht wird deren Rolle geschwächt: Die Attraktivität der Oberzentren und die Bedeutung der spezialisierten Standorte im suburbanen Raum steigen im Zuge eines Booms moderner urbaner Dienstleistungen, der weit über die Aufgaben klassischer staatlich geordneter Zentralität hinausgeht.

Im Zuge dieser fortschreitenden räumlichen Disparitäten bedarf der Umgang mit den Mittelzentren einer fachlichen Auseinandersetzung, denn deren Aufgaben haben sich so deutlich geändert, dass die ursprünglichen Steuerungsmodelle weiterentwickelt werden müssen. Die Beiträge in diesem Kapitel dienen der Bestandsaufnahme dieses divergierenden Planungsalltags in Mittelzentren in wachsenden und in ländlich geprägten Räumen sowie unterschiedlicher Planungsansätze bei der Landesentwicklung, die sich aus den neuen Erfordernissen ergeben.

Das Zentrale-Orte-System (ZOS) galt lange als robustes Instrument zur Steuerung der Regional- und Landesentwicklung. **Uwe Altrock** gibt einen Überblick zu dessen Entstehung und zu der aktuellen Rezeption. In der Kritik steht es, da im Zuge der Suburbanisierung und der Auslagerung zentraler Funktionen die Zentrenhierarchie aufgeweicht wurde. Durch schrumpfende Bevölkerung verloren zudem viele Grund- und Mittelzentren im peripheren Raum Kaufkraft und wichtige Funktionen, sodass deren zentralräumliche Einordnung ganz grundsätzlich infrage steht. Zum Dritten gibt es unter den Ländern sehr unterschiedliche Definitionen, sodass man nicht mehr von einem einheitlichen ZOS sprechen kann. Dennoch sieht Altrock das ZOS als alternativlos an, vielmehr bedürfe es flankierender Maßnahmen der informellen Regionalentwicklungspolitik. **Frank Roost** bestätigt die Kritik und ergänzt, dass die vormals klar abgrenzbaren Einzugsbereiche in den heutigen polyzentralen Agglomerationen nicht mehr ablesbar sind, das ZOS nur noch beschränkt anwendbar ist und sich für Verwaltung und Planung dieser polyzentrischen Räume neue, flexible

Multilevel-Governance-Strukturen herausbilden. Aufbauend auf den Forschungen von Saskia Sassen und Manuel Castells beschreibt er, wie Digitalisierung die Räume neu ordnet. Metropolen stehen als Knoten in einem weltweiten Netz untereinander in Verbindung. Ihre über Telekommunikation eng verknüpften Ökonomien sind Grundlage ihres Erfolgs, tragen aber auch zur Peripherisierung der anderen Landesteile bei. Planerische Instrumente wie die Europäischen Metropolregionen oder Regiopolen – für mittelgroße Städte – eignen sich für die veränderlichen Zentralitäten deutlich besser, da sie auf die jeweils eigenen Raumlogiken mit „weichen" Abgrenzungen reagieren, die sich überlagern, überschneiden und verändern können.

Diese relationale Nähe der Netzwerkökonomie bildet aber nur einen von zwei bedeutenden Pfeilern heutiger Zentralitäten. Die zweite wichtige Treiberin ist die räumliche Nähe und somit die Konzentration kluger Köpfe. Innovationstätigkeit als Voraussetzung von Zentralität in der heutigen Wissensgesellschaft benötigt nach **Michael Bentlage und Fabian Wenner** Dichte, Größe und kluge Köpfe auf engem Raum. Sie schließen daraus, dass sich Wissen ungleich im Raum verteilt, und zwar dort, wo es bereits konzentriert ist und von wo aus Netzwerke zu anderen Standorten verfügbar sind. Raumplanung müsse diese Form der räumlichen Ungleichheit hinnehmen und sogar fördern. Die Region München mit ihren global agierenden Unternehmen und Universitäten mit internationalem Ruf steht exemplarisch dafür. Das streng hierarchische System des ZOS eignet sich dafür nur noch bedingt, denn viele kleinere Kommunen beherbergen spezialisierte Unternehmen oder Funktionen. Die starre zentralörtliche Hierarchie der Metropolregion München werde daher durch gegenseitig verflochtene und komplementäre Knoten ergänzt und geprägt. Die Autoren haben insofern Verständnis dafür, dass die zentralen Orte im Landesentwicklungsprogramm (LEP) Bayern um die Kategorien der Metropole und des Regionalzentrums erweitert wurden.

Im Vergleich mit anderen Ländern weist das LEP Bayern mit einer übermäßigen Ausweisung von Zentren eine schwer nachvollziehbare Besonderheit auf. Während das angrenzende Baden-Württemberg 14 Oberzentren ausweist sind es in Bayern über 40 – hinzu kommen drei Regionalzentren und drei Metropolen. In Hessen blieb die Zahl von zehn Oberzentren im jüngst aktualisierten Landesentwicklungsplan 2020[01] dagegen konstant, dem Ober-

01 Hessisches Ministerium für Wirtschaft, Energie, Verkehr und Wohnen: LEP Hessen 2020, https://landesplanung.hessen.de/node/354/ (letzter Zugriff: 26.04.2023)

zentrum Frankfurt wird als Metropole von internationaler Bedeutung weiterhin eine besondere Rolle zugeschrieben. Eine größere Auseinandersetzung bedurfte der Umgang mit den Mittelzentren, denn in Hessen ist die Zentrenstruktur an den Kommunalen Finanzausgleich (KFA) gekoppelt, was natürlich Begehrlichkeiten weckt. Da dem Land Hessen an einer wissenschaftlich und sachlich fundierten Grundlage gelegen war, wurde die Expertenkommission Zentrale Orte und Raumstruktur (ZORa) eingesetzt, die sich auch mit den raumstrukturellen Veränderungen seit Ende der 1990er Jahren auseinandersetzte, die im Wesentlichen durch eine Zunahme der Bevölkerung, der Wohnungen und der Verkehre in Hessen bestanden. Zudem zeigte sich Steuerungsbedarf im großflächigen Einzelhandel sowie durch den wachsenden Onlinehandel. Da Hessen über 95 Mittelzentren verfügt, die ausgewogen verteilt sind, blieb es bei dieser Anzahl. Allerdings zeigte sich, dass sich diese in sehr unterschiedlichen räumlichen Kontexten befinden und auch die Zentralörtlichkeit, also die Zentralität, stark schwankte. Insbesondere bei Mittelzentren in den Verflechtungsräumen der großen Oberzentren war diese teilweise schwach ausgeprägt. In der Folge wurden vier Raumkategorien gebildet – hochverdichteter Raum, verdichteter Raum, ländlicher Raum mit Verdichtungsansätzen, dünn besiedelter ländlicher Raum. Der Unterschiedlichkeit der Mittelzentren und ihrer erforderlichen Ausstattung wurde dahingehend Rechnung getragen, dass aufbauend auf den Raumkategorien eine Typisierung nach sechs Mittelzentren erfolgte, bei der den „kooperierenden Mittelzentren" eine besondere Bedeutung zugewiesen wurde. Durch die Typisierung lässt sich die Ausstattung differenzierter an den tatsächlichen Bedarfen ausrichten.[02]

Gerade in stark vernetzten Regionen, die sich über mehrere Bundesländer hinweg erstrecken, führt diese zunehmend ungleiche Definition von Zentralörtlichkeit und der damit verbundenen Ausweisung von Zentren zu Schwierigkeiten einer abgestimmten Raumentwicklung. **Hans-Jürgen Seimetz** beschreibt die Entstehung der Metropolregion Rhein-Neckar, die sich über drei Bundesländer erstreckt, und des dort erfolgreich etablierten Einheitlichen Regionalplans Rhein-Neckar (ERP). Im Planungsalltag erforderte dies einen höchst aufwendigen Abstimmungs- und Harmonisierungsprozess, der bei Wohnen, Gewerbe und Einzelhandel schon weit gediehen ist. Zahlreiche Gutachten waren dafür erforderlich, um die unterschiedlichen Länderverordnungen zwar beibe-

02 Ebd.

halten zu können, aber dennoch für besonders relevante Themen eine Rechtsverbindlichkeit zu erzielen. Bei der zentralörtlichen Einstufung gibt es aber weiterhin erhebliche Differenzen, weshalb diese lediglich nachrichtlich in den ERP übernommen werden konnte. In den Politikfeldern, in denen noch keine Einigung erfolgt ist, wurden aber das Problembewusstsein und die länderspezifischen Sichtweisen deutlich geschärft.

Thüringen weist im Vergleich mit anderen Bundesländern eine besonders ausgeprägte räumliche Homogenität auf. Neben den drei Oberzentren Erfurt, Jena und Gera ist das Land mit einem ebenmäßigen Netz aus Klein- und Mittelstädten überzogen. Bei der Aufstellung des LEP Thüringen 2025 wurden in Ausrichtung auf diese spezifische Struktur mittelzentrale Funktionsräume definiert, die sich auf die jeweiligen Mittelzentren beziehen. **Thomas Walter** erörtert die Kriterien zu deren Ermittlung sowie deren Anwendungsoptionen bei Bedarfsplanungen verschiedener zentraler Funktionen. Diese durchaus sinnvolle Innovation ist ein weiteres Beispiel dafür, dass sich die Raumpolitiken der Länder spezifizieren, mit dem darin angelegten Problem, dass sich die einheitliche Entwicklung von Grenzregionen im Übergang zu anderen Bundesländern immer schwieriger gestaltet. In Thüringen wird aktuell an einer Änderung des LEP Thüringen 2025 gearbeitet, die unter anderem auf eine Ausweitung von Grundzentren im ländlichen Raum zielt und damit zu dessen Stärkung beitragen soll.

In Sachsen-Anhalt kam es im Zuge der drastischen Bevölkerungsverluste der Nachwendezeit zu herben Einschnitten in der finanziellen Ausstattung der Kommunen und zu einer beispiellosen zweistufigen Kreis- und Gemeindegebietsreform. Die ursprünglich 1033 Kommunen wurden danach in 104 Einheitsgemeinden und 18 Verbandsgemeinden mit insgesamt 115 Mitgliedsgemeinden gegliedert und verwaltet. **Dirk Michaelis** beschreibt dies aus der Perspektive der Hansestadt Stendal in der strukturschwachen Altmark, die als Mittelzentrum mit Teilfunktionen eines Oberzentrums eingestuft wurde, sowie des gleichnamigen Landkreises. Dass eine strukturelle Änderung notwendig war, um zentralörtliche Funktionen zu bündeln und Mittelzentren attraktiv zu halten, zeigt sich im Rückblick. Trotz anhaltender, aber gemäßigter Bevölkerungsverluste entwickelt sich der Landkreis Stendal positiv und die Kreisstadt Stendal hat einen relativen Bedeutungsgewinn erfahren.

Auch in der Planungstheorie wurden solche Strategien von großen Einheitskommunen im Zuge des Diskurses um schrumpfende Städte diskutiert. Für besonders dünn besiedelte Räume wie die Altmark hat Jürgen Aring ein Modell für Großkommunen entwickelt, mit einem dualen Raumprinzip von Garantie- und Selbstverantwortungsräumen. Nicht überall soll demnach alles gleichwertig sein, im Gegenteil sollte es in den Selbstverantwortungsräumen geringere Standards der Versorgung geben, dafür mehr individuelle Freiräume, weniger Regelungen, geringere Steuern, dezentrale Technologien.[03] Wem diese unfreiwillige Frontstellung nicht behagt, dem bleiben die Komfortzonen in den Garantieräumen.

In der Altmark sieht Aring rein rechnerisch das Potential von fünf bis sechs solcher Großkommunen, die einem mittelzentralen Verflechtungsraum entsprechen und perspektivisch die Landkreise ersetzen könnten; also eine Form der kreisfreien Groß-Landstadt. Die Kernfrage ist, ob diese neue Form der Zentren auch mit entsprechend erweiterten Funktionen ausgestattet wird oder ob es sich nur um eine fiskalische Raumordnung handelt, die nur auf Einsparung von Verwaltungskosten zielt. Am Beispiel von Gardelegen das mit 632 Quadratkilometern nach Berlin (891 km²) und Hamburg (755 km²) nun die drittgrößte Stadt Deutschlands ist, wird diese Frage eindeutig beantwortet: Gardelegen ist lediglich ein Grundzentrum mit Teilfunktion eines Mittelzentrums – den in Sachsen-Anhalt für Mittelzentren üblichen Zentralitätszuschlag erhält die Stadt aber nicht. Der Stärkung der Mittelzentren steht also in der Fläche ein deutlicher Rückzug des Staates gegenüber, der im Wegfall von Ortsbürgermeister*innen und wohnsitznahen Kommunalverwaltungen manifest wird. Bei vielen Bewohner*innen hat dies zu einer Entfremdung von politischen Prozessen und staatlichen Strukturen geführt, die sich auch im Wahlverhalten zeigt, Sachsen-Anhalt gehört zu den Hochburgen der AfD.

03 Aring, Jürgen: Gleichwertige Lebensverhältnisse – Invers frontiers – Selbstverantwortungsräume. In: Ministerium f. Landesentwicklung u. Verkehr Sachsen-Anhalt / P. Oswalt, E. Mittmann (Hg.): IBA Stadtumbau Sachsen-Anhalt – Weniger ist Zukunft. Berlin 2010, S. 764–777.

GLOBALISIERTE RÄUME – GESPALTENE GESELLSCHAFT

Vor dem Hintergrund von Digitalisierung, Globalisierung und gesellschaftlichem Wandel verändern sich Arten und Funktionen von Zentralität. Die Anforderungen an den Staat zur Regulierung der Raumentwicklung und zur Kompensation von Defiziten ändern sich wesentlich. Was bedeutet Zentralität heute? Was sind Zentrale Orte und welche Aufgaben kommen ihnen zu? Welche Governance-Strategien sollte der Staat in Zukunft verfolgen? Welche Rolle und Initiative soll der Staat in Räumen wahrnehmen, die von Globalisierungsverlusten und Peripherisierungsprozessen geprägt sind? Allein der Heimatdiskurs und die Gründung von Heimatministerien zeigt, dass hier dringend ein Korrektiv zur Politik der letzten Dekaden erforderlich ist, die den ländlichen Raum ausgeblendet und sich im Zeichen der Wissensgesellschaft und den damit verbundenen Wissensökonomien fast gänzlich auf die Entwicklung und Stärkung der Städte beschränkt hat.

In wirtschaftlicher Hinsicht geht mit der Digitalisierung eine neue Phase der Globalisierung einher, die in der Sozialgeografie als fragmentierende Entwicklung beschrieben wird, die sich sowohl räumlich ausprägt als auch tief greifende gesellschaftliche Veränderungen mit sich bringt. Der Krise nationalstaatlicher Steuerung, die damit einhergeht, steht der zunehmende Bedarf politischer Steuerung gegenüber – ein Dilemma. **Jörg Dürrschmidt** zeigt anhand von internationalen und nationalen Studien zum Brexit, zum ersten Wahlsieg Trumps und zum Heimatdiskurs in Deutschland, wie dies in der westlichen Welt zu einer bipolaren gesellschaftlichen Entwicklung mit scheinbar unversöhnlichen Positionen geführt hat, und beschreibt deren Werte und kulturelle Konfliktlinien: auf der eine Seite global denkende, in transnationale Netzwerke eingebundene, mobile und metropolitane Milieus; auf der anderen Seite Milieus, die sich mit konkreten Orten, an denen sich langjährige Freundschaften und stabile Familienstrukturen etabliert haben, verbunden fühlen – und ihr Lebensführungsmuster zunehmend als entwertet ansehen. Deren Verunsicherung ist begründet und müsse ernstgenommen werden, auch wenn sie sich oftmals in kaum nachvollziehbaren populistischen Parolen äußere. Den Rückgriff auf Wohlfahrtsstaatlichkeit im Sinne einer nachholenden Modernisierung sieht Dürrschmidt kritisch. Vielmehr gehe es darum, eine ernsthafte gesellschaftliche Suchbewegung nach lebenswerter Heterogenität in Gang zu setzen und daraus „Integritäten" zu entwickeln, deren Werte von beiden Seiten geteilt werden.

Mit Aufkommen der PEGIDA-Bewegung, den anhaltenden Wahlerfolgen der AfD und nicht zuletzt durch die Morde des Nationalsozialistischen Untergrunds wurden das Demokratieverständnis und die Demokratiefähigkeit der Ostdeutschen nachhaltig infrage gestellt. **Kerstin Faber** bietet einen differenzierten Blick auf die Nachwendeentwicklung Ostdeutschlands mit einem Fokus auf den ländlichen Raum. Sie reflektiert zunächst den rasanten Strukturwandel in den 1990ern, verbunden mit der Zentralisierung landwirtschaftlicher und gewerblicher Produktion, den darauffolgenden lokal-wirtschaftlichen Bedeutungsverlust ganzer Regionen sowie die in Umfragen festgestellte Ost-Deprivation als Reaktion darauf. Allerdings lässt sich dies nicht allein aus sozioökonomische Gründen erklären, denn nicht alle, die zu einem extremen Wahlverhalten neigen, sind Modernisierungsverlierer*innen – im Gegenteil. Ein Zusammenhang von hohem AfD-Wahlergebnis und niedrigem Pro-Kopf-Einkommen lässt sich nur in Westdeutschland feststellen, weshalb Faber zu dem Schluss kommt, dass es im Westen um Klassenkampf geht, während es sich im Osten um einen Kulturkampf um Werte handele, der dort gerade im ländlichen Raum auch zu einer rechten Landnahme führe. Denn dort bieten sich Rückzugsräume und Nationaldenkmäler wie Burgen und Schlösser, die rechtspopulistisch instrumentalisiert und wo völkische Lebensstile ungezwungen praktiziert werden können. Diesem Rechtsruck könne und müsse man mit positiven Visionen begegnen und umfassender Hilfe zur Selbsthilfe, wie dies unter anderem durch die Mobile Beratung in Thüringen (MOBIT) erfolgt, die alle unterstützt, die sich für demokratische Werte einsetzen wollen.

Claudia Neu bestätigt im abschließenden Beitrag, dass AfD-Wähler*innen mehrheitlich aus der bürgerlichen Mitte kommen, die von Abstiegsängsten geplagt werden. Ausschlaggebend sei hier nicht allein die finanzielle Lage, die in der Wahlforschung als egotropisches Verhalten bezeichnet wird, sondern in hohem Maße die Soziotropie, also die finanzielle Situation des persönlichen Umfelds. Diesen Aspekt der Soziotropie untersucht Neu mit Kolleg*innen in dem Forschungsprojekt „Das Soziale-Orte-Konzept" in Bezug auf den sozialen Zusammenhalt und im Vergleich zweier ost- und westdeutscher Landkreise in peripheren Räumen. Während in der west-

19

deutschen Fallstudie der gesellschaftliche Zusammenhalt als gut eingeschätzt wird, wirken im ostdeutschen Fall die Wende- und Nachwenderfahrungen des Abbaus sozialer Infrastruktur oder alltäglicher Begegnungsstätten durch Schließung von Betriebskollektiven nach, auch wenn die aktuelle persönliche Situation eher positiv eingeschätzt wird. Ganz allgemein lässt sich feststellen, dass in abgehängten Regionen nach der Deindustrialisierung eine Deinfrastrukturalisierung folgte, staatliche Präsenz und Orte der gemeinsamen Begegnung verschwanden. Öffentliche Infrastrukturen seien aber immer auch Symbol der Moderne, des Fortschritts und der gesellschaftlichen Teilhabe und zugleich Soziale Orte. Neue Soziale Orte könnten sowohl räumliche Topoi sein, aber auch aus Netzwerken bestehen. Entscheidend sei das Vorhandensein von öffentlichen Infrastrukturen, denn Soziale Orte können sich nur mit ihnen entwickeln, sie brauchen einen starken, dauerhaften staatlichen Rückhalt. Das ZOS stellt Neu nicht infrage, denn es brauche eine klare vertikale Hierarchie, die Orientierung gebe. Es brauche aber eben auch eine horizontale Ebene – und die könnte aus Sozialen Orten bestehen, die das ZOS ergänzen und es den Menschen vor Ort ermöglichen, ihren persönlichen Lebensalltag selbst mitzugestalten und Gemeinschaft zu erfahren.

Ausgangspunkt dieses Buches und einer vorangegangenen Tagung war ein fachlicher Austausch mit mehreren Abteilungen des Hessischen Ministeriums für Wirtschaft, Energie, Verkehr und Wohnen (HMWEVW) zu Fragestellungen der Landesentwicklung Hessens. Dabei wurde zum einen deutlich, dass Mittelzentren in wachsenden Pendlerverflechtungsräumen der Großstädte teilweise an Zentralität einbüßen. Zum zweiten, dass dies nicht auf Mittelzentren im ländlichen Raum zutrifft, sondern dort die Zukunft der öffentlichen Verkehre eine weit größere Herausforderung darstellt.

Unser Dank gilt deshalb insbesondere Florian Ismaier und seinem Team im HMWEVW für diesen Impuls und für die Förderung der Tagung und dieses Buches. Die anschließende Forschung der Fachgebiete von Philipp Oswalt, Stefan Rettich und Frank Roost an der Universität Kassel zur Auswirkung der Automatisierung der Verkehre im ländlichen Raum und zur frühzeitigen Digitalisierung der öffentlichen Verkehre im Ländlichen sowie zum Ausbau eines darauf abgestimmten Hubsystems wäre ohne diesen Impuls und den Diskurs im Rahmen der Tagung nicht möglich gewesen. Unser zweiter großer Dank gilt dem BMWSB und dem BBSR für die Förderung dieser vierjährigen Forschungsarbeit im Innovationsprogramm „Zukunft Bau" sowie für die Förderung der Tagung und dieser Publikation.

I
DIGITALISIERUNG UND NEUE MOBILITÄT

Stephan Rammler

Die Zukunft der Mobilität

Stephan Rammler

geboren 1968 in Gronau an der
Leine, ist wissenschaftlicher
Direktor und Gesellschafter des
Instituts für Zukunftsstudien und
Technologiebewertung in Berlin.
Zudem ist er seit 2002 Professor
für Transportation Design &
Social Sciences an der HBK
Braunschweig. Von 2007 bis 2014
war er dort Gründungsdirektor
des gleichnamigen Instituts für
Transportation Design.

Die Zukunft war schon immer ein unübersichtliches Terrain, heute ist sie es erst recht. Wir leben in einer immer rasanteren Welt, in der das Kommende immer weniger fassbar wird. Wo gestern ein Weg lag, ist heute keiner mehr. Was lange Zeit als sinnvoll galt – zum Beispiel die Verbrennung von Kohle, Öl und Gas, der Besitz eines eigenen Autos oder das ökonomische Prinzip stetig ansteigenden Wachstums –, entwickelt sich heute womöglich zu einer Gefahr für die Biosphäre. Wo wir heute in einer Sackgasse stehen, spannen sich morgen vielleicht neue Bahnen auf. Risikobehaftete Entwicklungen können auch Chancen bieten, zum Beispiel die Schiffbarkeit der Nordostpassage im Nordpolarmeer wegen der durch den Klimawandel in der Sommerzeit verursachten Eisschmelze oder die Möglichkeit zur Besiedlung neuer Lebensräume in der arktischen Region.

Diese Unübersichtlichkeit und Widersprüchlichkeit machen den Versuch des Begreifens und Bewertens zukünftiger Entwicklungen heute wichtiger denn je. Dabei ist das Mögliche nicht immer das Wahrscheinliche, und das Unwahrscheinliche kann mit unerbittlicher statistischer Macht unerwartet und plötzlich eintreten. Mitunter genügen minimale Veränderungen, um ein lange angestautes Fass zum Überlaufen zu bringen und alles bislang Gültige außer Kraft zu setzen. Das ist oft bei politischen Entwicklungen der Fall, bei Konflikten zwischen Ethnien oder Religionsgruppen zum Beispiel. Finden diese Auseinandersetzungen in Weltregionen statt, die aufgrund ihrer Bodenschätze mit der ganzen Welt verflochten sind, wie der Nahe und Mittlere Osten, so kann aus einem lokalen Streit um Glaubensfragen überraschend schnell eine weltweite Krise werden. Deswegen sollte Zukunftsschau mit Demut vor dem Unerwarteten und ohne die Unbeirrbarkeit betrieben werden, die manche Zukunftsforscher*innen an den Tag legen, indem sie den Eindruck erwecken, man könne die Zukunft *wissen*. Man kann es eben nicht. Trotzdem können wir versuchen, uns auf verschiedene Zukunftsvarianten vorzubereiten und zugleich – was noch viel wichtiger ist – die für die Zukunft wünschenswerten Weltentwürfe zu entwickeln.

Das Zukünftige entfaltet sich von heute aus betrachtet in einem Möglichkeitsraum, der zwischen den unterschiedlichsten Einflussfaktoren aufgespannt wird: Entwicklungen in Wissenschaft, Technologie, Politik, Kultur, Wirtschaft, Ökologie und Bevölkerungsentwicklung verweben sich zu der Vielfalt, die wir Gesellschaft nennen und nur mit derselben Vielfalt von Sichtweisen verstehen lernen können. Mit welchen Fragestellungen und Trends werden wir mit Blick auf die Mobilität also konfrontiert sein?

Mobilität in der Zukunft

Die zukünftige Verkehrsentwicklung wird von starkem Wachstum gekennzeichnet sein.[01] Die Ölabhängigkeit des Weltverkehrs ist die Ursache für die lokalen Schademissionen wie für den wachsenden Ausstoß an Klimagasen und die geopolitischen Dauerkonflikte ums Erdöl. Auch ist der Verbrauch von Rohstoffen aufgrund der Materialintensität moderner, zunehmend digitalisierter Mobilität ein Zukunftsthema. Es sind im Kern vier Megatrends, die in ihrem Zusammenwirken Veränderungszwänge, aber auch Chancen für eine zukunftsfähige Transformation der Mobilität erzeugen:

URBANISIERUNG: Lebten um 1900 etwa 165 Millionen Menschen in Städten, werden es im Jahr 2050 bereits 70 bis 80 Prozent von etwa 10 bis 12 Milliarden sein. Das Leben in Ballungsräumen wird also im 21. Jahrhundert die typische Existenzform für den überwiegenden Teil der Weltbevölkerung sein. Auch in Deutschland leben bereits zwei Drittel der Bevölkerung in städtischen Räumen. Je mehr Menschen sich auf immer engerem Raum mit ihren vielfältigen Lebensfunktionen arrangieren müssen, desto knapper wird der Spielraum für die uns heute bekannte Form der Mobilität. So ist in den rasant wachsenden Metropolregionen der Welt, vor allem den asiatischen, zu wenig Platz für weiterwachsende Automobilflotten und deren externe Effekte.

Anders gelagert ist die Situation in den ländlichen Räumen Deutschlands. Nach Jahrzehnten der demografischen Ausdünnung und politischen Vernachlässigung in Sachen Daseinsvorsorge befinden sich hier vor allem die öffentlichen Verkehrssysteme in einem chronischen Niedergang. Dadurch kommt es zu einer massiven Verschlechterung der Lebensqualität insgesamt und zu einer Art „erzwungener" Automobilität bei gleichzeitig geringerem finanziellem Gesamtbudget der Landbewohner*innen. Vor diesem Hintergrund sind beispielweise die Proteste der französischen „Gelbwesten" im Jahr 2018 zu interpretieren, die sich vor allem an der undifferenzierten Gleichbehandlung der Autofahrer*innen durch eine einheitliche CO_2-Abgabe – eben ungeachtet der regional

01 ITF: ITF Transport Outlook 2015. Paris 2015. http://dx.doi.org/ 10.1787/9789282107782-en

unterschiedlichen Mobilitätsopportunitäten und -zwänge – verfing.

NACHHALTIGKEIT: Das ist der Sammelbegriff für alle Versuche, die externen Effekte der industriellen Produktions- und Konsumweisen zu verringern und – im Ausgleich mit sozialen und ökonomischen Interessen – dauerhaft in den Griff zu bekommen. Angesichts der Botschaft des „World Transport Outlook" des International Transport Forum der OECD, das Verkehrsaufkommen werde sich bis zum Jahr 2050 weltweit mindestens verdreifachen, ist guter Rat teuer. Während in allen anderen Sektoren Verbrauchssenkungen und die Verringerung von Umwelteffekten mehr oder minder erfolgreich umgesetzt werden, wachsen die externen Effekte der Mobilität immer schneller. Einig ist man sich, dass bei einer ungesteuerten Entwicklung die Nachfrage nach fossilen Brennstoffen die Emissionen von Klimagasen, Luftschadstoffen und Feinstäuben, die Lärmemissionen, die Unfallkosten und vor allem der Material- und Raumbedarf der Mobilität sprunghaft ansteigen werden. Die international verabredeten Ziele zum Klimaschutz werden im Mobilitätssektor nur erreichbar sein, wenn etwa ab 2035 keine verbrennungsmotorischen Antriebe mehr zum Einsatz kommen. Zugleich gibt es auf EU-Ebene klar definierte Emissionsminderungsziele für die lokal wirksamen Fahrzeugemissionen, die als gesetztes Recht eingehalten werden müssen. Dabei dürfen die soziale und ökonomische Dimension der Nachhaltigkeit nicht aufgegeben werden. Soziale Gerechtigkeit und Daseinsvorsorge, gute Beschäftigung und ökonomische Resilienz des Standortes Deutschland gilt es durch kluge Politik mit den starken Umwelt- und Gesundheitsschutzzielen in Einklang zu bringen.

INDIVIDUALISIERUNG: Gemeint ist der Übergang von der Fremd- zur Selbstbestimmung von Menschen. Als Faustregel der Verkehrssoziologie gilt die Annahme: Je entwickelter eine Gesellschaft ist, desto höher der Grad der Individualisierung, desto flexibler wird das Verkehrsverhalten und desto weniger bündelungsfähig ist es. Zeitgleich prägt sich in den Stadtkulturen der Welt der Konsumtrend der *Sharing Economy* aus. Er basiert auf den Ermöglichungsfaktoren der digitalen Technologien, speist sich aber ebenso aus der beschriebenen höheren Flexibilität und Wandelbarkeit moderner Lebensstile: Wo das Leben immer schneller, weniger planbar, räumlich und zeitlich wechselhafter wird, dort wird Besitz zur Flexibilitätsbremse. Im Gegenzug werden Techniken immer interessanter, die durch die Ermöglichung des geteilten Konsums eines Produktnutzens hohe Flexibilität bei geringeren Kosten als zuvor ermöglichen. In der Folge kommt es zu Veränderungen in den urbanen Mobilitätsmärkten, denn hier ist der Grad der Flexibilisierung am größten, hier sind folglich die Voraussetzungen für neue Angebote der digitalen *Sharing Economy* am günstigsten. Zwischen den durch stabiles Nachfrageverhalten und politische Regulierung getrennten Bereichen des wenig flächeneffizienten, weniger nachhaltigen, dafür aber stark individuellen Privatverkehrs (zum Beispiel: Privatauto, Mietauto und Taxi) einerseits und dem sehr flächeneffizienten, stärker nachhaltigen, dafür aber bislang wenig individuellen kollektiven Verkehr (zum Beispiel Straßen-, S- und U-Bahnen sowie Busse) entsteht damit ein drittes Marktsegment, der sogenannte kollaborative Verkehrsmarkt.

DIGITALISIERUNG: Sie hat aufgrund der exponentiellen Entwicklung in der digitalen Vernetzung, der Automatisierung, der künstlichen Intelligenz und der *Predictive Analytics* von großen Datenmengen die potenziell am stärksten disruptiven und deswegen für die etablierten Strukturen und Akteure gefährlichsten Innovationswirkungen. Aber die Digitalisierung bietet auch vielfältige Ansätze und Chancen, die aus den anderen Megatrends resultierenden Handlungsaufforderungen in der Verkehrsentwicklung zu bewältigen. Diese Erwartung basiert im Kern auf drei möglichen Effekten der Digitalisierung:

- der enormen Steigerbarkeit der Nutzungseffizienz von Verkehrsinfrastrukturen und Fahrzeugflotten;
- der Automatisierung und damit Optimierung bislang von Menschen ausgeführter Steuerungsfunktionen;
- der sehr effektiven Vermittlung zwischen Angebot und Nachfrage durch Vernetzungstechnologie, smarte Endgeräte mit Softwareapplikationen und neue Konzepte von Vermittlungsplattformen.

Jede dieser Teilentwicklungen der Digitalisierung würde für sich allein genommen schon enorme Veränderungen bewirken. Doch in ihrem Zusammenwirken sowohl untereinander als auch mit den Trends zur Elektrifizierung und zum „Nutzen statt Besitzen" erzeugen sie die momentan beobachtbare transformative Entwicklungsdynamik für die Mobilitätswirtschaft.

Mobilitätstrends verändern die Mobilität

Mobilitätstrends sind Entwicklungen, die räumlich und zeitlich noch stärker differenziert sein können als Megatrends, aber ebenso in eine ähnliche Verlaufsrichtung weisen. Man kann ihr Entstehen als Ergebnis des Zusammenwirkens der Megatrends interpretieren. Im wissenschaftlichen wie im verkehrspolitischen Diskurs werden vier Mobilitätstrends diskutiert, die für die Neuformatierung der Mobilität eine Rolle spielen werden.

ELEKTRIFIZIERUNG: Nach allem, was wir heute wissen, ist der Elektroantrieb die tragfähigste antriebstechnische Antwort auf die Herausforderung, die Effekte der Automobilität, insbesondere die Luft- und Lärmemissionen, schnell zu minimieren. Mit Blick auf die gewohnten Konsummuster der Autokäufer*innen in hochentwickelten Industriegesellschaften stehen noch die Bemühungen um Kapazitäts- und Reichweitenverlängerung der Fahrzeuge im Vordergrund. Diese führen zu den technologischen Teilkonzepten des Hybridantriebs, des dominant elektrischen Fahrens (Batterie in Kombination mit einem kleinem Verbrennungsmotor als Reichweitenverlängerung) und dem Versuch, die Reichweite der rein batterieelektrischen Fahrzeuge mit Innovationen in der Zellen- und Batterieproduktion zu erhöhen. Bei den nordamerikanischen Technologiefirmen und in China stehen neben diesem evolutionären Innovationskonzept weitere Aspekte im Vordergrund. Es werden Überlegungen angestellt, mithilfe der Elektromobilität die Kompetenzen der etablierten Automobilhersteller durch einen *Technologiesprung* einzuholen beziehungsweise zu überholen. Dabei soll die Fahrzeugnutzung in eine neue digitale Nutzungsphilosophie eingebunden werden, bei der der Betrieb großer urbaner Fahrzeugflotten mit geringen spezifischen Fahrleistungen je Fahrzeug im Vordergrund steht.

VERNETZUNG UND NEUE WETTBEWERBER*INNEN: Es wird vor allem die digitale Vernetzungskompetenz sein, die die Mobilitätswirtschaft der Zukunft auszeichnet und als Basis neuer Dienstleistungen und Betriebskonzepte, wie dem automatisierten Fahren, das Abschöpfen eines wachsenden Teils der mobilitätswirtschaftlichen Wertschöpfung garantiert, während mit der reinen Produktion von Fahrzeugen zukünftig weniger Geld verdient werden wird. Es ist zu beobachten, dass die IT-Wirtschaft, insbesondere die Firmen aus dem Silicon Valley, seit einigen Jahren die Branchengrenzen überschreitet und die „alte" Autoindustrie mit neuen Konzepten des Fahrens und des Nutzens von Automobilen auf der Grundlage ihrer digitalen Kompetenz visionär, kapitalkräftig und aggressiv angreift. Hinzu kommen Aktivitäten von ebenfalls mit großen Mengen an Risikokapital ausgestatteten Firmen wie Lyft, Didi Chungxing oder Uber. Sie setzen mit ihren Chauffeur- und Ridehailing-Aktivitäten nicht auf die Entwicklung von Fahrzeugen, sondern auf die Etablierung einer neuen Nutzungskultur des Automobils auf Basis neuer digitaler Vernetzungs- und Betriebsplattformen, heute bezeichnet als *mobility as a service.*

AUTOMATISIERUNG: Heute hat sich die Vision des vollautomatischen Fahrens als unternehmensstrategisches Leitbild in den Köpfen der Automobilmanager*innen fest etabliert. Die reelle Umsetzung des vollautomatischen Fahrens ist jedoch fraglich. Technisch können unterkomplexe und regelhafte Fahrsituationen wie das Fahren auf kreuzungsfreien Bundesstraßen und Autobahnen schon heute gemeistert werden, was zur Erhöhung der Verkehrssicherheit führt. Hier bewegt sich die Autoindustrie im Bereich des hochautomatisierten Fahrens und optimiert dieses kontinuierlich. Unumstritten ist auch die Annahme, dass einer der ersten Anwendungsfälle im Bereich des Straßengüterverkehrs zu finden sein wird. Umstrittener ist aber das vollautomatisierte Fahren in dicht bewohnten urbanen Regionen. Hier wären die Effekte am größten, zum Beispiel die Flächenersparnis, die effiziente Infrastrukturauslastung, die ökologische Entlastung, schließlich auch die Realisierbarkeit von Zu- und Wegbringerfunktion für den öffentlichen Verkehr in vollautonomen Robotertaxis und Kleinbussen. Unterdessen ist in diesen urbanen Regionen die technologische Umsetzbarkeit besonders schwierig. Grund dafür sind die komplizierten Verkehrssituationen in den Städten. Aufgrund des defensiven Charakters der Steuerungsalgorithmen funktioniert das automatisierte Fahren bislang nur in einem in sich geschlossenen homogenen System verlässlich und sicher. Je homogener, desto besser. Diese Ausgangslage setzt nun voraus, dass ein solches System geschaffen werden kann, zu dem kein unkontrollierter Zugang mehr möglich sein wird und in dem zugleich die digitale Konnektivität der Infrastrukturen massiv erhöht wird, damit die darin eingebundenen autonomen Fahrzeuge auch von der Intelligenz des Gesamtsystems profitieren können. Die damit verbundenen städtebau- und verkehrspolitischen wie ethischen Debatten haben noch gar nicht richtig begonnen.

Schiebt man diese Bedenken für einen Augenblick zur Seite, so könnte der 24/7-Betrieb automatisierter Ridesharing-Fahrzeugflotten nach einer Studie des Internationalen Transport Forums der OECD (2015) tatsächlich zum Ausgangspunkt der nachhaltigen Rekultivierung urbaner Räume beitragen. Das Weltverkehrsforum untersuchte die Potenziale der Automatisierung. Am Beispiel Lissabons zeige sich, dass knapp 10 Prozent der heutigen Fahrzeugflotte ausreichen würden, um in Kombination mit einem gut funktionierenden und modernisierten öffentlichen Verkehrsangebot ein im Vergleich zu heute identisches Mobilitätsniveau für die Bevölkerung zu erreichen. Diese Annahme sei, so die Autor*innen der Studie weiter, auf die meisten mitteleuropäischen Städte übertragbar. Das wäre der Startpunkt für einen weitreichenden Stadtumbau unter Inanspruchnahme der frei werdenden Flächen: Da weder der ruhende noch der fließende Verkehr aufgrund des neuen Nutzungsmodells der Kombination von Automatisierung und *Sharing Economy* noch städtischen Raum im großen Maßstab benötigen, könnte dieser nun für den Ausbau der Radverkehrsinfrastruktur und der stadträumlichen Lebensqualität mit großen Grünflächen, Flächen für Nahmobilität, Spielstraßen und neuen Wohnimmobilien umgenutzt werden.

MOBILITÄT ALS DIENSTLEISTUNG: Der vierte Trend basiert auf der bereits angesprochenen Erosion der automobilen Besitzkultur. Junge Stadtbewohner*innen zielen sukzessive weniger auf den in urbanen Verkehrssituationen alltagspraktisch zunehmend uneleganten, ökologisch ineffizienten und betriebswirtschaftlich irrationalen Besitz von Fahrzeugen. Sie erwarten stattdessen den verlässlichen, flexiblen und zugleich kostengünstigen Zugang zu modernen Verkehrssystemen unter Einschluss automobiler Portionskonzepte. Das Autoteilen – *pay per use* statt *pay and use* – speist sich historisch betrachtet aus ökologisch-moralischen Motivlagen. Heute ist demgegenüber – gerade bei jüngeren Marktteilnehmer*innen – eine rationale Mischung aus Kostenbewusstsein, Nachhaltigkeitsmotiven und Pragmatismus zu beobachten.

Mobilitätspolitik in der Zukunft

Wir sind frei, unsere Mobilität neu zu erfinden. Historisch betrachtet, gibt es kein logisches Argument, warum die jetzige Situation notwendig und alternativlos sein soll. Natürlich ist die gewachsene Pfadabhängigkeit unserer Gesellschaft enorm, zugleich war aber keine Gesellschaft vor unserer mit so riesigen technologischen Ressourcen und einer so stark entwickelten ökologischen Moral ausgestattet, die uns in die Lage versetzen sollte, einen radikalen Wandel bewusst, schnell und friedlich herbeizuführen. Ein praktikables Leitbild für die Neuerfindung der Mobilität könnte vor dem Hintergrund der vorangehenden Ausführungen die Idee der „Selbstbeweglichkeit" sein, die den Anspruch der spontanen, autonomen und flexiblen Erreichbarkeit von Orten und der Befriedigung von Bedürfnissen durch Mobilität mit dem normativen Anspruch der sozialen Verträglichkeit und ökologischen Erneuerbarkeit verknüpft.

Individuelle Selbstbeweglichkeit entsteht in diesem Zukunftsbild gerade nicht durch den Besitz eines Automobils, sondern durch die Verknüpfung aller Verkehrsträger und die Entwicklung vielfältiger Mobilitätsdienstleistungen im Personen- wie im Güterverkehr. Neben der enormen Ressourceneffizienz dieser Strategie sind nicht zuletzt die betriebs- und volkswirtschaftlichen Einsparpotenziale riesig und damit ein gewichtiges Argument jenseits jeder ökologischen Begründung.

Damit es zur Realisierung dieses neuen Leitbildes kommen kann, muss sich Mobilitätspolitik zukünftig trauen, mutiger, radikaler und eingreifender zu sein, dort wo es nötig ist, um einen neuen Handlungsrahmen für die Marktteilnehmer*innen zu erschaffen. Sie sollte außerdem kreativ und experimentell dort sein, wo nur die praktische Eigeninitiative der Nutzer*innen zu den besten Lösungen führen wird. Mutig und radikal wäre es zum Beispiel, den forschungs- und investitionspolitischen Fokus vom Straßenverkehr ganz konsequent zu den kollektiven und integrierten Verkehrssystemen zu verlagern; Mobilität also vom Gesamtsystem her zu denken statt bislang von den einzelnen Verkehrsträgern. Ein folgenreicher Eingriff bestehe ferner darin, den rechtlichen und ökonomischen Handlungsrahmen der Marktteilnehmer*innen an der postfossilen Mobilität auszurichten und den Straßenverkehr entsprechend mit Auflagen und Abgaben zu belasten und zu regulieren. Kreativ und experimentell wäre es schließlich, Innovationsnischen für neue Mobilitätskonzepte zu erschaffen und der privaten Initiative in diesen Bereichen freien Lauf zu lassen. Das sind in vielen Teilen der Welt mittlerweile Binsenwahrheiten kluger Mobilitätspolitik.

Im krassen Gegensatz dazu zeigt sich 2019 in der verkehrspolitischen Diskurslage in der Bundesrepublik ein verworrenes und widersprüchliches Bild. Dieselskandal, CO_2-Emissionen, Elektromobilität, Fahrverbote und Tempolimits auf Autobahnen münden in der Einschätzung eines großen Nachrichtenmagazin in die These eines „automobilen Kulturkampfes". Die Einzelthemen sind dabei sehr unterschiedlich, vereint sind sie aber in ihrer Anzeigefunktion als Senkbleie in die Tiefen einer seit Jahrzehnten grundsätzlich verdorbenen Debatte. Die Einschätzung des Kulturkampfes ist plausibel. In kaum einem anderen Politikfeld werden die mit der modernen fossilen Mobilität verbundenen Wohlstands- und Freiheitsversprechen regelmäßig zu machtpolitischen Vehikeln parteipolitischer Zukunftssicherung. Dabei nimmt die deutsche Verkehrspolitik Zuflucht in der Vergangenheit, adressiert häufig niedere Instinkte und schlägt sich zum Schein auf die Seite der Bürger*innen, indem sie die durch schlechte Infrastrukturpolitik und vernachlässigte Daseinsvorsorge jahrzehntelang erzwungene Automobilität in ländlichen Regionen nach wie vor als Freiheitsversprechen verkauft.

Ebenso kurzsichtig agieren die Gewerkschaften und die von ihnen getriebene Sozialdemokratie. Diese entdecken ihr Herz für die Automobilarbeiter*innen immer dann, wenn die „böse" Elektromobilität „hunderttausende Arbeitsplätze zu vernichten droht", nicht aber wenn die Autoindustrie systematisch mit beschäftigungsvernichtender digitaler Produktionsoptimierung die Gewinne erhöht oder Standorte in die Nähe der überseeischen Märkte verlagert – ebenfalls aus Gründen der Kosteneinsparung durch kürzere und sicherere Transportwege sowie günstige Arbeiter*innen.

Was ist also los im „Autoland" Deutschland? Man kann sich angesichts der „Verfahrenheit" dieser Debatten mit guten Gründen die Frage stellen, ob Mobilität und Nachhaltigkeit womöglich prinzipiell unvereinbar sind beziehungsweise einen so mutigen und konsequenten politischen Steuerungsimpuls benötigen, wie er vor dem Hintergrund einer über 100-jährigen Automobilisierungsgeschichte und ihren diversen ökonomischen, sozialen und kulturellen Pfadabhängigkeiten in einer demokratischen Kultur unseres Zuschnitts kaum möglich erscheint.

Doch ist die aktuelle dynamische verkehrspolitische Debatte nicht die einzige interessante politische Entwicklung. Wir erleben außerdem ein zumindest rhetorisches „Ergrünen" der Politik. Mit Blick auf die aktuellen Wählerstimmenprognosen in den wöchentlichen Sonntagsumfragen scheint es, als könnte es die Partei Bündnis90 / Die Grünen sein, der ab einem bestimmten Zeitpunkt in der näheren Zukunft die Aufgabe in den Schoß fällt, „mehr Grün" in der Verkehrspolitik zu wagen, ja wagen zu müssen, um auch den Wirtschaftsstandort Deutschland mittel- und langfristig zukunftsfest zu machen.

Für die Gestaltung zukunftsfähiger Mobilität in ländlichen Regionen – dem Thema dieses Bandes – gelten dabei besondere Rahmenbedingungen: Aufgrund der besonderen Dominanz des privaten Pkw in den Fahrleistungen wäre aus klimapolitischer Perspektive eine besondere Geschwindigkeit der Veränderung wünschenswert. Andererseits sind die soziokulturellen und infrastrukturellen Voraussetzungen für eine schnelle Verkehrswende hier schlechter als in städtischen Lebensräumen. Fragen der Mobilitätspolitik sind im ländlichen Raum aufs Engste mit der Frage der sozialen Gerechtigkeit und Daseinsvorsorge verknüpft. Hier müssten also vor allem die öffentlichen Verkehrsinfrastrukturen massiv ausgebaut, modernisiert und mit den Ansätzen der neuen digitalen Sharing Mobility (vor allem Ridesharing) verknüpft werden. Dann erst werden automobilpolitische Regulierungsansätze im ländlichen Raum als legitim angesehen werden können.

Für die Zukunft wird das „Autoland" Deutschland dann fit werden, wenn es sich selbst in Richtung nachhaltiger Stadt-, Regional- und Verkehrsentwicklung radikal verändert, den Umbau der Autoindustrie in Richtung elektrischer Antriebe und digitaler Mobilitätsdienstleistungen massiv beschleunigt und schließlich Zweirad- und Mikromobilität konsequent fördert. Dazu braucht es eine konzeptfähige, kritikfähige, intellektuell differenzierte und mutige Verkehrspolitik und eine politisch-kulturelle Verständigung auf ein Primat der Politik, das anzeigen würde, dass Politik sich selbst wieder ernst nimmt – als legitime, zukunftszugewandte Gestaltungsinstanz statt als Sachverwalterin des Status quo.

Dirk Heinrichs, Benjamin Heldt

Autonomes Fahren – Auswirkungen auf Mobilität, Stadtraum und Siedlungsstruktur

Dirk Heinrichs

geboren 1966 in Bielefeld, ist promovierter und habilitierter Stadt- und Regionalplaner. Als technischer Sachverständiger bei der KfW Entwicklungsbank betreut er weltweit Projekte für Stadtentwicklung und urbane Mobilität im Rahmen der deutschen internationalen Entwicklungszusammenarbeit. Zuvor war er Professor am Institut für Stadt- und Regionalplanung der TU Berlin und leitete am Institut für Verkehrsforschung im Deutschen Zentrum für Luft- und Raumfahrt die Abteilung Mobilität und Urbane Entwicklung. Dirk Heinrichs forscht seit mehreren Jahren zum autonomen Fahren.

Benjamin Heldt

geboren 1985 in Berlin, ist Diplom-Geograf und wissenschaftlicher Mitarbeiter am Institut für Verkehrsforschung im Deutschen Zentrum für Luft- und Raumfahrt. In der Abteilung Mobilität und Urbane Entwicklung beschäftigt er sich mit Fragestellungen rund um wohnstandortbezogene Mobilitätskonzepte und deren Wirkung, Stadtentwicklung sowie aktive Mobilität und wie diese zu nachhaltiger Mobilität beitragen kann. Ein Schwerpunkt bildet dabei die Perspektive der Nutzer*innen.

Das autonome Fahren hat nicht nur in der Forschung, sondern auch bei Praktiker*innen und politischen Entscheidungsträger*innen an Bedeutung gewonnen. Es bestehen unterschiedliche Erwartungen, bis wann selbstfahrende Fahrzeuge Bestandteil des städtischen Verkehrs sein werden. Momentan herrscht jedoch große Unsicherheit darüber, in welcher Form autonome Fahrzeuge in Städten Realität werden könnten und wie sich ihre Einführung auf das Mobilitätsverhalten, den Verkehr und die gebaute Umwelt auswirken würde. Die bisherigen Visionen und Studien zur Integration autonomer Fahrzeuge in das städtische Verkehrssystem widmen sich vorrangig der Entwicklung der Fahrzeugtechnik selbst sowie den Auswirkungen auf den Verkehrsfluss und mögliche Vorteile in Bezug auf Sicherheit, Stau, Emissionen, Parkraumbedarf und Nutzung innerstädtischer Straßenflächen. Denkbare Auswirkungen auf die Landnutzung werden ebenfalls untersucht. Ziel dieses Beitrags ist es, den Stand des Wissens zu den Auswirkungen des autonomen Fahrens auf Mobilität und Verkehr, Stadtraum und Siedlungsstruktur zusammenzufassen. Dabei soll auch beleuchtet werden, inwiefern diese in unterschiedlichen Raumtypen ausfallen und welche Herausforderungen sich daraus für die Planung ergäben. Im Fokus der Betrachtungen stehen vollautomatische Fahrzeuge für den Personenverkehr (Automatisierungsgrad 5 nach SAE, 2015).

Autonomes Fahren: denkbare Ausbreitungs- und Entwicklungswege

Während hohe Automatisierungsgrade im Luft- und Schiffsverkehr sowie im schienengebundenen öffentlichen Verkehr bereits Realität sind, steht der straßengebundene Verkehr noch am Beginn dieser Entwicklung. Dies gilt sowohl für den motorisierten Individualverkehr als auch für den öffentlichen Verkehr. Einer der wesentlichen Gründe hierfür ist der deutlich höhere Grad an komplexer Interaktion zwischen einzelnen Verkehrsteilnehmer*innen im öffentlichen Raum. Allerdings zeichnet sich ein Wandel ab. Die Automatisierung schreitet ungeachtet noch zu meisternder technologischer Herausforderungen für die Einführung des autonomen Fahrens auf Straßen in Städten voran. Fortgeschrittene Fahrerassistenzsysteme wie Fahrspurunterstützung und adaptive Geschwindigkeitsregulierung sind in konventionelle Fahrzeuge bereits serienmäßig eingebaut. Fahrzeughersteller vermarkten und verkaufen vor allem in ihren Premiumsegmenten automatische Bremsassistenten, Parkassistenten für automatisiertes Einparken und variable Geschwindigkeitskontrollfunktionen. Zugleich haben Verwaltungen in Städten wie Singapur oder Hamburg begonnen, den Einsatz autonomer Taxiflotten und Shuttlefahrzeuge in Kooperation mit Forschungseinrichtungen und Industrieunternehmen zu testen.

Die Diffusion der Technologie in Städten umfasst drei wesentliche Entwicklungspfade (Heinrichs et al. 2019). Ein erstes als *Evolution* bezeichnetes Szenario beschreibt die stetige Zunahme fortgeschrittener Fahrerassistenzsysteme und die damit einhergehende Reduzierung der Verantwortung der Fahrer*innen. Ein zweiter Entwicklungspfad, auch als Revolution bezeichnet, verfolgt im Gegensatz zu dem vorgenannten kontinuierlichen Prozess der Automatisierung einen disruptiven Sprung in die Welt des autonomen Fahrens, in der die Fahrer*innen die Kontrolle in die Geschicke eines Fahrroboters legen. Ein möglicher Anwendungsfall dieses Pfades sind *Robotaxis*, die als Alternative zum konventionellen Taxibetrieb denkbar sind und bei denen sich Nutzer*innen ein Fahrzeug (in der Literatur auch als *shared autonomous vehicle* (SAV) bezeichnet) teilen können. Ein dritter Entwicklungspfad beschreibt den Einsatz aktuell noch langsam fahrender Beförderungsfahrzeuge beziehungsweise Kleinbusse, wie sie aktuell in Städten wie Helmond (Niederlande), Milton Keynes (England) oder Sion (Schweiz) zum Einsatz kommen. In diesem als *Transformation* bezeichneten Entwicklungspfad bieten die eingesetzten Fahrzeuge ein flexibles bedarfsgerechtes Angebot als Teil des öffentlichen Verkehrs (Stark et al. 2019).

Aber wie lange wird es noch dauern, bis diese Entwicklungspfade zu einer nennenswerten Durchdringung des Verkehrssystems mit autonomen Fahrzeugen führen? Aktuelle Ankündigungen der Industrie verlautbaren, autonome Fahrzeuge in den nächsten Jahren auf den Markt zu bringen. Belastbare Aussagen, wann autonome Kleinbusse oder Taxis flächendeckend im Stadtverkehr feingesetzt werden, sind deutlich schwerer zu machen. Es existieren einige wenige *Roadmaps* (ERTRAC 2015; VDA 2015; European Technology Platform 2015), die sich auch mit dem Eintritt des autonomen Fahrens in Städten befassen. Diese Studien erwarten, dass im Fall des evolutionären Pfades höhere Automatisierungsgrade zum Beispiel in Form von Autopiloten etwa Mitte dieses Jahrzehnts erreicht sein werden und dass vollautonomes Fahren ohne Eingriff von Fahrer*innen 2030 möglich sein wird. Ähnliche Erwartungen existieren für die beiden anderen Entwicklungspfade autonomer Taxis und nachfrageorientierter autonomer Shuttlefahrzeuge. Klar ist, dass der wirkliche Eintritt des autonomen Fahrens nicht allein von der Verfügbarkeit der Technologie abhängen wird. Nutzerpräferenzen, rechtliche Rahmenbedingungen und auch Stadt- und Verkehrsplanung werden ebenfalls eine starke Rolle bei der Einführung und Verbreitung neuer Angebote spielen.

Auswirkungen auf Mobilität und Verkehr

Die Auswirkungen des autonomen Fahrens auf das Mobilitätsverhalten (Verkehrsmittel-, Zielwahl etc.) lassen sich anhand des in der Verkehrsökonomie genutzten Konzepts der generalisierten Kosten analysieren. Darunter wird die monetisierte Summe aller Kosten verstanden, die Nutzer*innen entstehen. Hierzu zählen zum Beispiel Fahrpreis, Reise- oder Wartezeit. Es wird erwartet, dass der Einsatz autonomer Fahrzeuge in allen drei genannten Pfaden und Anwendungsfällen zu einer Verringerung der generalisierten Kosten führen wird (Trommer et al. 2016; Bahamonde-Birke et al. 2018). Gründe hierfür sind die Kraftstoffeinsparungen durch kosteneffizienteres Fahren von Privat-Pkw, der Entfall von Taxifahrer*innen und die Verringerung der allgemeinen Parkkosten (Bahamonde-Birke et al. 2018; Bösch et al. 2017a; Litman 2014).

Auch die Möglichkeiten der Einführung von fahrerlosen Fahrzeugen im Zusammenhang mit dem öffentlichen Verkehrsangebot sind vielfältig. Neben der Kostensenkung durch eine Reduzierung der Personalkosten, durch kosteneffizientes Fahren oder durch intelligente Verkehrssteuerung ist es denkbar, dass öffentliche Verkehrsangebote flexibler und personalisierter betrieben werden (Lenz und Fraedrich 2015; Yap et al. 2016). So könnten autonome Mitfahr- beziehungsweise Sharingsysteme entstehen, bei denen Fahrten einzelner Fahrgäste gebündelt und die Kosten auf die verschiedenen Nutzer*innen verteilt werden. Solche Ridesharing-Systeme nehmen im konventionellen Verkehr derzeit stark an Bedeutung zu. Weitere Vorteile, die mit autonomen Fahrzeugen verbunden sind, umfassen die Mobilisierung neuer Nutzergruppen wie ältere, mobilitätseingeschränkte Menschen oder Kinder sowie die unabhängige Autonutzung von Reisenden ohne gültigen Führerschein. Von einer höheren Mobilisierung wird für diese Gruppen eine verstärkte Teilnahme am wirtschaftlichen und sozialen Leben erwartet (Milakis et al. 2016). Schließlich bieten autonome Fahrzeuge die Möglichkeit, die Zeit im Fahrzeug für andere, als sinnvoller erachtete Aktivitäten zu nutzen. So zeigt eine Studie von Willumsen und Kohli (2016) eine signifikante Reduktion des subjektiven Wertes der Reisezeitersparnis. Das heißt, die Reisezeit wird höchstwahrscheinlich weniger negativ wahrgenommen werden als aktuell.

Darüber hinaus erwartet eine Reihe von Studien durch autonome Fahrzeuge eine Verbesserung des Verkehrsflusses und eine Erhöhung der Straßenkapazität, die sowohl den privaten als auch den öffentlichen Verkehr betreffen dürften (Tampere et al. 2009; Litman 2014; Friedrich 2015). In diesem Zusammenhang argumentieren einige Autor*innen, dass erst ab einer bestimmten kritischen Menge an autonomen Fahrzeugen signifikante Verbesserungen zu erwarten seien (Bierstedt 2014). Kestin et al. (2005) behaupten dagegen, dass selbst ein kleiner Anteil autonomer Fahrzeuge zu einer signifikanten Erhöhung des maximalen Verkehrsflusses auf den Straßen führen würde. Einige Autor*innen argumentieren, dass diese größere Kapazität weniger Verkehrsstaus und kürzere Reisezeiten zur Folge hätte (Litman 2014; Pinjari et al. 2013; Heinrichs und Cyganski 2015). Fagnant und Kockelman (2015) schreiben, dass ein hoher Anteil autonomer Fahrzeuge die Zuverlässigkeit der Reisezeit erhöhen würde. Reisezeit- und Zuverlässigkeitssteigerungen würden wiederum eine Reduzierung der allgemeinen Reisekosten bedeuten.

Zusammenfassend sehen die meisten Studien vor allem positive direkte Auswirkungen auf das Nutzerverhalten und den Verkehr. Es entstehen neue Möglichkeiten für flexiblere und personalisierte Verkehrsmittel. Die generalisierten Kosten könnten sinken und mobilitätseingeschränkte Menschen erhalten die Möglichkeit einer unabhängigeren Nutzung von Fahrzeugen auch ohne Führerschein. Mobilität wird damit für Nutzer*innen insgesamt attraktiver. Allerdings ist unter dem Einfluss dieser Entwicklung eine Reihe indirekter, auch als *Rebound* bezeichneter Effekte zu erwarten (Kuhnimhof 2015), die auch in quantitativen Studien bereits aufgezeigt wurden (zum Beispiel Trommer et al. 2016). Ein offensichtliches Beispiel ist die erwartete Veränderung des Verkehrsmittelwahlverhaltens. Alle oben genannten Effekte können die Nachfrage zwischen den verschiedenen Reisealternativen verschieben. Niedrigere generalisierte Kosten beispielsweise für Taxi- und Autofahrten würden die Nachfrage nach diesen Verkehrsträgern erhöhen. Dabei würde sich gleichzeitig die Nachfrage nach öffentlichen Verkehrsmitteln verringern, es sei denn deren Angebot verbesserte sich zum Beispiel durch eine höhere Flexibilität für die Nutzer*innen. Änderungen im *modal split* haben dementsprechend das Potenzial, signifikante *Rebound*-Effekte im Verkehrssystem zu verursachen. Unter der Annahme, dass die Gesamtverkehrsnachfrage nach Alternativen konstant bliebe, würde jeder Anstieg der Nachfrage nach einem bestimmten Verkehrsmittel zwangsläufig die Nachfrage nach den verbleibenden Alternativen verringern. In diesem Sinne führe eine höhere Nachfrage nach Alternativen des Individualverkehrs (Taxi und Pkw) zu einer geringeren Nachfrage nach öffentlichen Verkehrsmitteln, einem höheren Verkehrsaufkommen auf den Straßen und damit zu mehr Staus und Luftschadstoffemissionen. Im Zuge dessen stiegen erstens die absoluten Emissionen an, da mehr Fahrten von weniger umweltfreundlichen Verkehrsmitteln durchgeführt würden. Zweitens verlängerten größere Verkehrsüberlastungen die Dauer der Fahrten und verursachten weitere Emissionen.

Die mögliche Erhöhung der Fahrleistung durch die Einführung autonomer Fahrzeuge wurde bereits in mehreren Simulationsexperimenten geschätzt beziehungsweise projiziert, etwa von ITF (2015), Levin et al. (2016), Maciejewski und Bischoff (2016) oder Fagnant und Kockelman (2016). In diesen Studien wird die aktuelle Nachfrage nach privaten Autofahrten vollständig durch *Robotaxis* gedeckt, wobei dies entweder dem Verbot des Besitzes eines Privatfahrzeugs entspricht oder der ständigen Verfügbarkeit im Vergleich zum privaten Pkw deutlich günstigerer *Robotaxis*. Die Autor*innen beobachten einen Anstieg der gefahrenen Fahrzeugkilometer und der mittleren Fahrzeit im Vergleich zur Basissituation. Das Ausmaß des Anstiegs hängt jedoch stark von dem gewünschten Dienstleistungsniveau ab, das heißt der Anzahl der *Robotaxis*, die eine bestimmte Nachfrage befriedigen. Je mehr Fahrzeuge eingesetzt werden, desto kürzer sind die Wartezeiten vor der Abholung eines Fahrgastes (Levin et al. 2016; Maciejewski und Bischoff 2016; Fagnant und Kockelman 2016). Verantwortlich für den

Fahrleistungsanstieg ist die relative Zunahme der Wege-strecken beispielsweise durch Leerfahrten. Hierdurch, so die Erwartungen, könnten die Kapazitätsgewinne auf-grund eines effizienteren Fahrens überkompensiert werden. Möglicherweise könnten die Effekte noch deut-lich zutage treten, da diese Studien weder Leerfahrten zum Zwecke des Parkens noch Nachfrageverlagerungen vom öffentlichen Personenverkehr in Richtung des moto-risierten Individualverkehrs berücksichtigten. Unter Beachtung solcher Veränderungen der Verkehrsnachfrage schlagen Bösch et al. (2017b) basierend auf einfachen Annahmen vor, dass bestehende Transportsysteme eine bessere Alternative sein könnten als die Einführung eines autonomen Taxi- oder Sharingdienstes.

Eine ähnliche Auswirkung im Zusammenhang mit der Automatisierung des öffentlichen Verkehrs könnte der Ersatz großer Fahrzeuge (zum Beispiel Busse) durch kleinere Fahrzeuge sein, die ein flexibleres und persona-lisiertes Angebot bieten. Dies könnte eine höhere Kapazi-tätsauslastung des Netzes bewirken, denn kleinere Fahrzeuge mit höherer Frequenz und flexibleren Routen haben zwar das Potenzial, die generalisierten Kosten der Nutzer*innen zu senken; sie führen aber zugleich zu einer geringeren Nachfrage nach größeren Fahrzeugen. Ob sich die Verkehrssysteme ohne weitere politische Maßnahmen verbessern oder verschlechtern werden, hängt davon ab, wie sich das Niveau der positiven direkten Effekte für Nut-zende und der potenziell negativen systemischen Effekte, wie eine sinkende Attraktivität des öffentlichen Personen-nahverkehrs, gegenüber den Alternativen ausgleichen, die eine Entbündelung der Nachfrage oder Leerfahrten zur Folge haben werden. In ländlichen Gebieten und in wenig verkehrsbelasteten Kleinstädten ist es möglich, dass die negativen systemischen Auswirkungen gering sein werden. Hier kann davon ausgegangen werden, dass auto-matisierte Fahrzeuge positive Effekte hervorrufen werden. Umgekehrt können in stark belasteten Großstädten die negativen Effekte die positiven übersteigen (Thomopoulos und Givoni 2014).

Auswirkungen
auf den Stadtraum

Durch das autonome Fahren könnte sich, wie der vorherige Abschnitt zeigt, ein völlig neues Verkehrssystem entwickeln. Vorliegende Studien (zum Beispiel Heinrichs 2015; Fagnant und Kockelman 2015) thematisieren verschiedene Felder, in denen dieser Wandel auch die gebaute Umwelt beeinflussen könnte. Zu den Kernthemen gehören (1) Veränderungen des erforderlichen Straßenraums (Vorfahrts- und Fahrspuren) und der Infrastruktur (Beschilderung etc.), (2) Auswirkungen auf Lage, Form und Umfang von Parkraum, (3) Wechselwirkungen mit der Mobilität von Radfahrer*innen und Fußgänger*innen, (4) Möglichkeiten zur Neugestaltung der Flächennutzung und (5) Wohnstandortentscheidungen.

Einige Studien argumentieren, dass autonomes Fahren die Bedingungen für Gestaltung und Dimensionierung von Straßenraum und Infrastruktur verändern (zum Beispiel NACTO 2017). Basierend auf einem Visionsworkshop mit Stadtplanern identifizieren beispielsweise Chapin et al. (2016) eine Reihe von Aspekten. Erstens kann autonomes Fahren zu Veränderungen des erforderlichen Straßenraums führen, insbesondere die Dimensionierung von Fahrspuren und Kreuzungen. Die vorbeschriebene effizientere und exaktere Fahrweise von miteinander kommunizierenden Fahrzeugen, so die Argumentation, würde in Zukunft geringere Spurbreiten erfordern. Allerdings seien auch neue Nutzungsanforderungen zu erwarten. So könne in allen Entwicklungspfaden davon ausgegangen werden, dass der Vorgang des räumlich flexiblen Aufnehmens- und Absetzens von Fahrgästen deutlich zunehmen wird. Dies würde einen massiven Ausbau von Flächen/ Zonen zu diesem Zweck, insbesondere an Orten großer Attraktivität (Einkaufszentren, Bahnhöfe etc.), bedeuten, sofern der fließende Verkehr nicht beeinflusst werden soll. Gleichfalls signifikante, aber gegenläufige Auswirkungen sind mit Blick auf Flächen für den ruhenden Verkehr zu erwarten. Verfügbare Studien (ITF 2015) erwarten mit dem Einsatz von ständig im Verkehr zirkulierenden *Robotaxis* in Städten einen Rückgang der erforderlichen Fahrzeuge zur Befriedigung der Nachfrage um 90 Prozent und damit einen Rückgang des Parkraumbedarfs im gleichen Maße. Dies könnte so weit gehen, dass der ruhende Verkehr weitgehend zugunsten multifunktionaler Wegflächen entfällt. Diese Flächen könnten breiter als bisherige sein und beispielsweise in einen befahrbaren Raum für Fahrräder und möglicherweise elektrisch unterstützte Mikrofahrzeuge mit Geschwindigkeiten bis etwa 30 Kilometer pro Stunde sowie in eine Fahrbahn für schwerere und schnellere Fahrzeuge (NACTO 2017) unterteilt werden. Es ist auch denkbar, dass größere zusammenhängende Parkflächen und -plätze in andere Nutzungen (Wohnen und Gewerbe) umgewandelt werden.

Das autonome Fahren könnte auch zu einer erheblichen Verringerung der Anforderungen an Beschilderung und Signalisierung führen, da diese Informationen digital in Echtzeit bereitgestellt werden könnten (Chapin et al. 2016). In diesem Sinne schreiben einige Autor*innen, dass Kreuzungen keine Ampeln oder Stoppschilder mehr benötigen werden. Vielmehr könnten sie auf Computerprogramme zurückgreifen, die direkt mit den Fahrzeugen auf der Straße kommunizieren (Begg 2016) oder die Daten hochwertiger digitaler Karten nutzen (Wagner et al. 2014).

Zusammenfassend lässt sich festhalten, dass mit der Nutzung autonomer Fahrzeuge die Möglichkeit und zugleich der Bedarf entstehen, Verkehrsraum und -infrastrukturen umzuwandeln und die Priorisierung umzuverteilen. So werden möglicherweise Parkflächen für andere Nutzungen „frei". Andererseits nimmt der Raumbedarf für den fließenden Verkehr wahrscheinlich (Zonen zum Absetzen und Aufnehmen) zu. Dies wird insbesondere in stärker verdichteten Städten relevant werden, wo Raum knapp und Ansprüche zahlreich sind.

Auswirkungen auf die Siedlungsstruktur

Autonomes Fahren wird nicht nur Auswirkungen auf den Stadtraum, sondern auch auf die Siedlungsstruktur haben. Dabei zeichnen sich laut aktuellem Forschungsstand verschiedene Entwicklungstendenzen ab. Einerseits wird erwartet, dass Städte vor allem am Stadtrand und im Umland wachsen. Zugleich könnten auch ländliche Räume attraktiver werden. Andererseits nehmen die Lebensqualität in den Innenstädten sowie der verfügbare Raum durch frei werdenden Parkraum zu, wodurch auch diese Regionen eine Bevölkerungszunahme erfahren würden (Stead und Vaddadi 2019; Duarte und Ratti 2019).

Die Auswirkungen des automatisierten Fahrens auf die Siedlungsstruktur sind insbesondere von der Wohnstandortwahl abhängig, bei der die Erreichbarkeit (das heißt die Einfachheit der Raumüberwindung zwischen zwei Orten (zum Beispiel Distanz und Reisezeit)) eine große Rolle spielt. Zur Herleitung von Wohnstandortentscheidungen gibt es in der Literatur zahlreiche, teilweise aufeinander aufbauende Theorien (Gründe für die Wohnstandortwahl: Rossi 1955; Gravitationstheorie und räumliche Interaktionsmodelle: Hansen 1959 und Lowry 1964; Zufallsnutzentheorie und stadtökonomische Modelle: McFadden 1978 und Anas 1982; *bid rent theory*: Alonso 1964) und weitere Ansätze. Alonsos *bid rent theory* beschreibt in einem Modell den Zusammenhang zwischen Mobilitätsentscheidungen und Wohnortwahl und sagt zusammengefasst aus, dass verschiedene Nutzungen in einer Stadt unterschiedliche Zahlungsbereitschaften für Grundstücksflächen haben, und zwar abhängig von der Entfernung zum Stadtzentrum. Hier bieten Dienstleister*innen zum Beispiel für Büro- oder Einzelhandelsnutzungen deutlich mehr für Boden als Privathaushalte. Entsprechend seien Wohnungen eher in höherer Entfernung zum Zentrum zu finden. Allerdings wären laut Alonso auch Haushalte bereit, im Zentrum mehr zu zahlen als am Stadtrand – sie seien lediglich nicht die Meistbietenden. Muth (1969) erweitert Alonsos Theorie auf unterschiedliche Wohnnutzungen und teilt Haushalte entsprechend ihres Einkommens auf. Demnach seien Haushalte je nach Einkommen bereit, Erreichbarkeit für Wohnfläche einzutauschen (siehe die Diskussion bei Diamond 1980). Dies bedeute, dass größere, aber weiter vom Zentrum entfernt liegende Grundstücke am Stadtrand gegenüber kleineren und besser erreichbaren, aber gleichpreisigen Grundstücken oder Wohnungen im Zentrum bevorzugt werden. Setzt man nun die von Alonso genutzte Entfernung zum Zentrum mit Erreichbarkeit gleich, lässt sich ableiten, wie automatisiertes Fahren die Wahl des Wohnstandortes verändern könnte. Wissenschaftler*innen gehen wie oben beschrieben davon aus, dass sich die subjektive Bewertung der Zeitkostenersparnis eines Weges verändert, weil die Nutzer*innen automatisierter Fahrzeuge ihre Zeit anders verwenden können (Fraedrich et al. 2018). Dies kann als Verbesserung der Erreichbarkeit interpretiert werden. Eine solche Annahme führt in der weiteren Konsequenz zu mehr Zersiedlung und zu einer Verlagerung von Teilen der Bevölkerung mit Zugang zu autonomen Fahrzeugen in die suburbanen und ländlicheren Regionen, wo die Bodenpreise niedriger sind. Daraus würden sich auch längere Pendelstrecken ergeben (Heinrichs et al. 2015). Allerdings fußt dieses Szenario auf der Annahme, dass Arbeitsplätze und auch andere Ziele vor allem im Stadtzentrum angesiedelt seien. Bei einer dezentralen räumlichen Verteilung der Arbeitsplätze kann von noch stärkerer Zersiedlung ausgegangen werden.

Verschiedene Studien haben versucht, die Wirkungen zunehmender autonomer Mobilität modellgestützt zu prognostizieren (Larson und Zhao 2017; Zhang 2017; Kim et al. 2015; Thakur et al. 2016; siehe außerdem Soteropoulos et al. 2019 für eine Metaanalyse von 37 modellbasierten Arbeiten). Die Mehrheit der Studien bestätigt die oben hergeleitete These, nach der die Verbesserung der Erreichbarkeit durch autonomes Fahren zu einer Erhöhung der Attraktivität des suburbanen und ländlichen Raumes führe und damit zu einer Expansion der Städte. Thakur et al. (2016) finden mit ihrem Modell für Melbourne sogar Hinweise für die Gültigkeit beider Annahmen, nämlich dass erstens Innenstädte durch besseren öffentlichen Personennahverkehr attraktiver werden können und zweitens suburbane Standorte durch eine veränderte Bewertung der Reisezeit eine Aufwertung erfahren werden. Zwei Modellierungsstudien sind in diesem Kontext von besonderer Relevanz. Während Larson und Zhao (2017) Alonsos *Bid rent*-Modell erweitern und automatisiertes Fahren in ökonomische Modelle integrieren, nutzt Zhang (2017) Realdaten zur Analyse potenzieller Auswirkungen geteilter autonomer Fahrzeuge (SAV) auf die Landnutzung und die Standortwahl von Haushalten und Firmen in Atlanta. Dabei zeigt er im Gegensatz zu den meisten anderen Studien auch die Implikationen für verschiedene Bevölkerungsgruppen auf. Larson und Zhao (2017) nutzen Alonsos Modell, um eine US-amerikanische Durchschnittsstadt zu konstruieren, in der Parkraum als zusätzliche Flächennutzung berücksichtigt wird. Selbstfahrende Pkw können ihre Nutzer*innen entweder im Stadtkern absetzen und dort parken oder sie fahren selbstständig zum Wohnort oder einem Parkplatz an einem anderen Ort. Je nachdem, wie die Flächenaufteilung reguliert wird, verändern sich die Stadtfläche und -dichte, die Größe und Haushaltsdichte des Stadtzentrums und der Anteil der Mehr- beziehungsweise Einfamilienhäuser. Unreguliert wachse die Fläche der Stadt um fast die Hälfte, während ihre Dichte sich verringere und die Bodenpreise fallen. Bei höheren Parkkosten und Regulierung der Parkflächen erhöhe sie sich auch im Stadtzentrum, dessen Fläche sich aber verringere, und der Anteil der Mehrfamilienhäuser steige stark. Die Ergebnisse der Studie sind aufgrund der hohen Relevanz des Parkstandortes allerdings nur auf hochmotorisierte Städte übertragbar.

Zhang (2017) untersucht mithilfe eines Vierstufen-Verkehrsmodells den Effekt der zunehmenden Nutzung geteilter selbstfahrender Fahrzeuge auf die Stadtstruktur und Entscheidungen von Haushalten und Firmen. Der Autor wendet dafür diskrete Wahlmodelle auf Realdaten für die Stadt Atlanta an. Ähnlich wie in anderen Studien stellt auch diese Forschungsarbeit fest, dass sich Arbeitsplätze und Wohnorte voneinander entfernen. Die Gründe hierfür seien vor allem die sich verringernde Parkraumnachfrage und der dadurch frei werdender Parkraum sowie die sich verändernden Bodenpreise. In den untersuchten Szenarien wächst der Stadtkern stärker, was methodisch vor allem darin zu begründen ist, dass es in Zhangs Modell nur – mit dem konventionellen öffentlichen Nahverkehr vergleichbare – geteilte autonome Fahrzeuge gibt, aber keine privaten autonomen Fahrzeuge.

Durch eine Literaturanalyse und eigene Überlegungen kommen Milakis et al. (2017) zu einem ähnlichen Schluss. Allerdings zeigen sie wie Heinrichs et al. (2015), dass frei werdender Raum in den Innenstädten dort zu einer Verdichtung führen könnte. Automatisiertes Fahren könnte weiterhin die Bedeutungszunahme suburbaner Zentren, insbesondere auch von Arbeitsplätzen, zur Folge haben. In einer Expertenanalyse finden Milakis et al. (2018) drei verschiedene Thesen zu den Auswirkungen autonomer Fahrzeuge auf die Siedlungsstruktur: 1. Autonome Fahrzeuge werden eine erhöhte Nachfrage hervorrufen, welche die Vorteile (Zeitersparnis, Auslastung etc.) langfristig kompensieren könnten. 2. Autonome Fahrzeuge könnten gegensätzliche Entwicklungen nach sich ziehen, so könnten sich Zentren durch die Umnutzung frei werdenden Parkraums verdichten, während die Zersiedelung insgesamt zunehmen könnte. 3. Wenn autonome Fahrzeuge auf den Markt kommen, werden sie teuer sein und nur einige wenige werden sich diesen Luxus leisten können. Die Einführung autonomer Fahrzeuge könnte sich demnach negativ auf soziale Teilhabe und Gleichheit auswirken.

Den meisten der hier genannten Forschungsarbeiten legen die Autor*innen Annahmen zugrunde, die die Gültigkeit und Übertragbarkeit der Ergebnisse einschränken. Für eine Schärfung der Analysen fehlen insbesondere weitere Erkenntnisse zur Zeitverwendung und -wahrnehmung in autonomen Fahrzeugen, aber auch empirisch fundierte Untersuchungen zum potenziellen Entscheidungsverhalten, zum Beispiel in Form sogenannter *stated adaptation surveys* (Hawkins und Nurul Habib 2018). Ein weiterer Ansatz sind Reallabore, in denen Nutzer*innen autonome Fahrzeuge tatsächlich testen und dazu befragt werden können (Gebhardt und Lenz 2019). Erst mit den Erkenntnissen aus solchen Forschungen können modellgestützte Studien mit höherer Zuverlässigkeit voraussagen, wie sich die Siedlungsstruktur verändern wird. Bis es soweit ist, sollten Stadtplaner*innen Alternativen von möglichen Veränderungen der Siedlungsstruktur berücksichtigen. Insgesamt zeigt sich, dass die Einführung autonomer Fahrzeuge und ihre Auswirkungen auf die Siedlungsstruktur deutlich komplexer sind, als lange Zeit angenommen wurde (Milakis 2019).

Herausforderungen für die Planung

Aus der aktuellen Forschung wird ersichtlich, dass autonomes Fahren die Mobilität, den Stadtraum und die heutige Siedlungsstruktur mit hoher Wahrscheinlichkeit verändert. Da die Technologie bisher in der Realität noch kaum Anwendung findet, treffen Forschungsarbeiten Vorhersagen über ihre Auswirkungen zumeist modellgestützt und basierend auf zahlreichen Annahmen. Dabei stellen viele Arbeiten die mögliche Bedeutungszunahme des Stadtrandes und des Umlandes fest. Grundsätzlich bleibt festzuhalten, dass durch autonome Fahrzeuge erreichbare Standorte eine Attraktivitätssteigerung erfahren. Sollte die Technologie allerdings nicht überall verfügbar sein, gewinnen solche Orte relativ an Bedeutung. Die erhöhte Nachfrage in gut erreichbaren Zonen führt möglicherweise zu Preisveränderungen, die politisch gesteuert werden müssen, um Ungleichheit zu vermeiden (Yigitcanlar 2019). Wichtig ist, dass in der Stadt- und Verkehrsplanung Leitlinien für die starke Bedeutungszunahme sowohl der suburbanen Räume als auch der Innenstädte entworfen werden. Dabei ist die Abschätzung möglicher Auswirkungen auf den Raum zwischen Umland und Innenstadt als auch die Entwicklung passender Lösungen zur Bewältigung der Probleme (zum Beispiel erhöhte Auslastung der Straßen und Infrastruktur bei gleichzeitig geringerem Bedarf in anderen Räumen) von besonderer Bedeutung.

Aufgrund der Fähigkeit zur Bündelung von Verkehren bleibt ein leistungsfähiger liniengebundener öffentlicher Personennahverkehr in Städten und ihren Verflechtungsräumen auch in Zukunft das entscheidende Rückgrat des Verkehrsangebots. Eine integrierte Ergänzung von flexiblen Angeboten für die erste/letzte Meile in Zeiten und Räumen geringerer Nachfrage ist ökonomisch und ökologisch sinnvoll, wird sich aber nicht ohne eine entsprechende Regulierung realisieren, da zumindest unter aktuellen Rahmenbedingungen auch die Alternativen (eigener Pkw oder Taxi) attraktiver werden. Für die Verkehrsplanung bedeutet dies, die Automatisierung zu nutzen, um die *Verkehrswende* voranzubringen. Hierzu gehören Initiativen, die den hochkapazitativen öffentlichen Personennahverkehr im Vergleich zu den Alternativen besser stellen (etwa durch nutzungsabhängige Straßengebühren), und solche, die die Potenziale zur Umpriorisierung des öffentlichen Raums nutzen.

Und was bedeutet dies für den ländlichen Raum? Hier dürften die Auswirkungen auf Mobilität, Verkehr und Raum sicherlich nicht so stark sein wie in Städten. Zugleich wird sich auch nicht allein durch die Entwicklung und Verfügbarkeit des autonomen Fahrens das Problem des öffentlichen Verkehrs lösen lassen. Denn wie der Beitrag zeigt: Auch die Alternativen zu einem möglicherweise kostengünstigeren und immer verfügbaren autonomen Angebot werden attraktiver. Gerade in diesem Bereich ist das Potenzial groß, denn hier sind die Wege länger und damit auch die mögliche Zeitkostenersparnis. Es könnte durchaus sein, dass gerade aufgrund der aktuell vergleichsweise schlechten ÖPNV-Anbindung im Zuge der Automatisierung neue Angebote entwickelt werden und damit auch die Attraktivität ländlicher Räume als Wohnstandort steigt, wenn sich ihre Erreichbarkeit verbessert.

Literatur

ALONSO, W. (1964): Location and land use. Toward a general theory of land rent. Cambridge, United Kingdom: Harvard University Press.

ANAS, A. (1984): Discrete choice theory and the general equilibrium of employment, housing, and travel networks in a Lowry-type model of the urban economy. In: Environment and Planning A 16, S. 1489–1502.

ANDERSON, J. M., NIDHI, K., STANLEY, K. D., SORENSEN, P., SAMARAS, C., AND OLU-WATOLA, O. A. (2014): Autonomous vehicle technology: A guide for policymakers. RAND Corporation, Santa Monica, CA.

BAHAMONDE-BIRKE, F., KICK-HÖFER, B., HEINRICHS, D., AND KUHNIMHOF, T. (2018): A Systemic View on Autonomous Vehicles. Policy Aspects for a Sustainable Transportation Planning. In: disP – The Planning Review (RDSP). DOI: 10.1080/02513625.2018.1525197.

BEGG, D. (2014): A 2050 vision for London: what are the implications of driverless transport? Clear Channel, London.

BIERSTEDT, J., GOOZE, A., GRAY, C., PETERMAN, J., RAYKIN, L., AND WALTERS, J. (2014): Effects of next-generation vehicles on travel demand and highway capacity. FP Think.

BÖSCH, P. M., BECKER, F., BECKER, H., AND AXHAUSEN, K. W. (2017A): Cost-based Analysis of Autonomous Mobility Services. Transport Policy, doi:10.1016/j.tranpol.2017.09.005.

BÖSCH, P. M., CIARI, F., AND AXHAUSEN, K. W. (2017B): STransport policy optimization with AVs. Arbeitsberichte Verkehrs-und Raumplanung, 1269.

BROWNELL, C., AND KORN-HAUSER, A. (2014). A driverless alternative: fleet size and cost requirements for a statewide autonomous taxi network in New Jersey. Transportation Research Record, In: Journal of the Transportation Research Board, (2416), S. 73–81. DOI: 10.3141/2416-09.

CHAPIN, T., STEVENS, L., CRUTE, J., CRANDALL, J., ROKYTA, A., AND WASHINGTON, A. (2016): Envisioning Florida's Future: Transportation and Land Use in an Automated Vehicle Automated Vehicle World. Florida Department of Transportation, Tallahassee.

DIAMOND JR, D. B. (1980): Income and residential location: Muth revisited. In: Urban Studies, 17(1), S. 1–12, doi:10.1080/00420988020080011.

DUARTE, F. UND RATTI, C. (2018): The impact of autonomous vehicles on cities: A review. In: Journal of Urban Technology, 25(4), S. 3–18.

ERTRAC – EUROPEAN ROAD TRANSPORT RESEARCH ADVISORY COUNCIL (2015): Automated driving roadmap. ERTRAC, Brussels . http://www.ertrac.org/uploads/documentsearch/id38/ERTRAC_Automated-Driving-2015.pdf.

EUROPEAN TECHNOLOGY PLATFORM ON SMART SYSTEMS INTEGRATION (2015): European roadmap smart systems for automated driving. Berlin.

FAGNANT, D. J., AND KOCKEL-MAN, K. (2015): Preparing a nation for autonomous vehicles: opportunities, barriers and policy recommendations. In: Transportation Research Part A: Policy and Practice 77, S, 167–181.

- FAGNANT, D. J., AND KOCKEL-MAN, K. M. (2016): Dynamic ride-sharing and fleet sizing for a system of shared autonomous vehicles in Austin, Texas. In: Transportation 45, S. 143-158. doi:10.1007/s11116-016-9729-z.

- FRAEDRICH, E., HEINRICHS, D., BAHAMONDE-BIRKE, F., AND CYGANSKI, R. (2018): Autonomous driving, the built environment and policy implications. In: Transportation Research Part A: Policy and Practice. doi:10.1016/j.tra.2018.02.018.

- FRIEDRICH, B. (2015): Verkehrliche Wirkung autonomer Fahrzeuge. In: Maurer, M., Gerdes, J.C., Lenz, B. and Winner, H. (Hg.): Autonomes Fahren. Technische, rechtliche und gesellschaftliche Aspekte. Wiesbaden: Springer Vieweg, S. 331–350.

- GEBHARDT, LAURA UND LENZ, BARBARA (2019): „On demand" statt Fahrplan. Baustein eines zukünftigen Mobilitätsmanagements? Informationen zur Raumentwicklung, Nr. 1/2019, Jg. 46, S. 98–111. Bundesamt für Bauwesen und Raumordnung.

- HANSEN, W. G. (1959): How accessibility shapes land use. In: Journal of the American Institute of planners, 25(2), S. 73-76.

- HAWKINS, J. UND NURUL HABIB, K. (2019): Integrated models of land use and transportation for the autonomous vehicle revolution. In: Transport reviews, 39(1), S. 66–83.

- HEINRICHS, D. (2015): Autonomes Fahren und Stadtstruktur. In: Maurer, M., Gerdes, J.C., Lenz, B. and Winner, H. (Hg.): Autonomes Fahren. Technische, rechtliche und gesellschaftliche Aspekte. Wiesbaden: Springer Vieweg, S. 219–239.

- HEINRICHS, D., AND CYGANSKI, R. (2015): Automated Driving: How It Could Enter Our Cities and How This Might Affect Our Mobility Decisions. In: disP – The Planning Review, 201 (51:2), S. 74–79. Abingdon: Routledge. DOI: 10.1080/02513625.2015.1064650.

- HEINRICHS, D., RUPPRECHT, S., AND SMITH, S. (2019): Making automation work for cities. In: Meyer, G. and Beiker, S. (Hg.): Road Vehicle Automation 5. Basel: Springer International Publishing, Cham, S. 243–252.

- ITF (2015): Urban Mobility System Upgrade: How shared self-driving cars could change city traffic. International Transport Forum Policy Papers 6, OECD Publishing. doi: 10.1787/5jlwvzdk29g5-en.

- KESTING, A., TREIBER, M., SCHÖNHOF, M., KRANKE, F., AND HELBING, D. (2007): Jam-avoiding adaptive cruise control (ACC) and its impact on traffic dynamics. In: Traffic and Granular Flow'05, Springer: Berlin/Heidelberg, S. 633–643.

- KIM, K.-H., YOOK, D.-H., KO, Y.-S., AND KIM, D. (2015): An Analysis of Expected Effects of the Autonomous Vehicles on Transport and Land Use in Korea. New York University: New York, NY, USA.

- KUHNIMHOF, T. (2015): (How) can we model the diffusion of AVs and their impact on mobility behaviour? 43rd European Transport Conference, Frankfurt (Main), Germany, 28-30, Sep., 2015.

- LARSON, W. D., AND ZHAO, W. (2017): Self-Driving Cars and the City: Long-Run Effects on Land Use, Welfare, and the Environment. In: SSRN Electronic Journal. doi: 10.2139/ssrn.3055976.

- LENZ, B. AND FRAEDRICH, E. (2015): Neue Mobilitätskonzepte und autonomes Fahren: Potenziale der Veränderung. In: Maurer, M., Gerdes, J.C., Lenz, B. and Winner, H. (Hg.) Autonomes Fahren. Technische, rechtliche und gesellschaftliche Aspekte. Wiesbaden: Springer Vieweg, S. 175–196.

- LEVIN, M. W., LI, T., BOYLES, S. D., AND KOCKELMAN, K. M. (2016): A general framework for modeling shared autonomous vehicles with dynamic network-loading and dynamic ride-sharing application, Computers, Environment and Urban Systems, 64, S. 373-383.

- LITMAN, T. (2014): Autonomous Vehicle Implementation Predictions. Victoria Transport Policy Institute 28.

- LOWRY, I. S. (1964): A model of metropolis, Memorandum. Santa Monica: Rand Corporation.

- MACIEJEWSKI, M. AND BISCHOFF, J. (2016): Congestion effects of autonomous taxi fleets. VSP working paper 16-11, https://depositonce.tu-berlin.de//handle/11303/8560 (letzter Zugriff: 20.05.2020).

- MCFADDEN, D. (1978): Modelling the choice of residential location. In: A. Karlqvist, L. Lundqvist, F. Snickars, und J. Weibull (Hg.): Spatial interaction theory and planning models. Amsterdam: North Holland, S. 75–96.

- MILAKIS, D. (2019): Long-term implications of automated vehicles: an introduction. London: Taylor & Francis.

MILAKIS, D., KROESEN, M., AND VAN WEE, B. (2018): Implications of automated vehicles for accessibility and location choices: Evidence from an expert-based experiment. In: Journal of Transport Geography 68, S. 142–148. https://doi.org/10.1016/j.jtrangeo.2018.03.010.

MILAKIS, D., VAN AREM, B., AND VAN WEE, B. (2017): Policy and society related implications of automated driving: a review of literature and directions for future research. In: Journal of Intelligent Transportation Systems, 21(4), S. 324–348.

MUTH, R. (1969): Cities and Housing: the spatial pattern of of urban residential land use. Chicago: University of Chicago Press.

NATIONAL ASSOCIATION OF CITY TRANSPORTATION OFFICIALS – NACTO (2017): Blueprint for autonomous urbanism. New York, NY .

PAVONE M (2016): Autonomous Mobility-on-Demand Systems for Future Urban Mobility. In: Maurer, M., Gerdes, J.C., Lenz, B. and Winner, H. (Hg.): Autonomes Fahren. Technische, rechtliche und gesellschaftliche Aspekte. Wiesbaden: Springer Vieweg, S. 387–404.

PINJARI, A.R., AUGUSTIN, B., AND MENON, N. (2013): Highway Capacity Impacts of Autonomous Vehicles: An Assessment. Centre for Urban Transportation Research. University of South Florida, USA.

ROSSI, P.H. [1955] (1980): Why Families Move. Beverly Hills and London: Sage Publications.

SAE ON-ROAD AUTOMATED VEHICLE STANDARDS COMMITTEE (2014): Taxonomy and Definitions for Terms Related to On-Road Motor Vehicle Automated Driving Systems, Technical Report J3016_201401. Hong Kong.

SOTEROPOULOS, A., BERGER, M., AND CIARI, F. (2019): Impacts of automated vehicles on travel behaviour and land use: an international review of modelling studies. In: Transport reviews, 39(1), S. 29–49.

STARK, K., GADE, K., AND HEINRICHS, D. (2019): What Does the Future of Automated Driving Mean for Public Transportation? Transportation Research Record. Volume 2673, Issue 2. DOI:10.1177/0361198119827578.

STEAD, D. AND VADDADI, B. (2019): Automated vehicles and how they may affect urban form: A review of recent scenario studies. In: Cities 92, S. 125–133. https://doi.org/10.1016/j.cities.2019.03.020.

TAMPÈRE, C. M., HOOGENDOORN, S. P., AND VAN AREM, B. (2009): Continuous traffic flow modeling of driver support systems in multiclass traffic with intervehicle communication and drivers in the loop. In: IEEE transactions on intelligent transportation systems 10(4), S. 649–657.

THAKUR, P., KINGHORN, R., AND GRACE, R. (2016): Urban form and function in the autonomous era. Paper presented at the Australasian Transport Research Forum (ATRF), 38th, 2016, Melbourne, Victoria, Australia.

THOMOPOULOS, N. AND GIVONI, M. (2015): The autonomous car—a blessing or a curse for the future of low carbon mobility? An exploration of likely vs. desirable outcomes. In: European Journal of Futures Research 3(1), S. 14.

TROMMER, S., KOLAROVA, V. FRAEDRICH, E. KRÖGER, L., KICKHÖFER, B., KUHNIMHOF, T. LENZ, B., AND PHLEPS, P. (2016): Autonomous driving: The impact of vehicle automation on mobility behavior. Institute for Mobility Research (ifmo).

VDA (2015): Von Fahrerassistenzsystemen zum autonomen Fahren. Verband der Automobilindustrie e.V. (VDA). Berlin.

WAGNER, J., BAKER, T., GOODIN, G., AND MADDOX, J. (2014): Automated vehicles: Policy implications scoping study. Texas A&M Transportation Institute, Texas A&M University, Research Report SWUTC/14/600451-00029-1.

YAP, M. D., CORREIA, G., AND VAN AREM, B. (2016): Preferences of travellers for using automated vehicles as last mile public transport of multimodal train trips. In: Transportation Research Part A: Policy and Practice 94, S. 1–16.

YIGITCANLAR, T., WILSON, M., AND KAMRUZZAMAN, M. (2019): Disruptive impacts of automated driving systems on the built environment and land use: An urban planner's perspective. In: Journal of Open Innovation: Technology, Market, and Complexity, 5(2), S. 24.

ZHANG, W. (2017): The interaction between land use and transportation in the era of shared autonomous vehicles: a simulation model. Dissertation, Georgia Institute of Technology.

Autonomes Fahren – Auswirkungen auf Mobilität, Stadtraum und Siedlungsstruktur
Dirk Heinrichs, Benjamin Heldt

Kai Vöckler

Mobilitätsdesign für polyzentrische Stadtregionen

Kai Vöckler

geboren 1961 in Hannover, ist Urbanist und Stiftungsprofessor für Kreativität im urbanen Kontext an der HfG Offenbach. Er lebt mit seiner Familie in Offenbach am Main und ist Sprecher des LOEWE Forschungs-schwerpunkts Infrastruktur – Design – Gesellschaft (For-schungsverbund der HfG Offenbach mit der Goethe-Universität Frankfurt, der TU Darmstadt und der Frankfurt UAS; 2018 bis 2021).

Mit der digitalen Verfügbarkeit von Navigations- und Buchungsportalen werden neue intelligente Mobilitätsformen möglich: Wir werden zukünftig problemlos unterschiedliche Verkehrsträger vernetzen und entsprechend unseren Bedürfnissen anpassen können: vernetzte und multimodale Mobilität – *mobility as a service*. Der flüssige und sichere Übergang von einer Mobilitätsform zu einer anderen und die Nutzung unterschiedlicher Verkehrsmittel auf einem Weg können zukünftig unmittelbar und flexibel erfolgen. Dadurch vereinfacht sich die Nutzung öffentlicher als auch kollaborativ geteilter Verkehrsmittel. Mein Fahrtenwunsch entscheide ich unmittelbar und wie ich will. Um diese neue Freiheit der Mobilität zu ermöglichen, ist nicht nur ein störungsfreies Zusammenspiel der unterschiedlichen Mobilitätsangebote und Verkehrsmittel notwendig, sondern es bedarf einer umfassenden Gestaltung der Mobilitätsräume, in denen sich die Nutzer*innen bewegen, auch in der Nutzung des mobilen Internets. Dies betrifft nicht nur die funktional-praktischen Zusammenhänge, sondern wesentlich auch die emotionalen Faktoren: Fühle ich mich wohl, fühle ich mich sicher? Es sind die Bedürfnisse der unterschiedlichen Nutzer*innen, die bei der Gestaltung der neuen, umweltfreundlichen Mobilität zu berücksichtigen sind.[01] Was kann (und muss) eine zukünftige Gestaltung neuer umweltschonender Mobilität berücksichtigen, um Akzeptanz herzustellen? Wie kann Gestaltungsqualität und damit eine Wertschätzung und Akzeptanz intermodaler und kollaborativer Mobilität erreicht werden?

Die Mobilität von morgen: mehr Mobilität – weniger Verkehr

Der Verkehr wird nicht weniger. Täglich sind in Deutschland Millionen Menschen unterwegs, oft alleine im eigenen Auto. Der Verkehrsaufwand (zurückgelegte Distanzen in Personenkilometern) im Personenverkehr erhöhte sich zwischen den Jahren 1991 und 2015 um etwa 35 Prozent. Der motorisierte Individualverkehr behielt dabei seine dominierende Stellung: Sein Anteil am gesamten Personenverkehrsaufwand liegt bei etwa 80 Prozent (UBA 2018). Das ist mit einer hohen psychischen und physischen Belastung von Mensch und Umwelt verbunden: Stress, Luftschadstoffe, Lärm, Flächeninanspruchnahme und

Mobilitätsdesign für polyzentrische Stadtregionen
Kai Vöckler

01 Dies ist Thema des Forschungsschwerpunkts „Infrastruktur – Design – Gesellschaft", der Teil der zwischen 2018 und 2021 geförderten hessischen „LandesOffensive zur Entwicklung Wissenschaftlich-ökonomischer Exzellenz" (LOEWE) ist und dem die federführende Hochschule für Gestaltung Offenbach (Design), die Frankfurt University of Applied Sciences (Verkehrsplanung), die Johann-Wolfgang-Goethe-Universität Frankfurt (Sozialwissenschaftliche Mobilitätsforschung) und die Technische Universität Darmstadt (Medien- und Kommunikationstechnologie / Architektur) als Projektpartner angehören. www.project-mo.de (letzter Zugriff: 04.05.2020).

Verschmutzung. Der Verkehr belastet insbesondere die urbanen Zentren erheblich. Luftverunreinigung und Lärmbelastung wirken sich schädlich auf die Gesundheit aus. Zudem ist ein stetiger Zuwachs der Pendeldistanzen zum Arbeitsort (seit 2000 um etwa 20 Prozent) zu verzeichnen (BBSR 2017). Der Verkehrssektor hat im Gegensatz zu allen anderen Sektoren (Energiewirtschaft, Industrie, Gebäude, Landwirtschaft etc.) seit 1990 fast nichts zur Reduktion der Treibhausgasemissionen beigetragen (BMU 2018). Zwar belasten heute Pkw im Schnitt dank verbesserter Motoren und Abgastechnik Mensch und Umwelt deutlich weniger, aber da der Pkw-Verkehr insgesamt deutlich zugenommen hat, wurde diese Entlastung durch die erhöhte Verkehrsintensität aufgehoben. Hinzu kommt: Die Zahl der Staus in Deutschland ist im Jahr 2017 im Vergleich zum Vorjahr um 4 Prozent gestiegen. Im Durchschnitt bildete sich jeden Tag eine Blechlawine von knapp 4000 Kilometern. Die gesamte Staulänge betrug 1.448.000 Kilometer (ADAC Staubilanz 2017). Kurz: Der individuelle motorisierte Verkehr ist ökologisch, aber auch volkswirtschaftlich gesehen die ineffizienteste Form der Personenbeförderung und produziert (nach dem Luftverkehr) die höchste Schadstoffbelastung pro Personenkilometer im Vergleich der unterschiedlichen Verkehrsträger und hat zudem den höchsten Anteil am Endenergieverbrauch aller Verkehrsträger. Klimawandel und Ressourcenverknappung erfordern daher ein grundsätzliches Umdenken, was unser Mobilitätsverhalten angeht: Die Umweltentlastung und der Klimaschutz werden nicht alleine durch technische Verbesserungen zu erreichen sein. Bei mehr als 40 Millionen Pkw in Deutschland ist das Problem des zunehmenden Verkehrsaufwands und des damit einhergehenden Ressourcenverbrauchs mit dem Wechsel zum Elektroantrieb nicht gelöst. Es bedarf einer besseren Ausnutzung aller Mobilitätsangebote, insbesondere durch Zufußgehen, Fahrradfahren, Bike- und Carsharing, Bus und Bahn. Die Vernetzung aller Verkehrsträger und Mobilitätsangebote und die damit erreichte intermodale Mobilität, die den Privatkraftverkehr radikal abbaut, ermöglicht erst mehr Mobilität bei weniger Verkehr.

Eine klimaschonende Mobilität bedeutet, sich nicht weniger, sondern anders und intelligenter fortzubewegen (Canzler und Knie 2016). Dazu bedarf es weniger fliegender Taxis und vollautonomer Pkw, sondern eines von der öffentlichen Hand regulierten Markts, dessen Rückgrat neben dem schienengebundenen Fern-, Regional- und

Nahverkehr das öffentliche Nahverkehrssystem bildet und das durch On-Demand-Angebote autonomer/teilautonomer Fahrzeuge (Kleinbusse) und Sharing-Angebote ergänzt wird (Mager 2017); und das nicht zuletzt das Zufußgehen und insbesondere die Nutzung des Fahrrads fördert. All dies zusammengenommen ergäbe ein Mobilitätssystem, das sich durch seine Flexibilität und Anpassungsfähigkeit für die Siedlungsstruktur urbaner Regionen wie ländlicher Räume gleichermaßen eignet, da es insbesondere die Probleme der letzten Meile zu lösen verspricht.

Im ländlichen Raum sind Pkw notwendiger als in der Stadt. Durch die Digitalisierung können Autofahrten besser ausgelastet werden, indem man andere mitnimmt. Pkw werden zukünftig besser vernetzt sein. Andere Verkehrsmittel wie die Bahn werden dann durch Umsteige- und Knotenpunkte für die längeren Wegstrecken noch stärker ihre Bündelungswirkung geltend machen. Hinzu kommen zukünftig Shuttlesysteme, zunehmend auch mit autonom verkehrenden Fahrzeugen. Nicht zuletzt wird auch die elektrische Nahmobilität der Pedelecs ihre ergänzende Wirkung entfalten.

Raumstruktur und Mobilitätsverhalten

Das Mobilitätsverhalten wird durch die objektiven Rahmenbedingungen der Raum- und Infrastruktur, aber auch durch individuelle Einflussfaktoren bestimmt: Verhaltensrelevante innerpsychische Bewertungen von Mobilitätsangeboten und Verkehrsmitteln, in denen sich gesellschaftliche Leitbilder, soziale Normen und Lebensstile ausdrücken, sind dabei als Ziel der Gestaltung vernetzter, klimaschonender Mobilität bisher weitgehend vernachlässigt worden.

Üblicherweise wird davon ausgegangen, dass die Siedlungsstruktur das Verkehrsverhalten determiniert. Nicht berücksichtigt wird dabei, dass Menschen räumlich mobil sind: Individuelle Wohnstandortentscheidungen werden auch durch die Affinität zu bestimmten Verkehrsmitteln getroffen (Holz-Rau und Scheiner 2005). So unterscheiden sich Teilbevölkerungen soziodemografisch stark und differenzieren sich räumlich aus. In suburbanen Räumen sind die Anteile der hochaktiven Bevölkerung, die einer Erwerbstätigkeit nachgehen und oftmals auch

Verpflichtungen durch Familienhaushalte bewältigen muss, deutlich höher und dementsprechend auch die Verkehrsaufwände. Die Raumstruktur beeinflusst zwar signifikant das Verkehrsverhalten, gleichzeitig suchen aber Individuen bei der Wohnortentscheidung die für sie passende Raumstruktur auf – wobei das Verkehrsverhalten nur eines, aber ein wichtiges Entscheidungskriterium ist (Scheiner 2005). Dichte, Nutzungsmischung und Gestaltung sind wesentliche Faktoren bei der Reduzierung des motorisierten Individualverkehrs, wie zahlreiche Studien belegen (Busch-Geertsema et al. 2016). Die integrierte Standort- und Verkehrsplanung mit einer Umweltentlastung (Reduktion von CO_2-Emissionen) zu begründen, ist aber wissenschaftlich umstritten (Holz-Rau und Scheiner 2015). Insofern sollte hier die mit der Reduktion des Verkehrsaufkommens gewonnene Lebensqualität insgesamt gesehen werden. Dass trotz eines gut ausgebauten ÖPNV die Pkw-Nutzung im Umland der Städte dominiert (MiD – Mobilität in Deutschland 2017), zeigt, dass gute siedlungsstrukturelle und verkehrliche Angebote nicht deren Nutzung garantieren (Busch-Geertsema et al. 2016). Das spricht nicht gegen das Leitbild der Stadt der kurzen Wege, das sich durch Dichte und Nutzungsmischung auszeichnet, sondern macht deutlich, dass das Verkehrsverhalten wesentlich durch gesellschaftliche Entwicklungen bestimmt ist, die politisch zu gestalten sind und durch Push-Strategien beeinflusst werden können. Möglichkeiten hierzu bieten etwa Parkraumbewirtschaftung, Stellplatzschlüssel, Abschaffung der Pendlerpauschale, CO_2-Kompensationszahlungen für alle Verkehrsträger usw. Und es ist notwendig, nicht nur die Angebotsseite, sondern auch die Nachfrage der Nutzenden zu berücksichtigen. Hierbei spielen nicht nur zweckrationale Aspekte wie Kosten, Zeitaufwände und Erreichbarkeit, sondern auch intrapersonale Faktoren wie Werte, Normen, Einstellungen, Bedürfnisse und Wünsche eine wesentliche Rolle (Busch-Geertsema et al. 2016). Dementsprechend ist eine innovative und umweltschonende Mobilität, die die Herausforderung des globalen Klimawandels berücksichtigt (nachhaltige Entwicklung und Reduktion des Ressourcenverbrauchs) und zugleich die lokalen Umweltbelastungen verringert (Lärm, Belastung durch Schadstoffe und Flächenverbrauch), immer auch auf eine hohe Akzeptanz der Nutzenden angewiesen. Diese Akzeptanz zu schaffen, ist vor allem Aufgabe des nutzerorientierten Mobilitätsdesigns, das durch gestalterische Entscheidungen zwischen Mensch und Mobilitätssystem vermittelt.

Designforschung zur Förderung klimaschonender Mobilität

Die herausragende symbolische Bedeutung neuer, intermodaler Mobilität, ihre Fortschrittlichkeit und gesellschaftliche Bedeutung wird durch das intermodale Verkehrssystem in seiner alltäglich erfahrbaren Gestaltungsqualität nicht vermittelt. Der Fokus des nutzerorientierten Mobilitätsdesigns liegt daher auf der Gestaltungsqualität, sowohl funktional (Verständnis, Effizienz, Verlässlichkeit und Konsistenz) als auch symbolisch-emotional (Autonomie, Status, Privatheit, Erlebnis, Stressfreiheit und Sicherheit). Die Designforschung knüpft hier an die Erkenntnisse der sozial- und verhaltenswissenschaftlichen Mobilitätsforschung an. Emotionale Aspekte fließen weitgehend unbewusst in Entscheidungen hinsichtlich der Nutzung von Mobilitätsangeboten ein (Hunecke 2000, 2015). So sind beispielsweise nicht alleine instrumentelle Faktoren, sondern auch symbolische und affektive Motive ausschlaggebend für die Verkehrsmittelnutzung (Anable und Gatersleben 2005; Steg 2005; Pripfl et al. 2010; Götz et al. 2016). Bisher wurden allerdings in der Planung intermodaler Verkehrssysteme, insbesondere im ÖPNV, hauptsächlich instrumentelle Faktoren operationalisiert (Hofmann 2019). Wenn das Mobilitätsverhalten jedoch maßgeblich durch nicht instrumentelle, symbolische und affektive Faktoren (mit-)bestimmt ist, erhalten zielgruppenspezifische Wertigkeiten (Privatheit, Autonomie, Status, Erlebnis usw.) eine zentrale Bedeutung bei der Gestaltung von intermodalen Mobilitätsystemen.

Hier setzt das Mobilitätsdesign an: Es gestaltet die Interaktion der Nutzenden mit dem Mobilitätssystem, das sich aus den zeit- und bewegungsbasierten Nutzungsprozessen, der physischen Gestalt und Organisation von Produkten und Räumen, dem digitalen Interface, der Logik der Informationsvermittlung sowie den dahinterliegenden technischen Systemen zusammensetzt. Das setzt voraus, dass das Mobilitätsdesign systemisch ausgerichtet ist und erfordert die Bündelung unterschiedlicher mobilitätsbezogener Expertise. Mobilitätsdesign ist daher als interdisziplinäre Aufgabe anzusehen. Design ist das integrierende Element, das durch Gestaltungsentscheidungen zwischen Mensch und Mobilitätssystem vermittelt und Nutzungserfahrungen beeinflusst.[02] Die Designforschung konzentriert sich neben den funktionalen vor allem auf die emotionalen und symbolischen Aspekte bei der Nutzung von Mobilitätsangeboten, mit dem Ziel, die Einstellungen und Verhaltensweisen der Nutzenden positiv zu beeinflussen. In der Gestaltung eines intermodalen Mobilitätssystems müssen daher sowohl funktionale Aspekte (Anzeichenfunktionen) von sinnvollen Abläufen und Übergängen sowie wahrnehmungs- und raumordnende (Formalästhetik) als auch ästhetisch-emotionale wie zielgruppenorientierte Aspekte (Symbolfunktionen) berücksichtigt und bearbeitet werden.

Mobilitätsdesign orientiert sich nicht an dem einzelnen Transportmittel, sondern am Mobilitätsbedürfnis der individuellen Nutzenden in der Interaktion mit dem Mobilitätssystem. Sein Ziel ist daher nicht nur die Verbesserung von funktionalen An- und Herausforderungen neuer Mobilitätsräume, sondern die Veränderung der „inneren Landkarte" der Einstellungen, Werthaltungen und Vorstellungen von Mobilität. Design antizipiert Verhaltensformen und die Erwartungen, die Nutzende an Mobilitätsangebote haben (Eckart und Vöckler 2018). Daher ist die Einbeziehung der über die funktionalen Anforderungen hinausgehenden emotionalen Faktoren bei der Planung und Gestaltung von Mobilitätsräumen zentral, um die Menschen zu motivieren, diese neuartige Form der Mobilität zu nutzen. Kurz gesagt: Freude an der Bewegung statt „Freude am Fahren". Das persönliche Freiheits-, Status-, Werte- und Sicherheitsgefühl vom Objekt (Auto) auf die Bewegung (Mobilität) zu übertragen, bedeutet, dass diese neue Form der Selbstbeweglichkeit zu einem neuen Erlebnis werden muss. Die technischen und organisatorischen Determinanten automobiler *Selbstbeweglichkeit* sind keinesfalls bis in alle Ewigkeit festgelegt, solange nur deren Funktion – also die Garantie von räumlicher und zeitlicher Autonomie, Flexibilität und Privatheit – erhalten bleibt, wie der Mobilitätsforscher Stephan Rammler bereits 2003 feststellte.

02 Analytisch und als Grundlage der Entwicklung des Mobilitätsdesigns wird die Theorie der Produktsprache (*Offenbacher Ansatz*) angewandt. Die Theorie der Produktsprache als grundlegendes Modell zur Entwicklung von Gestaltungsleitlinien wurde an der Hochschule für Gestaltung Offenbach von Jochen Gros et al. entwickelt und international rezipiert (Steffen 2000; Bürdek 2005). Sie steht in Zusammenhang mit dem Übergang von naturwissenschaftlichen zu geisteswissenschaftlichen Erkenntnismodellen im Design (Krippendorf 2006; Mareis 2011) und geht vor allem der Frage nach, welche Rolle soziokulturelle und ethische Aspekte bei der Gestaltung von Produkten spielen.

Fazit

Wenn die neue, intelligente und nachhaltige Mobilität die in sie gesetzten Hoffnungen nicht enttäuschen soll, bedarf es nicht nur des politischen Willens, notwendige strukturelle Reformen anzugehen, sondern auch veränderter Planungslogiken und der frühzeitigen Einbindung der Gestaltung (Design und Architektur) in eine integrierte Siedlungs- und Verkehrsplanung (Holl et al. 2018; Dettmar et al. 2018). Außerdem ist eine umfassende Gestaltung der Mobilitätsräume notwendig, die bei den individuellen Bedürfnissen ansetzt und zugleich eine positive Perspektive für alle bietet – als Teil der regionalen Entwicklung des Lebensumfelds.

Literatur

ANABLE, J., GATERSLEBEN, B. (2005): All work and no play? The role of instrumental and affective factors in work and leisure journeys by different travel modes. In: Transportation Research. Part A, Policy and Practice, 39, S. 163–181.

ADAC (2017): Staubilanz. https://www.adac.de/_mmm/pdf/statistik_staubilanz_231552.pdf (letzter Zugriff: 09.05.2019).

BBSR – BUNDESINSTITUT FÜR BAU-, STADT- UND RAUMFORSCHUNG (2017): Immer mehr Menschen pendeln zur Arbeit. https://www.bbsr.bund.de/BBSR/DE/Home/Topthemen/2017-pendeln.html (letzter Zugriff: 09.05.2019).

BMU – BUNDESMINISTERIUM FÜR UMWELT, NATURSCHUTZ UND NUKLEARE SICHERHEIT (2018): Klimaschutzbericht 2017. https://www.bmu.de/fileadmin/Daten_BMU/Pools/Broschueren/klimaschutzbericht_2017_aktionsprogramm.pdf (letzter Zugriff: 09.05.2019).

BÜRDEK, B. (2005): Design. Geschichte, Theorie und Praxis der Produktgestaltung, Basel: Birkhäuser.

BUSCH-GEERTSEMA, A.; LANZENDORF, M.; MÜGGENBURG, H.; WILDE, M. (2016): Mobilitätsforschung aus nachfrageorientierter Perspektive: Theorien, Erkenntnisse und Dynamiken des Verkehrshandelns. In: Schwedes, O.; Canzler, W.; Knie, A. (Hg.): Handbuch Verkehrspolitik. 2. Aufl., Wiesbaden: Springer VS, S. 755–779.

CANZLER, W., KNIE, A. (2016): Die digitale Mobilitätsrevolution. Vom Ende des Verkehrs wie wir ihn kannten. München: oekom.

DETTMAR, J., RUDOLPH-CLEFF, A., VÖCKLER, K. (2018): Infrastrukturen anders angehen. Verkehrsinfrastrukturen bilden Räume, die nicht nur dem Transport dienen. In: Holl, C., Nowak, F., Vöckler, K., Schmal, P.C. (Hg.): Rhein-Main – Die Region leben. Die Neugestaltung einer Metropolregion. Tübingen/Berlin: Wasmuth, S. 112–117.

ECKART, P., VÖCKLER, K. (2018): Design your Mobility! Die zukünftige Mobilität gestalten. In: Holl, C., Nowak, F., Vöckler, K., Schmal, P.C. (Hg.): Rhein-Main – Die Region leben. Die Neugestaltung einer Metropolregion. Tübingen/Berlin: Wasmuth, S. 158–167.

GÖTZ, K., DEFFNER, J., KLINGER, T. (2016): Mobilitätsstile und Mobilitätskulturen – Erklärungspotentiale, Rezeption und Kritik. In: Schwedes, O., Canzler, W., Knie, A. (Hg.): Handbuch Verkehrspolitik, 2. Aufl., Wiesbaden: Springer VS, S. 781–804.

HOFMANN, D. (2019): Förderung einer umweltfreundlichen Verkehrsmittelwahl durch die Emotionalisierung angebotsseitiger Infrastruktur - Eine verkehrswissenschaftliche Analyse unter Berücksichtigung von designorientierten und psychologischen Einflussfaktoren [Ph.D. Thesis]. Darmstadt: TUPrints. http://tuprints.ulb.tu-darmstadt.de/8353/ (letzter Zugriff: 18.03.2019).

HOLL, C., NOWAK, F., VÖCKLER, K. (2018): Rhein-Main – Die Region leben. Die Metropolregion und die Neupolitisierung der regionalen Idee. In: Holl, C., Nowak, F., Vöckler, K., Schmal, P.C. (Hg.): Rhein-Main – Die Region leben. Die Neugestaltung einer Metropolregion. Tübingen/Berlin: Wasmuth, S. 12–23.

- HOLZ-RAU, C., SCHEINER, J. (2005): Siedlungsstrukturen und Verkehr. Was ist Ursache, was ist Wirkung? In: RaumPlanung, Heft 119, S. 67–72.

- HOLZ-RAU, C., SCHEINER, J. (2016): Raum und Verkehr – ein Feld komplexer Wirkungsbeziehungen. Können Interventionen in die gebaute Umwelt klimawirksame Verkehrsemissionen wirklich senken? In: Raumforschung und Raumordnung, 74/5, S. 451–465.

- HUNECKE, MARCEL (2000): Ökologische Verantwortung, Lebensstile und Umweltverhalten. Heidelberg: Asanger.

- HUNECKE, MARCEL (2015): Mobilitätsverhalten verstehen und verändern. Psychologische Beiträge zur interdisziplinären Mobilitätsforschung. Wiesbaden: Springer VS.

- KRIPPENDORF, K. (2006): The Semantic Turn. A New Foundation for Design. Boca Raton. London, New York: Taylor & Francis.

- MAGER, T. J. (2017): Wie sieht die Zukunft der Mobilität aus. Stadt- und Verkehrsplanung für eine nachhaltige Verkehrswende. In: Planerin 5/17, S. 30–32.

- MAREIS, C. (2011): Design als Wissenskultur. Interferenzen zwischen Design- und Wissensdiskursen seit 1960, Bielefeld: transcript.

- MID – Mobilität in Deutschland 2017. Ergebnisbericht. http://www.mobilitaet-in-deutschland.de (letzter Zugriff 08.05.2019).

- PRIPFL, J., AIGNER-BREUSS, E., FÜRDÖS, A., WIESAUER, L. (2010): Verkehrsmittelwahl und Verkehrsinformation. Emotionale und kognitive Mobilitätsbarrieren und deren Beseitigung mittels multimodalen Verkehrsinformationssystemen. Wien: Kuratorium für Verkehrssicherheit.

- RAMMLER, S. (2003): „Vom Think Tank zum Do Tank – und zurück". Transportation Design als wissenschaftlich basierte Gestaltung zukunftsfähiger Verkehrssysteme. In: Arndt, W.-H. (Hg.): Beiträge aus Verkehrsplanungstheorie und -praxis. Berlin 2003.

- SCHEINER, J. (2005): Auswirkungen der Stadt- und Umlandwanderung auf Motorisierung und Verkehrsmittelnutzung. In: Verkehrsforschung Online 1(1), S. 1–17.

- STEFFEN, D. (2000): Design als Produktsprache. Der „Offenbacher Ansatz" in Theorie und Praxis, Frankfurt/M.: form.

- STEG, L. (2005): Car use: lust and must. Instrumental, symbolic and affective motives for car use. In: Transportation Research. Part A, Policy and Practice, 39, S. 147–162.

- UMWELTBUNDESAMT (2018): Fahrleistungen, Verkehrsaufwand und „Modal Split". https://www.umweltbundesamt.de/daten/verkehr/fahrleistungen-verkehrsaufwand-modal-split (letzter Zugriff: 09.05.2019).

Anna Bergold

Connect –
Fotoessay

Anna Bergold
1982 geboren in Frankfurt am
Main, hat nach einem Bachelor-
studium der Politikwissenschaften
2015 ein Studium der Visuelle
Kommunikation mit Schwerpunkt
Fotografie an der Kunsthochschule
Kassel aufgenommen. Seit 2016
zahlreiche Publikationen und
Ausstellungsbeteiligungen.

B

c

D

E

F

J

P

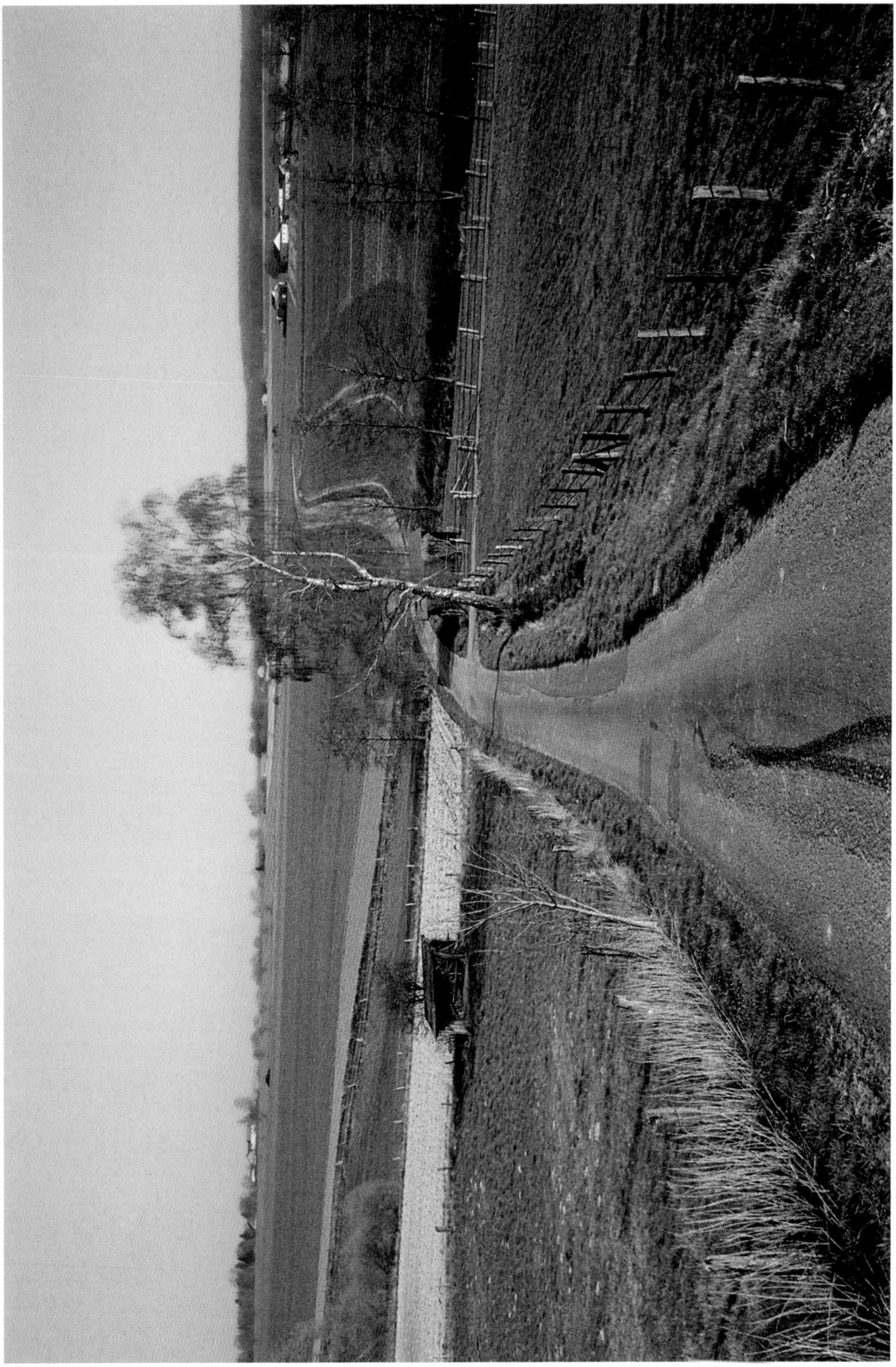

Bildlegenden

Der Fotoessay zeigt den Mobilitätsalltag im ländlichen Raum Deutschlands am Beispiel Nordhessens im Jahr 2021.

A Bushaltestelle B83 zwischen Trendelburg und Bad Karlshafen

B Neubau der Kreisstraße bei Burguffeln

C Parkplatz der Reinhardswaldhalle in Gottsbüren

D Busplatz in Helmarshausen

E Parkplatz bei Gottsbüren

F Parkplatz einer Tankstelle mit SB-Sauger in Deisel

G Bahnsteig des ehemaligen Bahnhofs in Liebenau

H Bahnübergang in Hümme

I Bürgerbus in Hümme

J Fahrradstation in Helmarshausen

K Fußweg am Bahnhof in Hofgeismar

L Parkplatz vor dem Rathaus in Trendelburg

M Straße entlang des Rathauses mit Parkplätzen in Liebenau

N Bushaltestelle in Trendelburg

O Zufahrt zum Supermarkt in Trendelburg

P Landweg zwischen Langenthal und Bad Karlshafen

Mathias Mitteregger

Den Weg zu einer neuen Mobilität gestalten

Mathias Mitteregger
geboren 1982 in Wildon,
Steiermark (Österreich), ist
Projektleiter am future.lab der
TU Wien und wurde in Architekturtheorie promoviert.
Er beschäftigt sich mit der Frage,
wie Technologien die Wahrnehmung, die Gestaltung und
letztlich das Leben in Städten
verändern. Er betreibt ein Büro,
mit dem er Forschungs- und
Planungsprojekte realisiert.

In der 1939 verfassten Kurzgeschichte „Pierre Menard, Autor des Quijote" formuliert Jorge Luis Borges ein anregendes Gedankenexperiment:[01] Es liegen zwei Textfragmente vor. Eines 1605 verfasst von Cervantes und Teil des *Don Quijote* und ein weiteres, das dem ersten in jedem Aspekt gleicht, aber nicht aus der Feder von Cervantes stammt, sondern aus der von Pierre Menard, einem fiktiven französischen Universalgelehrten aus dem 20. Jahrhundert. In der Form einer fiktiven Literaturkritik argumentiert Borges, dass Menards Text um vieles reichhaltiger und reizvoller sei als das Original. Im Gegensatz zu Cervantes kannte Menard die Komplexitäten des Spätmittelalters. Er war sich zum Beispiel des Falls des Rittertums in Spanien und anderswo gewahr und konnte diesen, Geschichtsbücher zu Rate ziehend, mit in seinen Text einfließen lassen (Fischer 1995). Für die Literaturkritik ändert sich auch das Genre des Textes, da schon die Entscheidung für einen historischen Text (Menard) eine grundlegend andere ist, als die Gegenwart literarisch zu parodieren (Cervantes).

Bemerkenswerterweise ähneln Aspekte von Borges' Gedankenexperiment denen des frühen Hypes um selbstfahrende Fahrzeuge ab circa 2010. Die Unsicherheit zwischen zwei einander unbekannten Marktakteuren, der klassischen Autoindustrie auf der einen und den „neuen" IT-Konzernen auf der anderen Seite, hat dazu geführt, dass man (die Fähigkeiten des jeweils anderen überschätzend) geglaubt hat, dass autonome oder vollautomatisierte Fahrzeuge (Level 5),[02] die jede Situation, die auch menschliche Fahrer*innen bewältigen können, gerade vor der Tür stünden. Unternehmen beider Seiten nannten das Jahr 2020, in dem autonomes Fahren Realität sein sollte (Beiker 2015: 201).

Die Situation wäre die von Borges beschriebene: Autonome Autos und Busse würden sich durch die Straßen von Stadt und Land bewegen, sie entsprächen ihren Vorgängern optisch und in ihrer Leistungsfähigkeit, allein sie wären von Algorithmen gesteuert und nicht länger von menschlichen Fahrer*innen. Obwohl in nahezu allen Aspekten identisch, wären autonome Fahrzeuge – Borges folgend – „besser", weil reichhaltiger für die Interpretation. Denn anders als im Fall des klassischen Automobils haben zu Beginn des 21. Jahrhunderts Management, Programmierer*innen und Ingenieur*innen im Bewusstsein der Klimakrise gehandelt. Sie kannten die zahlreichen positiven und negativen Konsequenzen der Automobilkultur des vergangenen Jahrhunderts – all dies gälte es zu

01 Aufgenommen und neu interpretiert durch Arthur C. Danto wurde das Gedankenexperiment als *Transfiguration of the Commonplace: A Philosophy of Art* (1981) zu einem Klassiker der Kunsttheorie.

02 Die unterschiedlichen Automatisierungsgrade werden im internationalen Diskurs nach der SAE-J3016-Norm eingeteilt. Jene Systeme, welche die Fahrer*innen nicht mehr dauerhaft überwachen müssen, da die Längs- und Querführung in spezifischen Anwendungsfällen (Straßentypen, Geschwindigkeitsbereiche und Umfeldbedingungen) automatisiert ausgeführt werden, werden als *bedingt automatisierte Fahrzeuge* bezeichnet. Die Fahrer*innen müssen jedoch potenziell in der Lage sein, die Führung zu übernehmen, wenn das System die Übernahme auffordert (SAE-Level 3). Als *hochautomatisierte Fahrzeuge* werden jene bezeichnet, deren Systeme alle Situationen automatisch bewältigen können, doch lediglich in dafür ausgelegten Bereichen (*operational design domain* (ODD)) fahrerlos betrieben werden beziehungsweise die Fahraufgabe übernehmen. Es findet keine Aufforderung zur Übernahme der Lenkung statt (SAE-Level 4). Fahrzeuge, deren Systeme die Fahraufgabe vollumfänglich für alle Straßentypen, Geschwindigkeitsbereiche und Umfeldbedingungen übernehmen (ODD-unspezifisch) und die somit von Start bis Ziel ohne Fahrer*innen betrieben werden (SAE-Level 5), bezeichnet man schließlich als *vollautomatisierte Fahrzeuge* (SAE International 2018: 17).

diskutieren. Wie Andrea Stickler nachweisen konnte, entspricht dies auch den Tatsachen des politischen Diskurses, der in der Europäischen Union auf unterschiedlichen politischen Ebenen geführt wird (Stickler 2020).

Die Aufgaben von Architektur, Städtebau und Planung wären interpretativ. Es gelte lediglich festzustellen, in welchen Aspekten vielleicht doch ein Unterschied bestünde (zum Beispiel: Verhalten sich Betrachter*innen unterschiedlich gegenüber den scheinbaren Ebenbildern? (Danto 1964)). Ein vergleichbarer historischer Wandel, wäre die Umrüstung von Dampf- auf Diesellokomotiven, die das Schienennetz weitestgehend unberührt lies. Aber ist dieser Zustand realistisch? Sollte die Planung davon ausgehen, dass das 21. Jahrhundert von einer Reihe neuer, automatisierter Verkehrsmittel (Autos, Busse und Shuttles) geprägt sein wird, die konventionelle Fahrzeuge einfach ersetzen?

The Extension of ...

Das heute medial inszenierte selbstfahrende Auto steht in einer langen Tradition, deren Betrachtung hilfreich zum Verständnis der aktuellen Situation ist. Die Vision von einer mobilen Welt der Passagier*innen reicht bis in die 1920er Jahre zurück (Kröger 2015). In der wirschaftlichen Aufbruchsstimmung der 1960er und 1970er Jahren war, ähnlich wie heute, das Thema vor allem in den USA medial beliebt und wurde zum Teil der Popkultur. Zwei Argumente prägten damals wie heute die Diskussionen: mehr Sicherheit für den Straßenverkehr und der, damals vor allem geopolitisch diskutierte, massive Verbrauch von Erdöl (Mitteregger 2018). Diese für die Stadtplanung relevante technologische Genealogie zeigt, dass frühe Systeme die Automatisierung wesentlich infrastrukturell zu lösen suchten. *Leitdrahtsysteme* und Walt Disneys *Magic Highway* (1958) sind Beispiele hierfür. Im Lauf der Zeit und angesichts neuer Einsatzbereiche, vor allem im Kontext militärischer Nutzungen, rückte der infrastrukturelle Lösungsansatz in den Hintergrund, sodass stärker von *autonomen Agenten* gesprochen wurde. Ihre Funktion sei nun nicht allein das Selbstfahren. Nun können diese mobilen Roboter dazu eingesetzt werden, den Einflussbereich ihrer Eigner*innen in Gebiete auszuweiten, die zum Beispiel zu gefährlich oder unwirtlich sind (Ross 2016; Marlow 2019). Und wieder wurde das Thema von der

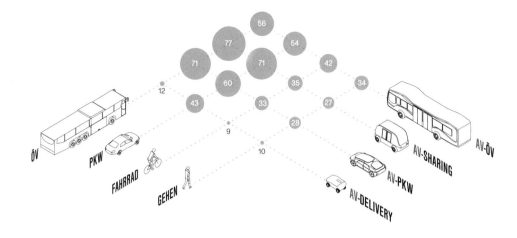

Popkultur, sofern diese noch existiert (Diederichsen und Jacke 2011), rezipiert (Brooker und Salde 2017; Hölzemann et al. 2018).

Dieser konzeptionelle Wandel zeigt sich auch in einer Umfrage, die im Rahmen von „AVENUE21", einem von der Daimler und Benz Stiftung geförderten Forschungsprojekt an der TU Wien, durchgeführt wurde. Die These von der *Hybridisierung* des öffentlichen und individuellen Verkehrs (Lenz und Fraedrich 2015: 189f.) sowie des Personen- und Güterverkehrs zeigte sich in der Einschätzung von mehr als 200 Expert*innen. Der Wandel wird also tief greifender wahrgenommen. Er betrifft eine für Stadt- und Mobilitätsplanung heute entscheidende Frage, die in Zukunft neu formuliert werden muss. Angesichts automatisierter Fahrzeuge könnte „Welches Verkehrsmittel wählen Menschen für einen bestimmten Weg?" durch „Wird dieser Weg selbst gefahren oder Maschinen überlassen?" ersetzt werden (Mitteregger et al. 2020: 35f.). Das würde eine Erweiterung des Wahrnehmungs- und Einflussbereiches von Individuen und Organisationen bedeuten (McLuhan 1964) und gänzlich neue Geschäftsmodelle und Versorgungslogiken hervorbringen, von denen die *Hybridisierung* nur eine Teilmenge ist.

Was nun? Zuviel der Euphorie? Grundlegender Wandel oder alles beim Alten? Nach zweieinhalb Jahren Forschung muss man aus Sicht der Stadt- und Mobilitätsentwicklung ganz eindeutig sagen: beides. Vor allem aber: Die Aufgabe, die Architektur, Planung, Politik und Verwaltung in den Kommunen und Stadtregionen zukommt, ist anders als in Borges' Gedankenexperiment nicht allein eine interpretative. Worum es im Kern gehen wird, ist das Bilden, Reflektieren und Aushandeln neuer Raumbilder

Den Weg zu einer neuen Mobilität gestalten
Mathias Mitteregger

A Für wie wahrscheinlich halten Sie es, dass herkömmliche Mobilitätsformen durch automatisierte ersetzt werden? – Ergebnis einer Expert*innenbefragung von AVENUE21 in Prozent. Grafik: Mathias Mitteregger.

und die Gestaltung von sich wandelnden Funktionalräumen angesichts eines neuen Verkehrssystems, das sich nicht alleine mit dem Blick auf seine Vehikel verstehen lässt. Die Randbedingungen des Wandels zeigen sich heute erst in Umrissen, von denen ein Aspekt hier vorgestellt wird.

Die Hypothese des „Langen Level 4"

Das Ideal des autonomen Fahrzeugs (Level 5), das in jeder Situation ohne menschliche Rückfallebene auskommt, weicht mittlerweile vorsichtigeren Positionen. Selbst der Geschäftsführer der Google- beziehungsweise Alphabet-Tochter Waymo stellt infrage, ob das Level 5 jemals realisiert werde (Krafcik in: Marx 2018). Weitergedacht bedeutet dies, dass Politik und Planung während einer Jahrzehnte dauernden Übergangszeit eine Situation vorfinden könnten, in der hochautomatisierte Fahrzeuge (Level 4) einige Teile des Straßennetzes (beginnend mit den Autobahnen) befahren werden und andere nicht – zumindest nicht auf eine Art, die heute etablierte Positionen der Stadt- und Mobilitätsplanung fundamental infrage stellen würde. In anderen Worten: Man geht heute nicht mehr davon aus, dass das bestehende Straßennetz auch das automatisierter Fahrzeuge sein wird. Das Netz hochautomatisierter Fahrzeuge wird hingegen räumlich und wahrscheinlich auch zeitlich fragmentierter sein. Brüche und Übergänge werden die Netztopologie, ähnlich wie im öffentlichen Verkehr, prägen. Einige Wohn-, Gewerbe- und Produktionsstandorte wären folglich zeitlich vorgelagert erreichbar – ein Umstand, der sich zu einem zentralen Planungsthema entwickeln dürfte. Und dies ist, unabhängig von der technologischen Machbarkeit, der wesentliche Ansatz, die meisten negativen Effekte zu vermeiden: Nur bestimmte Straßenzüge sollten für automatisierte Fahrzeuge geöffnet werden.

Damit geht es um die Ausgestaltung des Netzes für automatisierte Fahrzeuge und dessen Stadtverträglichkeit. Dies ist eine gestalterische Frage, die alte und neue Planungsmethoden und -akteure erfordern wird. Die Herausforderung besteht darin, dieses Netz zugänglich zu machen und es als integrierter Teil lebenswerter Räume zu gestalten, sodass es in Ergänzung bestehender Systeme eine wirkliche Alternative zum Auto darstellt.

Ein fundamentaler Widerspruch

Im Rahmen des Forschungsprojektes wurden Kriterien entwickelt, um die Tauglichkeit eines Straßenabschnittes für Fahrzeuge des Level 4 zu bewerten (Soteropoulos et al. 2020). Es konnte gezeigt werden, dass Lagen ab dem Stadtrand eine tendenziell deutlich höhere Tauglichkeit aufweisen als innerstädtische Lagen und belebte Zentren. Vor allem für historische Siedlungskerne und belebte Einkaufsstraßen konnte eine sehr geringe Tauglichkeit nachgewiesen werden. Das bedeutet, dass automatisiertes Fahren sich – mit allen Vor- und Nachteilen (Mitteregger et al. 2020: 146f.) – zunächst räumlich konzentrieren und vor allem in Randlagen entlang von Autobahnen etablieren wird, da – so die Annahme – diese Bereiche als erste automatisiert befahren werden könnten (Shaldover 2018). Entscheidend ist, dass dieser Zustand dann doch kein so fernes Zukunftsszenario darstellt, sondern bereits dann Realität wird, wenn auf Autobahnen automatisiert gefahren werden kann. Was wären die Folgen für den innerstädtischen Handel, der im Vergleich zu Einkaufszentren an Autobahnzubringern eine teure (weil nicht automatisierte) letzte Meile hinnehmen müsste? Was wären die Effekte auf das Standortwahlverhalten von Personen und Betrieben? Was wären die Konsequenzen für die Verkehrssicherheit?

Hier zeigt sich ein fundamentaler Widerspruch im Spannungsfeld stadträumlicher Qualität und wirtschaftlicher Entwicklung, der darüber hinaus auf die ökologische Nachhaltigkeit und die soziale Inklusion wirkt. Räume mit hoher Durchmischung und urbaner Dichte können trotz berechtigter Kritik (zum Beispiel in: Frey und Koch 2015) als ein anzustrebendes Kriterium der Europäischen Stadt gelten (Antonelli et al. 2017). Schließlich gelten Dichte und Durchmischung als entscheidende Faktoren, um Verkehr zu vermeiden, die Versorgung mit öffentlichem Verkehr zu ermöglichen und Mobilitätsverhaltensweisen zu stärken, die nicht allein vom Pkw im Privatbesitz abhängig sind (DSt 2018). Räume hoher städtebaulicher Dichte erhöhen aber auch den Druck auf den öffentlichen Raum der Straße, den Stadtbewohner*innen im Gegensatz zu ihren suburbanen Pendants zum Sitzen, Reden, Erholen, Spielen usw. dringend benötigen (Gehl 2008). Aber die Räume, die genutzt werden und belebt sind, können eben nicht ad hoc automatisiert befahren werden. Sie sind aber eben auch von den Funktionen einer belebten Erdgeschosszone abhängig, die noch heftiger unter Druck geraten könnte.

Der Druck könnte noch weiter verstärkt werden, sind es doch diese Quartiere, in denen das größte Marktpotenzial für automatisierte Fahrzeuge gesehen wird (Perret et al. 2018). In dieser Situation sollte sich die Stadtplanung ihre eigene Geschichte präsent halten. Eine ganz ähnliche Gemengelage hat dazu geführt, dass, unter dem Titel des wirtschaftlichen Aufschwungs und der Wettbewerbsfähigkeit ab der Mitte des vergangenen Jahrhunderts, Schneisen für Autos in die Städte geschlagen wurden, vor denen Georges-Eugène Baron Haussmann vor Neid erblasst wäre.

Über die technologische Machbarkeit hinaus muss die Planung die Frage beantworten, in welchen Situationen es sinnvoll ist, den Einsatz automatisierter Fahrzeuge zu ermöglichen (dies kann auch bedeuten, die Tauglichkeit eines Straßenabschnittes gezielt zu heben), und wann davon abgesehen werden sollte, da automatisierte Fahrzeuge selbst oder Anpassungen der Straßeninfrastruktur zu Lasten der Aufenthaltsqualität fallen würden. Darüber hinaus ist es entscheidend, wem in diesen Gestaltungsprozessen eine Stimme zugestanden wird. Davon ausgehend, dass Straßenräume hoher Aufenthaltsqualität und die kurzen Wege, die sie ermöglichen, entscheidende Bestandteile der Verkehrswende sein werden, darf, wenn es den Einsatz unterschiedlicher automatisierter Verkehrsmittel (Pkw, Busse, Straßenbahnen, Scooter, Fahrräder etc.) zu planen gilt, der unmittelbare Kontext nicht vergessen werden. Was vermieden werden muss, ist, dass automatisierte Fahrzeuge als weiterer Stressfaktor im öffentlichen Raum wirken beziehungsweise bestehende Nutzungsansprüche von Bürger*innen der Durchsetzung dieser Systeme untergeordnet werden.

Grenzen der Planung

Der technologische Wandel wirkt vielfältig und widersprüchlich in einer Gesellschaft, sodass dieser, obwohl menschengemacht, uns die Grenzen unserer Gestaltungsmacht vorführt.[03] Hinzu kommt, dass sich das *skill set* von Berufsgruppen, auch von Architekt*innen und Planer*innen, wandelt und für die europäische Industrie nichts weniger als ein „Systemumbau im laufenden Betrieb" (Bormann et al. 2018: 22) ansteht: Zu Beginn des 20. Jahr-

03 In einem Gespräch mit Carsten Sommer während eines Symposiums an der Universität Kassel (2018) war genau dies Gegenstand der Diskussion. In seinem Vortrag hat er ausgeführt, dass einem optimistischen Szenario zufolge, das sein Team auf Basis einer Studie von Schaller Consulting (2018: 19) erstellt hat, 40 Prozent der Fahrten des Umweltverbundes ersetzt werden könnten. Die schrumpfende Anzahl an Fahrgästen in Bussen, Straßenbahnen oder Regionalbahnen könnte allerdings Rückkoppelungen auslösen, weil zum Beispiel das subjektive Sicherheitsgefühl, etwa für gefährdete Gruppen oder zu bestimmten Zeiten, sinken könnte (Gopnik 2018).

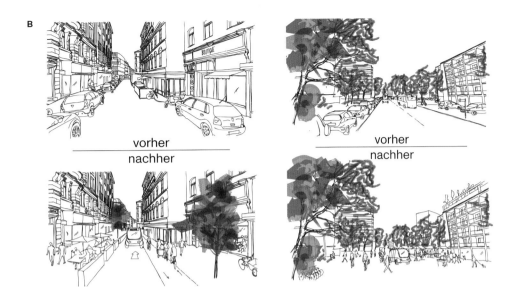

vorher

nachher

vorher

nachher

hunderts machten es technologische Innovationen und ein sich transnational schließendes Straßennetz notwendig, ingenieurswissenschaftliche Kompetenzen in Planung und Verwaltung zu integrieren. Aus heutiger Sicht wird damit der Verlust des Blicks fürs Ganze kritisiert, weil jene Elemente des Systems, die sich nicht mit den technischen Mitteln der Darstellung und Kommunikation (Pläne, Diagramme und Tabellen) erfassen ließen, ausgeblendet wurden – ein Zustand, der bis heute fortwirkt.

Um eine aktive Rolle in der Ausgestaltung automatisierter Mobilität zu spielen, ist es daher unumgänglich, dass in Planung und Verwaltung Datenkompetenz vorhanden ist. Als gesetzt kann gelten, dass Fahrzeuge schon ab relativ niedrigen Automatisierungsstufen riesige Datenmengen produzieren werden, auf die aktuell noch kein Zugriff besteht. Klar ist auch, dass diese Daten bereits heute relevante Effekte in der Verkehrslenkung auslösen, die ethische und moralische Fragestellungen aufwerfen (Gerdes 2018). Es muss aber vermieden werden, dass all jene Komponenten des Systems, denen noch kein *digitaler Zwilling* eigen ist, wie Fußgänger*innen, Radfahrer*innen, Anwohner*innen und auch Autofahrer*innen, übersehen werden. Da nicht davon auszugehen ist, dass diese Kompetenzen in einer Person, Gruppe, Abteilung oder Institution zu vereinen sind, steigt der Bedarf nach Kommunikation und interdisziplinärem Wissen. Des Weiteren sehen wir bereits heute, dass sich regionale Mobilitätsmärkte internationalisieren. Auch diese Akteure müssen als Teil der Planung anerkannt und integriert

B Mögliche Transformation einer Straße in der Innendstadt und am Stadtrand. Grafik: Alex Diem.

werden. Es ist notwendig, bereits heute mit der Gestaltung sich wandelnder Funktionsräume bewusst und behutsam zu beginnen. Die Gestaltung eines Wandels unterscheidet sich von alltäglichen Aufgaben. Gearbeitet wird hier mit einem *Konzept* einer Technologie (Bento und Wilson 2016), wodurch Unsicherheiten offenbleiben, die aber auch gestaltet werden können.

Borges: Weil das Gleiche nicht Dasselbe ist

Wie im Fall der Elektromobilität darf es sich die Planung nicht gemütlich machen im Kritisieren des mangelnden Willens der Industrie, der Wirtschaft oder übergeordneter politischer Ebenen. Die infrastrukturellen Voraussetzungen gehören, vor allem zu einem frühen Zeitpunkt der Technologiediffusion, auch zur lokalen Verantwortung. Wenn die zur Verfügung stehenden Handlungsspielräume nicht genutzt werden, kann man sich nur selbst zur Verantwortung ziehen. Die stadtregionale Planung darf sich nicht damit zufriedengeben, angesichts eines neuen Verkehrsmittels, durch das sich höchstwahrscheinlich die kommunale und regionale Mobilität grundsätzlich wandeln wird, *more of the same* zu produzieren. Die neue Technologie wird von sich aus keine Probleme lösen. Vielmehr ist sie eine Unsicherheit auf dem ohnedies schon fordernden Weg der Verkehrswende. Wenn am Ende der Transformation europäischer Städte die Chance verpasst wurde, Straßen- und Funktionalräume grundlegend mit dem Blick auf Klimakrise und Lebensqualität neu zu gestalten, dann dürfen zukünftige Generationen wieder zu Borges' Gedankenexperiment greifen. Allerdings wird dann die Interpretation unseres Handelns ein schwacher Trost sein.

Den Weg zu einer neuen Mobilität gestalten
Mathias Mitteregger

Literatur

- ANTONELLI, C., BENTLIN, F., MILLION, A. UND RETTICH, S. (2017): Ein Manifest der Generation Y für eine neue Leipzig Charta. Schriftenreihe Städtebau und Kommunikation von Planung. Berlin: Universitätsverlag der TU Berlin.

- BEIKER, S. A. (2015): Einführungsszenarien für höhergradig automatisierte Straßenfahrzeuge. In: M. Maurer et al. (Hg.): Autonomes Fahren. Berlin und Heidelberg: Springer Vieweg, S. 197–217.

- BENTO, N. UND WILSON, C. (2016): Measuring the duration of formative phases for energy technologies. In: Environmental Innovation and Societal Transitions, 21, S. 95–112.

- BORGES, J. L. (1998, 1939): Pierre Menard, Author of the Quixote. In: Borges, J. L., and Hurley, A. (1998): Jorge Luis Borges: Collected fiction. New York: Penguin, S. 88–95.

- BORMANN, R., FINK, P., HOLZAPFEL, H., RAMMLER, S., SAUTER-SERVAES, T., TIEMANN, H., WASCHKE, T. UND WEIRAUCH, B. (2018): Die Zukunft der Deutschen Automobilindustrie. Transformation by Disaster oder by Design? WISO Diskurs 03/2018. Bonn: Friedrich-Ebert-Stiftung.

- BROOKER, C. (AUTHOR) AND SLADE, D. (REGIE). (2017): Metalhead (Episode). In: Brooker, C. Black Mirror. Netflix.

- DANTO, A. C. (1964): The artworld. In: The journal of philosophy, 61(19), S. 571–584.

- DANTO, A. C. (1981): The transfiguration of the commonplace: a philosophy of art. Cambridge: Harvard University Press.

- DIEDERICHSEN, D. UND JACKE, C. (2011): Die Pop-Musik, das Populäre und ihre Institutionen: Sind 50 Jahre genug? Oder gibt es ein Leben nach dem Tod im Archiv? Ein Gespräch. In: C. Jacke, J. Ruchatz und M. Zierold (Hg.): Pop, Populäres und Theorien. Forschungsansätze und Perspektiven zu einem prekären Verhältnis in der Medienkulturgesellschaft, S. 79–110. Münster: LIT.

- DST (DEUTSCHER STÄDTETAG) (2018): Nachhaltige städtische Mobilität für alle. Agenda für eine Verkehrswende aus kommunaler Sicht. Positionspapier des Deutschen Städtetages. Berlin: DSt.

- FISHER, J. A. (1995): Is there a problem of indiscernible counterparts? In: The Journal of philosophy, 92(9), S. 467–484.

- FREY, O. UND KOCH, F. (2011): Ausblick: Herausforderungen für die Zukünfte der europäischen Stadt. In: O. Frey und F. Koch (Hg.): Die Zukunft der Europäischen Stadt. Wiesbaden: VS Verlag für Sozialwissenschaften, S. 419–426.

- GEHL, J. (2009): Downtown Seattle. Public spaces, public life. Seattle: International Sustainability Institute.

- GERDES, C. (2018): Designing Automated Vehicles Around Human Values. Vortrag am Automated Vehicle Symposium 11. Juli 2018. http://auvsilink.org/AVS2018/Plenary/850-905_Gerdes.pdf (letzter Zugriff: 05.06.2020).

- GOPNIK, A. (2018): After the Fall. In: The New Yorker. February 12th 2018.

- HÖLZEMANN, H., UNGUREIT, D. (AUTOREN) UND THEEDE, C. (REGIE) (2018): Mord ex Machina (Episode). In Tatort. ARD.

- LENZ, B. UND FRAEDRICH, E. (2015): Neue Mobilitätskonzepte und autonomes Fahren: Potenziale der Veränderung. In: M. Maurer et al (Hg.): Autonomes Fahren. Berlin und Heidelberg: Springer Vieweg, S. 175–195.

- KRÖGER, F. (2015): Das automatisierte Fahren im gesellschaftsgeschichtlichen und kulturwissenschaftlichen Kontext. In: M. Maurer et al (Hg.): Autonomes Fahren. Berlin und Heidelberg: S. 41–67.

- MARLOW, JEFFREY (2019): Exploring the Oceans by Remote Control. The Newyorker 28. Mai. 2019. https://www.newyorker.com/science/elements/how-telepresence-is-changing-exploration (letzter Zugriff: 05.06.2020).

- MARX, P. (2018): Self-Driving Cars Are Out. Micromobility Is In https://medium.com/s/story/self-driving-cars-will-always-be-limited-even-the-industry-leader-admits-it-c5fe5aa01699 (letzter Zugriff: 05.06.2020).

- MCLUHAN, M. (1994, 1964): Understanding media: The extensions of man. Boston: The MIT press.

- MITTEREGGER, M., BRUCK, E. M., SOTEROPOULOS, A., STICKLER, A., BERGER, M., DANGSCHAT, J. S., SCHEUVENS, R. UND BANERJEE, I. (2020): AVENUE21. Automatisierter und vernetzter Verkehr: Entwicklungen des urbanen Europas. Heidelberg: Springer Vieweg.

- PERRET, F., FISCHER, R. UND FRANTZ, H. (2018): Automatisiertes Fahren als Herausforderung für Städte und Regionen. TATuP Zeitschrift für Technikfolgenabschätzung in Theorie und Praxis, 27(2), S. 31–37.

- ROSS, A. (2016): Former US drone technicians speak out against programme in Brussels. The Guardian, July 1, 2016. https://www.theguardian.com/world/2016/jul/01/us-drone-whistleblowers-brussels-european-parliament.

- SAE INTERNATIONAL (2018): Surface vehicles recommended practice. J3016. Taxonomy and Definitions for Terms Related to Driving Automation Systems for On-Road Motor Vehicles, June 2018.

- SCHALLER CONSULTING (2018): The New Automobility: Lyft, Uber and the Future of American Cities. http://www.schallerconsult.com/rideservices/automobility.pdf (letzter Zugriff: 05.06.2020).

- SHLADOVER, S. E. (2018): Connected and automated vehicle systems: Introduction and overview. Journal of Intelligent Transportation Systems 22(3), S. 190–200

- SOTEROPOULOS, A., MITTEREGGER, M., BERGER, M. UND ZWIRCHMAYR, J. (2020): Automated drivability: Toward an assessment of the spatial deployment of level 4 automated vehicles. Transportation Research Part A: Policy and Practice 136, 64–84.

- STICKLER, A. (2020): Die Aushandlung einer vorherrschenden Narration zur automatisierten und vernetzten Mobilität in Europa. In: AVENUE21. Automatisierter und vernetzter Verkehr: Entwicklungen des urbanen Europa. Heidelberg: Springer Vieweg, S. 91-93.

Rainer Meyfahrt

Die Zukunft des ÖPNV im ländlichen Raum

Rainer Meyfahrt
geboren 1943 in Fulda, Nordhessen, ist Stadtplaner und tätig im Bereich Verkehrsplanung. Von 1974 bis 1990 war er Hochschullehrer für Kommunale Entwicklungsplanung an der Universität Kassel, von 1980 bis 1984 war er dort Vizepräsident. Von 1990 bis 2009 arbeitete er als Planer und zuletzt im Vorstand der Kasseler Verkehrsgesellschaft. Aktuell ist Meyfahrt im Vorstand der Energiegenossenschaft Kassel & Söhre eG tätig.

Die Gegenwart des ÖPNV im ländlichen Raum: „... ich bin auf das Auto angewiesen ...“

... und schon ist das Thema „Verkehr im ländlichen Raum“ erledigt. Man sei angewiesen, es gebe keine Alternative zum Auto und folglich wird auch keine gesucht.

Wo aber fängt der ländliche Raum eigentlich an? An der Grenze der Großstadt – vor oder nach den Gebietsreformen? In oder außerhalb der Mittelzentren? In Diskussionen über Verkehr und Mobilität ist man schon in den Vororten von Großstädten „auf das Auto angewiesen“. Alternativen zum Auto braucht man dann nur noch für die wenigen Menschen, die der „Anweisung“ nicht folgen können oder wollen. Anrufsammeltaxen (AST), Rufbusse, organisierte Mitfahrgelegenheiten, Mitfahrbänke und zahllose weitere Versuche und Vorschläge kursieren. Allen gemein ist, dass sie möglichst nicht viel kosten sollen – das wäre schließlich ungerecht gegenüber den vielen Autofahrer*innen, die mit ihren Steuern dies bezahlen müssen – und deshalb so organisiert werden müssen, dass die Nutzung nicht überhandnimmt.

Beispiel Anrufsammeltaxen: Anfang der 1990er Jahre wurde in Bad Hersfeld der Stadtbusverkehr neu geregelt, mit 30-Minuten-Takt und zentralem Treffpunkt. Abends, samstagnachmittags und sonntags wurden die Linien mit Anrufsammeltaxen bedient. Die Nutzung des Anrufsammeltaxis war in den Tarif des Nordhessischen Verkehrsverbunds integriert. Um die Kosten zu begrenzen, musste ein Zuschlag von 1 D-Mark zu den Fahrkarten des NVV-Tarifs gezahlt werden. Trotzdem stiegen die Kosten auf über 100.000 D-Mark im Jahr. Eine Analyse der Fahrkartennutzung ergab, dass ein sehr großer Teil auf Schülerjahreskarten entfiel, Fahrkarten für Schüler*innen, die vom Schulträger bezahlt werden. In der Debatte über die „ausufernden“ Kosten des Anrufsammeltaxenverkehrs wurde vorgebracht, dass die Stadt damit „Spaßverkehre“ der Jugendlichen finanziere und deshalb die Schülerjahreskarten im Anrufsammeltaxenverkehr nicht mehr anerkannt werden sollten. Nur mit Mühe konnte der Verbund das verhindern.

In der Gemeinde Guxhagen wurde der Zubringerverkehr zum Bahnhof von Dörfern außerhalb der Kerngemeinde mit Anrufsammeltaxen organisiert. Auffällig wurde die Nutzung aus einem Ortsteil: Ein Pendler nach

Kassel hatte das Angebot ernst genommen und fuhr täglich mit der Sammeltaxe zum Bahnhof und dem Zug nach Kassel. Bei einem Zuschussbedarf von 7 D-Mark pro Fahrt waren das über 3000 D-Mark für einen Fahrgast – wo blieb da die Gerechtigkeit? War es vertretbar, dass der Haushalt der Gemeinde für zehn Pendler*innen, die sich einfach kein Auto leisten wollten oder bequemer zur Arbeit fahren wollten, mit 30.000 D-Mark belastet wurde?

Die Beispiele zeigen die Grenzen des „bedarfsgesteuerten" ÖPNV. Seltener sind die Fälle, in denen der mit Bedarfsverkehren „geweckte" Verkehr in reguläre Verkehre umgewandelt werden kann. Nach Einstellung des Eisenbahnverkehrs zwischen Kassel und Kaufungen wurden auf der Strecke erste bundesweite Modellversuche mit Anrufsammeltaxenverkehren eingerichtet, die von der Erwartung geprägt waren, dass öffentlicher Verkehr in der Zukunft eigentlich nicht mehr gebraucht wird – jede*r habe dann ein Auto. Ganz so wurde es nicht – heute fährt dort eine Straßenbahn bis Mitternacht im 30-Minuten-Takt.

Unter dem Namen „Mobilfalt" versucht der NVV die Integration von privaten Mitnahmefahrten in den ÖPNV. Im Fahrplan festgelegte Fahrten sollen (nach Voranmeldung), wenn möglich durch Mitfahrten und nur bei fehlendem Angebot, durch Taxifahrten erledigt werden. Vorausgesetzt werde die einmalige Anmeldung von Anbieter*innen (private Pkw-Besitzer*innen) und Nutzer*innen (ÖPNV-Fahrgäste). Erste Auswertungen zeigen einen hohen Anteil von Taxifahrten und nur wenig passende Angebote privater Mitfahrgelegenheiten.

Im Kreis Nordfriesland wird gerade flächendeckend ein Rufbusangebot realisiert. Der Schülerverkehr wird ergänzt – mit drei Fahrten pro Werktag und sieben Fahrten in den Ferien und am Wochenende. Organisiert wird dieser Service in 18 Rufbusgebieten für lokale Verkehre zwischen allen Haltestellen und zu einer Umstiegshaltestelle auf Linienbusse zu Linien mit mindestens 2-Stunden-Takt zum nächsten Unter- oder Mittelzentrum. Leider wird nirgendwo erläutert, wann und wo Schulbusse fahren, sodass sich das Angebot auf drei Fahrten pro Werktag beschränkt – aus Kostengründen.

Mit all diesen Konzepten wird deutlich, worum es geht und worum nicht: Es geht um ein Mindestangebot für Menschen, die nicht Auto fahren können, es geht um Daseinsvorsorge. Es geht nicht darum, mit öffentlichem Personennahverkehr eine Alternative zum Individualverkehr aufzubauen. Mobilität im ländlichen Raum ist Automobilität und soll es auch bleiben.

Mobilität im ländlichen Raum – Diskussion als Vorwand und Ablenkung

Warum wird dennoch so intensiv über die „fehlende" Mobilität im ländlichen Raum diskutiert. Tatsächlich sind für das herrschende Verkehrsmittel, das Auto, die Verhältnisse im ländlichen Raum optimal – keine Staus, kein Parkplatzmangel, ein gutes Gewissen, da ja Alternativen zum Auto unzumutbar seien. Man sei eben auf das Auto angewiesen. Die Diskussion dient als Vorwand und Ablenkung von den wirklichen Problemen des Individualverkehrs. Und die sind in den Städten und Ballungsgebieten zu finden. Aus der Sicht der Autofahrenden: verstopfte Straßen, fehlende Parkplätze und hohe Kosten. Aus der Sicht aller anderen: Umweltbelastungen durch Abgase und Lärm sowie Beanspruchung des knappen städtischen Raums und der öffentlichen Haushalte.

Es ist völlig unsinnig, diese Probleme im ländlichen Raum mit ÖPNV lösen zu wollen. Zuerst muss der Individualverkehr in den Städten und Ballungsgebieten reduziert werden, und zweitens muss der Ziel- und Quellverkehr zu und von den Zentren (auch der Berufspendelverkehr) auf leistungsfähige Achsen des öffentlichen Verkehrs auf Straße und Schiene verlagert werden. Davon würden die Stadtbewohner*innen und die Bewohner*innen des ländlichen Raums profitieren, nämlich durch die Entlastung der Hauptachsen des Individualverkehrs von Lärm und Abgasen, eine verbesserte Anbindung an den öffentlichen Verkehr und den damit gewonnenen öffentlichen Raum.

... aber das elektrische selbstfahrende Auto löst alle Probleme

Das abgasfreie Auto löst nur ein Problem und das nur ein wenig – die Luftverschmutzung. Das fahrerlose Auto als individuelles Verkehrsmittel löst hingegen gar keins. Die verbreitete Vorstellung, fahrerlose Autos seien „geteilte"

Autos und würden so den Individualverkehr reduzieren, ist unsinnig. Warum sollten selbstfahrende Autos geteilt werden? Waschmaschinen und Kühltruhen in Dorfgemeinschaftshäusern wurden durch private Geräte ersetzt, die Gemeinschaftsanlagen geschlossen. Warum sollte das gerade beim Auto anders sein? Warum sollten Dorfbewohner*innen auf die jederzeitige Verfügbarkeit über ein Auto verzichten und stattdessen eine Fahrt mit einem selbstfahrenden Auto bestellen, das eben nicht verfügbar vor der Tür steht und vielleicht erst verfügbar ist, wenn zum Beispiel ein Termin geplatzt ist? Nur das eigene selbstfahrende Auto ist eine Verbesserung, nicht das geteilte. Im ländlichen Raum können selbstfahrende Autos früher eingesetzt werden als in Städten. Es können Fahrten zum Abholen oder Bringen von Haushaltsmitgliedern ohne Führerschein eingespart werden oder einfacher zusätzliche Fahrten erzeugt werden. Das ändert aber nichts an den gesellschaftlichen Machtverhältnissen. Die Sicherstellung einer Mindestmobilität bleibt staatliche Aufgabe, ob drei Fahrten pro Tag mit einem konventionellen Rufbus oder in einem selbstfahrenden Auto angeboten werden, ändert nichts.

In den Innenstädten könnten bestenfalls Parkplätze eingespart werden – und der öffentliche Verkehr. Warum soll sich jemand in einen vollen Bus setzen, wenn er oder sie ein selbstfahrendes Auto herbeirufen kann, und wie soll sich die Person, die sich heute kein Auto und keine Taxifahrt leisten kann, eine Fahrt mit einem selbstfahrenden Auto leisten? Die ersten selbstfahrenden Autos werden teure Luxusgefährte sein und das Auto als herrschendes Verkehrsmittel der Herrschenden verstärken. Nutzer*innen des ÖPNV werden noch stärker als gesellschaftliche Verlierer*innen gekennzeichnet. Auch hier ist eine Zunahme des Individualverkehrs zu erwarten.

Die Zukunft des ÖPNV im ländlichen Raum hängt von der Zukunft des Verkehrs in Zentren ab

Alle Prognosen und Szenarien über die Entwicklung der Mobilität in Stadt und Land gehen davon aus, dass individuelle Entscheidungen zu einem Ergebnis führen, das bestenfalls ein wenig beeinflussbar ist – durch Anreize,

Gebote und im Ausnahmefall durch Verbote. Wenn diese Entscheidungen zu Problemen führen, hat der Staat sie zu lösen – aber möglichst ohne Verbote. Die Diskussion um Elektroroller und zu schmale Parkplätze belegt das exemplarisch. Warum müssen Parkplätze und Parkhäuser mit öffentlichen Mitteln umgebaut werden, um immer breitere SUV aufnehmen zu können? Warum wird nicht in der Straßenverkehrszulassungsordnung die Breite für Pkw auf 1,80 Meter begrenzt? Oder Parkhäuser und Parkplätze für Fahrzeuge, die breiter als 1,80 Meter sind, gesperrt?

Die Zukunft des ÖPNV und die der Mobilität im ländlichen Raum ist nicht unabhängig von der in den Städten und Ballungsgebieten. Solange die oberste Priorität des Verkehrssystems die motorisierte individuelle Mobilität – die freie Fahrt für freie Bürger*innen – ist, werden Bewohner*innen in dünn besiedelten Räumen keine auch nur annähernd vergleichbaren Mobilitätsqualitäten angeboten werden. Die gesellschaftliche Priorität und die bereitgestellten Mittel werden immer der großen Mehrheit von 80 bis 90 Prozent der Autofahrenden zugutekommen und nicht der Minderheit, die der „Anweisung" nicht folgen kann oder will.

Klimakrise – eine letzte Chance für neue Mobilität im ländlichen Raum

Zur Bewältigung der Klimakrise gibt es im Verkehrsbereich nur eine einzige Lösung: Die Zahl individueller Motorfahrzeuge muss drastisch gesenkt werden – und zwar sowohl in der Stadt als auch im ländlichen Raum, und unabhängig von der genutzten Energie. Der erste Schritt muss in den Städten gemacht werden – dort, wo der ÖPNV bereits eine reale Alternative zum Individualverkehr ist. Vorrang für den ÖPNV wird seit den 1970er Jahren postuliert und nicht umgesetzt. Vorrang heißt heute massiver Ausbau des ÖPNV zur Steigerung der Kapazitäten, als Voraussetzung für die Verdrängung des Individualverkehrs. Vorrang für Fuß- und Radverkehr kommt hinzu und damit eine Stärkung der Nahmobilität. Das wird nur gehen, wenn vor allem die Flächen für den ruhenden Verkehr drastisch reduziert werden und nicht wie bisher Fuß- gegen Radverkehr ausgespielt wird. Beides geht nicht konfliktfrei. Eine Neuverteilung der Verkehrsflächen kann nur zu Lasten der Flächen des motorisierten Individualverkehrs gehen. Diese Konflikte bestehen im ländlichen Raum nicht oder sind in den Kernbereichen der Mittelzentren aufgrund geringer Entfernungen lösbar.

Der zweite Schritt muss die Stärkung der Verbindungsachsen zwischen den zentralen Orten – Unter-, Mittel- und Oberzentren – für den ÖPNV sein. Diese Stärkung ist Voraussetzung dafür, dass ein großer Teil des Pendlerverkehrs durch Schienen- und Busverkehr übernommen und die zentrale Ausrede „... auf das Auto angewiesen zu sein" obsolet wird. Außerhalb der Achsen und der fußläufigen Bereiche um die Haltestellen ist im ländlichen Raum Individualverkehr die sinnvollste Form – soweit wie möglich mit dem Fahrrad, sonst mit motorisiertem Verkehr. Zweitrangig ist dabei der Motorantrieb. Selbstfahrende Autos können dabei den Rufbus- und den AST-Verkehr übernehmen. Im Ergebnis würde die individuelle Motorisierung im ländlichen Raum weniger abnehmen als in den Städten. Bei einer drastischen Reduzierung des motorisierten Individualverkehrs und entsprechendem Ausbau des öffentlichen Personennahverkehrs wird die Mobilität in Stadt und Land sich angleichen; sie wird anders, aber gleichwertig sein.

Die Zukunft des ÖPNV im ländlichen Raum

Rainer Meyfahrt

Theresa Mayer

Ridepooling

Theresa Mayer
geboren 1988 in Landshut,
Niederbayern, ist Expertin für
On-Demand-Mobilität. Nach
ihrem Studium der Romanistik
und Rechtswissenschaften an der
Ludwig-Maximilians-Universität
München war sie zunächst bei der
Boston Consulting Group
beschäftigt, bevor sie sich dem
Technologieunternehmen
door2door anschloss. Dort war sie
bis 2020 für die Implementierung
von neuen Mobilitätskonzepten
verantwortlich.

Innovation im ländlichen Raum: ein Widerspruch in sich? Die Dynamik, mit welcher die Entwicklung von Großstädten durch innovative Technologien und den damit verbundenen digitalen Wandel voranschreitet, rückt den ländlichen Raum immer stärker in einen Schein der Rückschrittlichkeit. Der ländliche Raum ist abgehängt und das im wahrsten Sinne des Wortes. Mobil sein auf dem Land ist ohne eigenen Pkw beinahe unmöglich, die Versorgung durch den ÖPNV oder alternative Mobilitätsangebote unzureichend. Ein Grund mehr für junge Menschen und Unternehmen, sich weiter in Richtung Kernstadt zu orientieren. Zurück bleibt die ältere Generation, deren Teilhabe am sozialen Leben durch das lückenhafte Angebot im ÖPNV teilweise massiv eingeschränkt ist. So zumindest das Klischeebild des ländlichen Raums, welches nicht ganz von ungefähr kommt.

Wenn von innovativen Mobilitätsangeboten die Rede ist, steht insbesondere die städtische Mobilität im Fokus. Um die Eigendynamik neuer Angebote zu fördern und diese zu optimieren, bedarf es einer kritischen Masse: Diese ist in der Stadt eher zu finden als auf dem Land. Neue Mobilitätslösungen werden somit, nicht zuletzt aufgrund der geringen Bevölkerungsdichte in ländlichen Regionen, bevorzugt im innerstädtischen Raum erprobt und eingeführt. Der ländliche Innovationsrückschritt wird damit immer größer.

Dennoch stellt sich die Frage: Hat der ländliche Raum den Anschluss an die Zukunft bereits verpasst oder bietet er vielmehr den geeigneten Nährboden für innovative Ansätze im Bereich Mobilität? Ist es nicht gerade der ländliche Raum, der durch neue Angebote wie On-Demand-Ridepooling Früchte tragen kann? Wie kann Ridepooling, als innovative Ergänzung des klassischen ÖPNV, im ländlichen Raum eingesetzt werden und welche Effekte können damit langfristig erzielt werden?

Die nachfolgenden Ausführungen sollen auf diese Fragestellungen näher eingehen. Auf Grundlage aktueller Erfahrungswerte sollen dabei insbesondere die Chancen, die sich durch die Einführung digitaler Ridepooling-Angebote im ländlichen Raum ergeben, näher beleuchtet werden. Zugleich werden auch die Herausforderungen nicht außer Acht gelassen, die sich durch ein Aufeinandertreffen disruptiver Innovation im eher traditionell geprägten ÖPNV typischerweise ergeben.

Herausforderungen des ÖPNV

Der ländliche Raum leidet an einem verstaubten Ruf: Fehlende Arbeitsplätze, eine schwache Infrastruktur, ein Mangel an Freizeitangeboten, geringe Netzabdeckung und ein unzureichendes ÖPNV-Angebot führen zur Abwanderung der jungen Bevölkerung in die Städte. Dabei hat der ländliche Raum auch für die junge Generation einiges zu bieten: günstigen Wohnraum, Ruhe vom Großstadtlärm, Durchatmen in der Natur weit weg vom Verkehrschaos in der Innenstadt. Wochenlanges Homeoffice in der engen Stadtwohnung ohne Garten, ausgelöst durch die Corona-Pandemie, lässt die Vorteile des Landlebens wieder stärker ins Bewusstsein treten. Dennoch scheint allen voran die eingeschränkte Mobilität auf dem Land ein Hindernis darzustellen, wenn es darum geht, sich dauerhaft im ländlichen Raum niederzulassen. Um den ländlichen Raum perspektivisch zu stärken und als Lebensraum der Zukunft wieder attraktiver zu gestalten, muss daher in erster Linie die Bedeutung des ÖPNV Aufwertung finden.

Für die Aufgabenträger stellt dies eine enorme Herausforderung dar. Die Verpflichtung zur Daseinsvorsorge bringt den öffentlichen Nahverkehr regelmäßig in ein Dilemma. Kommunen sind gezwungen, selbst bei geringer Nachfrage bedarfsunabhängige Linienverkehre einzusetzen. Das Angebot ist zwar auf ein Minimum beschränkt, dennoch verursacht der klassische Linienverkehr hohe Kosten aufgrund der geringen Auslastung und weiter Strecken im ländlichen Raum. Bedarfsorientiere Ergänzungsangebote klassischer Ausprägung verfügen hingegen nicht über die notwendige Flexibilität, um individuell auf die Mobilitätsbedürfnisse der Menschen reagieren zu können. In Schwachlastzeiten können Anrufsammeltaxis und Rufbusse den klassischen Linienverkehr theoretisch zwar ergänzen, dennoch finden die fahrplan- beziehungsweise liniengebundenen Ergänzungsangebote mit ihren langen Wartezeiten im Gegensatz zum privaten Pkw in der Praxis nur wenig Relevanz. Wirtschaftlich macht eine Verdichtung des ÖPNV im ländlichen Raum aufgrund der hohen Pkw-Dichte kaum Sinn, was wiederum die Abhängigkeit der Landbewohner*innen vom privaten Pkw verstärkt. Ein Teufelskreis also, den es im Sinne der Mobilitätswende zu durchbrechen gilt.

Der ÖPNV im ländlichen Raum wird hauptsächlich von Schüler*innen genutzt. Der Schüler- und Ausbildungsverkehr macht in manchen Landkreisen ca. 50 bis 90 Prozent der Fahrgäste aus. Hintergrund hierfür sind die weiten Wege zwischen Wohn- und Schulstandort und die Tatsache, dass Schüler*innen ohne Führerschein diesen ausschließlich mit dem Bus oder mit dem „Taxi Mama" erreichen können. Auch für die Freizeitgestaltung der Jugendlichen im ländlichen Raum ist der ÖPNV wichtiger Bestandteil auf ihrem Weg in die Unabhängigkeit. Doch gerade an Wochenenden beziehungsweise in den Abend- und Nachtstunden, wenn der Mobilitätsbedarf der jungen Bevölkerung besonders hoch ist, ist das öffentliche Fahrangebot nur wenig bis gar nicht verfügbar.

Weiter wird der ÖPNV im ländlichen Raum insbesondere durch die ältere Generation genutzt. Dringende Erledigungen wie Einkäufe oder Arztbesuche in der näheren Umgebung werden hauptsächlich zu Fuß oder mit dem Bus getätigt. Die Ausdünnung des ÖPNV in Verbindung mit der zunehmenden Verteilung lebensnotwendiger Versorgungseinrichtungen, Ärztezentren und Freizeitangeboten erschwert die soziale Teilhabe insbesondere den weniger mobilen und älteren Menschen.

Auch Berufspendler*innen, die sich aufgrund eingeschränkter Perspektiven und der geringen Anzahl an Arbeitsplätzen im ländlichen Raum täglich auf den Weg Richtung Kernstadt begeben, leiden unter der schlechten ÖPNV-Anbindung an den schienengebundenen Personenverkehr. Zudem führen volle S-Bahnen dazu, dass über 80 Prozent der Pendler*innen den eigenen Pkw für den Arbeitsweg bevorzugen. Der ÖPNV kann mit seinem minimalen Versorgungsangebot dem Mobilitätsbedarf der ländlichen Bevölkerung nicht vollumfänglich gerecht werden.

Neben der Verantwortung, allen Bürger*innen den Zugang zu einem Mindestmaß an Mobilität zu ermöglichen, steht der ÖPNV zudem vor der Herausforderung, sich den wachsenden Mobilitätsansprüchen der Bevölkerung anzupassen. Ein gesteigertes Umweltbewusstsein und der Wunsch nach Selbstbestimmung in Verbindung mit den Möglichkeiten, die sich durch die Entwicklung neuer Technologien ergeben, führen zu neuen Anforderungen an den ÖPNV. Dieser muss flexibel sein, auf Abruf (on demand) verfügbar und soll zugleich die Umwelt möglichst wenig belasten. Dies gilt nicht nur für den ÖPNV in der Stadt, sondern auch auf dem Land. Insbesondere der aktuelle Rückgang des motorisierten Individualverkehrs

(MIV), ausgelöst durch die Corona-Pandemie, macht im Hinblick auf den damit verbundenen, schlagartigen Rückgang der CO_2-Emmissionen deutlich, wie viel Einfluss eine erfolgreiche Verkehrswende auf den Klimawandel nehmen könnte. Die Voraussetzungen für eine Verkehrsverlagerung (*modal shift*) durch die Entwicklung eines vernetzten, digitalen und nachhaltigen ÖPNV sind demnach besser als je zuvor.

Um ein flexibles und digitales Angebot realisieren zu können, welches sowohl dem Mobilitätsbedarf als auch den Mobilitätsansprüchen der Bevölkerung gerecht werden kann, muss der ÖPNV Innovationscharakter beweisen und dabei nicht nur auf innovative Technologien setzen, sondern vor allem das bisherige Angebot neu denken.

Potenzial von Ridepooling

Innovationscharakter und Mut, neue Wege zu gehen, hat in dem Zusammenhang die Kreisverkehrsgesellschaft Offenbach (kvgOF) bewiesen, die im Sommer 2019 das bisherige Anrufsammeltaxi (AST) durch ein On-Demand-Ridepooling-Angebot ersetzt hat.

Das bisherige Anrufsammeltaxi, welches als bedarfsorientierte Ergänzung des klassischen Linienverkehrs einzuordnen ist, hält zu bestimmten Zeiten an bestimmten Haltestellen, analog zum Linienbetrieb. Der kleine Unterschied: Wie ein normales Taxi muss das AST vorab telefonisch bestellt werden.

Ähnlich wie beim AST sind On-Demand-Ridepooling-Angebote als nachfragebasierte Verkehre einzuordnen, die bei Bedarf und auf Abruf verfügbar sind. Im Gegensatz zum AST allerdings liegt der Fokus bei Ridepooling-Angeboten auf der effizienten Bündelung (*pooling*) von Fahrten mit unterschiedlichen Ausgangs- und Zielpunkten, sodass unnötige Einzelfahrten vermieden werden. Eine entscheidende Rolle kommt hierbei der Integration der On-Demand-Angebote in den öffentlichen Nahverkehr zu, womit sich Ridepooling insbesondere von den üblichen Ridesharing-Anbietern wie BlaBlaCar unterscheidet. Unter Ridesharing werden gemäß Begriffsdefinition des Bundesministeriums für Verkehr und Infrastruktur „öffentlich zugängliche Mitnahmesysteme verstanden, bei denen freie Plätze im privaten PKW Dritten zur Verfügung gestellt und über eine i. d. R. internetbasierte Plattform zugänglich gemacht werden" (BMVI

2016: 29). Beim Ridesharing geht es somit im Gegensatz zum Ridepooling vielmehr um die Organisation privater Mitfahrgelegenheiten, wobei Fahrgäste bei Übereinstimmung von Fahrzeit und Zielort unentgeltlich von Privatpersonen mitgenommen werden können. Ridepooling hingegen ist als integraler Bestandteil des ÖPNV einzuordnen und hat demnach eine gewerbliche Komponente. Im Gegensatz zu Ridesharing-Angeboten richten sich Ridepooling-Angebote ausschließlich nach dem Bedarf der Fahrgäste. Kleine Umwege werden dabei in Kauf genommen, um eine effiziente Bündelung der Einzelfahrten zu ermöglichen.

Ausgehend von den sich ändernden Mobilitätsbedürfnissen sah die kvgOF die Chance, den Ergänzungsverkehr im Kreis Offenbach neu zu strukturieren sowie neben dem bestehende AST-System langfristig auch den motorisierten Pendlerverkehr durch Ridepooling zu ersetzen. Der Bus-on-Demand sollte zum einen der Feinerschließung der Kommunen dienen und zugleich als Zubringer auf der ÖPNV-Achse zu und nach Frankfurt eingesetzt werden. Ziel war es, ein Angebot ohne festen Fahrplan und fixe Linienführung sowie eine nachfrageorientierte Flächenbedienung in Echtzeit zu schaffen. Das Angebot sollte also in die bestehende ÖPNV-Infrastruktur integriert werden, um eine Kannibalisierung der profitablen Linien im Kreis Offenbach zu vermeiden und zeitgleich ein nachhaltiges, flächendeckendes Mobilitätsangebot aus einer Hand garantieren zu können.

Das Technologieunternehmen door2door stellte die hierfür notwendige Software bereit: Über eine mobile App buchen die Fahrgäste ihre Fahrt auf Abruf. Fahrer*innen erhalten die Buchungsanfrage über die App und werden bequem zum Abhol- und Zielort navigiert. Um die Auslastung der Flotte zu maximieren, werden die Fahrten gebündelt. Der Ridepooling-Algorithmus kombiniert Fahrten mit ähnlicher Route und minimiert dadurch die Zeit, die insgesamt aufgebracht werden muss, um alle Fahrgäste an ihr Ziel zu bringen. Durch die individuelle Anpassung der *Pooling*-Parameter, insbesondere der Warte- und Umwegzeit, werden Verfügbarkeit und Auslastung der Flotte automatisch gesteuert und dabei stetig optimiert. Die Sammelfahrten stellen somit eine umweltfreundliche Alternative zum MIV dar und bieten im Verhältnis zum Anrufsammeltaxi mehr Flexibilität für die Fahrgäste. Zudem bietet eine Mobilitätsplattform der Betreiberschaft Zugriff auf weitere Komponenten der Software: Die Betriebssteuerung ermöglicht die reibungslose

Verwaltung, Planung und Steuerung der Flotte in Echtzeit. Weiter kann mithilfe eines integrierten Berichtswesens eine regelmäßige Auswertung der einzelnen Schichten erfolgen, der Betrieb darauf basierend flexibel angepasst und optimiert werden. Um das Angebot im Sinne der Daseinsvorsorge auch den weniger digital affinen Menschen zugänglich zu machen, bietet die Software darüber hinaus die Möglichkeit, telefonische Buchungen zu verarbeiten.

Das Pilotprojekt der kvgOF wurde zunächst auf vier Phasen angelegt, wobei das Ridepooling-Angebot schrittweise in insgesamt 13 Kommunen eingeführt werden soll. Für die erste Phase wählte die kvgOF den Ostkreis um die Städte Seligenstadt, Hainburg und Mainhausen mit Anbindung an den Hauptbahnhof Hanau. Der Ostkreis umfasst insgesamt ca. 45.000 Einwohner*innen. Seit Juni 2019 ist der „Hopper" hier fast rund und um die Uhr an sieben Tagen die Woche mit sechs Kleinbussen unterwegs und ersetzt seit August letzten Jahres die insgesamt drei AST-Linien im Ostkreis.

Das neue digitale Angebot erfreut sich im Ostkreis großer Beliebtheit: Im ersten Jahr wurden mit dem „Hopper" bereits über 50.000 Fahrgäste befördert. Rund 35 Prozent der in der App registrierten Nutzer*innen gaben bei einer Umfrage an, vor Einführung des On-Demand-Angebots bevorzugt den privaten Pkw im Alltag genutzt zu haben. Insbesondere Berufspendler*innen, die zuvor auf den privaten Pkw angewiesen waren, profitieren von der neuen Technik, die auf Grundlage einer Vorausbuchungsfunktion in der App, im Vergleich zum vorherigen AST, bessere Planungs- und Anschlusssicherheit ermöglicht. Der „Hopper" wird damit insbesondere für die erste und letzte Meile als Zubringer zum Verkehrsknotenpunkt Richtung Frankfurt genutzt. Auch die Lücken im Quartiersverkehr konnten durch den „Hopper" geschlossen werden: Die ältere Generation und Senior*innen nutzen das neue Angebot regelmäßig für Einkäufe, Arztbesuche und Freizeitaktivitäten im näheren Umkreis. Die Möglichkeit der telefonischen Buchung gewährt im Sinne der Daseinsvorsorge auch den weniger Technikaffinen sowie Menschen ohne Smartphone Zugang zum digitalen Ergänzungsverkehr. Vor allem aber ist der „Hopper" bei den Jugendlichen ohne Führerschein im Trend. Ob zum Baden an den Königsee oder abends unterwegs mit Freund*innen, die junge Bevölkerung genießt die Unabhängigkeit, die sie durch das neue Angebot gewonnen hat.

Herausforderungen

Doch auch wenn das Fazit auf Grundlage dieser ersten Erfahrungswerte positiv ausfällt, hängt der langfristige Erfolg von Ridepooling von verschiedenen Faktoren ab:

Die gewünschten Effekte von Ridepooling, allen voran die angestrebte Reduktion des MIV, kann nur funktionieren, wenn Ridepooling als Ergänzungsangebot vollständig in den ÖPNV integriert und eine Zurückdrängung des ÖPNV durch private Anbieter vermieden wird. Dafür spielt insbesondere auch die Einordnung des Verkehrs als Linienverkehr nach dem Personenbeförderungsgesetz (PBefG) eine entscheidende Rolle. Die Genehmigungsbehörden der Auftraggeber*innen im ÖPNV wiederum tun sich schwer, Ridepooling-Angebote im Sinne des § 42 PBefG einzuordnen, wonach der klassische Linienverkehr als eine regelmäßige Verkehrsverbindung definiert ist, die zwischen bestimmten Ausgangs- und Endpunkten eingerichtet ist und auf der Fahrgäste an bestimmten Haltestellen ein- und aussteigen können. Weiter müssen das *Pooling*-Verbot (§ 49 Abs. 1 PBefG) sowie die Rückkehrpflicht für Mietwagen aufgehoben werden (§ 49 Abs. 3 S. 4 PBefG), um unnötige Leerfahrten zu vermeiden und die Bündelung von Fahrten überhaupt erst zu ermöglichen.

Die Einführung von Ridepooling-Angeboten darf zudem nicht in Konkurrenz zum traditionellen ÖPNV stehen und damit zu einer geringeren Wirtschaftlichkeit des lokalen Nahverkehrs führen. Umso wichtiger ist es, dass Ridepooling als ergänzendes Angebot durch den ÖPNV bereitgestellt wird und der Markt nicht durch private Anbieter wie MOIA besetzt wird. Um eine Kannibalisierung des klassischen ÖPNV zu vermeiden, ist daher entscheidend, wo und wie neue Angebote in die bestehende Infrastruktur eingebunden werden. Der ländliche Raum ist für den Einsatz von Ridepooling prädestiniert, da das Angebot des ÖPNV hier ohnehin nur schwach ausgeprägt ist und somit keine Konkurrenzsituation zum Linienverkehr entstehen kann. Um neben der Kannibalisierung des ÖPNV auch der Kannibalisierung des Taxigewerbes entgegenzuwirken, können durch die Kooperation von ÖPNV und Taxi wertvolle Synergien geschaffen werden. Die Kapazitäten der Taxiflotten können vor allem im ländlichen Raum effizienter genutzt werden, indem diese für das Ridepooling-Angebot des ÖPNV eingesetzt werden. Ein gutes Beispiel stellt hier der Landkreis Hof dar, der sich für die Einführung seines digitalen Ridepooling-Angebots (Hofer LandBus) mit dem lokalen Taxiunternehmen zusammengeschlossen hat.

In dem Zusammenhang spielt für die langfristige Etablierung von Ridepooling-Angeboten auch die Finanzierung eine entscheidende Rolle. Bund und Länder haben die Wichtigkeit der Digitalisierung des ÖPNV und der Schaffung neuer Angebote zwar erkannt und entsprechende Programme aufgesetzt, allerdings zielen diese noch zu sehr auf Machbarkeitsstudien oder kleine Pilotprojekte ab. Insbesondere der flächendeckende Betrieb digitaler Ergänzungsangebote muss gefördert werden, um die positiven Effekte durch On-Demand-Ridepooling tatsächlich auch realisieren zu können. *Pooling* als Konzept funktioniert nur, wenn die Angebote langfristig und groß gedacht werden. Nur dann sind Fahrzeuge auch on demand verfügbar und eine Bündelung von Einzelfahrten ist möglich.

Nichtsdestotrotz ist zu bedenken, dass auch Ridepooling-Angebote, unter Berücksichtigung aller Qualitätsfaktoren für einen nachhaltigen ÖPNV, erst dann kostendeckend zum Einsatz kommen können, wenn autonomes Fahren eine drastische Reduktion der Personalkosten ermöglicht. Gerade im ländlichen Raum können zukünftig autonome Kleinbusse ökologisch, ökonomisch und sozial nachhaltige Mobilität dort bieten, wo der traditionelle Linienverkehr aktuell zu teuer ist.

Vor allem in dünn besiedelten Räumen, in denen das Aufkommen von Pendler*innen weniger stark ausgeprägt ist, ist die erforderliche Anzahl der Fahrenden und Mitfahrenden auf ähnlichen Strecken für die erfolgreiche und effiziente Bündelung von Einzelfahrten nur schwer zu erreichen. Entscheidend ist hier, das Betriebskonzept an den lokalen Kontext anzupassen und dieses der Nachfrage entsprechend beispielsweise auf Freizeit- und Versorgungszentren auszurichten.

Nicht zuletzt hängt die Wirksamkeit von Ridepooling-Angeboten auch von der Akzeptanz in der Bevölkerung ab, denn Gewohnheiten und Routinen spielen für unsere Alltagsmobilität eine entscheidende Rolle. Um Gewohnheiten zu ändern, ist die Einführung neuer, innovativer und flexibler Angebote daher nicht ausreichend. Dem privaten Pkw muss seine Attraktivität durch entsprechende Push-Maßnahmen abgesprochen werden. Hierbei geht es nicht darum, diesen vollständig abzuschaffen – dies wäre im ländlichen Raum kurz- bis mittelfristig auch nicht realisierbar –, sondern vielmehr das Autofahren durch Geschwindigkeitsbegrenzungen, Straßennutzungs-gebühren, höhere Spritsteuern und eine Verringerung der Parkmöglichkeiten beschwerlicher zu gestalten. Zeit-gleich muss sichergestellt werden, dass eine nachhaltige Mobilität von allen ausgeübt werden kann. Insbesondere für ältere Menschen, die nur erschwert Zugang zu digitalen Mobilitätsangeboten finden, müssen entsprechende Maßnahmen ergriffen und alternative Zugangsmöglich-keiten etabliert werden. Nur wenn Pull- und Push-Maß-nahmen ineinandergreifen, kann die Verkehrsverlagerung und damit die Mobilitätswende gelingen.

Welche Relevanz kann Ridepooling haben?

Die kvgOF hat mit der Einführung des „Hoppers" Pionier-geist und Innovationscharakter bewiesen. Ab Herbst 2020 soll das Angebot auch im Norden des Landkreises verfüg-bar sein. Ziel ist es, bis Ende 2021 das On-Demand-Ange-bot kreisweit einzuführen und damit allen 350.000 Einwohner*innen des Kreises Offenbach zugänglich zu machen. Trotz der Herausforderungen, die sich mit der Einführung des digitalen Ridepooling-Angebots ergeben haben, wiegen die Aussichten auf eine erfolgreiche Mobi-litätswende im ländlichen Raum umso stärker.

Diese Erkenntnisse zeigen umso mehr, welchen Ein-fluss der ÖPNV auf die Entwicklung des ländlichen Raums nehmen kann. Der ÖPNV kann maßgeblich dazu beitragen, die Fluchtbewegung der jungen Generation vom Land in die Stadt aufzuhalten und den ländlichen Raum in einen Raum mit Zukunftsperspektive zu verwan-deln. Der Kreis Offenbach zeigt, dass Innovation auch im ländlich-suburbanen Raum möglich ist und ein digitales, vernetztes Angebot auf Abruf neue Chancen für die Ver-kehrswende auf dem Land bedeuten kann. Auch wenn der ländliche Raum als rückschrittlich stigmatisiert ist, ent-steht Innovation gerade dort, wo eben kein Überangebot an Mobilität vorhanden ist. Der ländliche Raum kann seinen Innovationsrückschritt somit aufholen, indem er mutig ist, neue Wege zu gehen und den Schritt in unbe-kannte Gewässer zu wagen. Ridepooling kann dabei einen wichtigen Beitrag zur Mobilitätswende leisten, wird aber nicht die Alleinlösung für die Herausforderungen des ÖPNV darstellen. Mobilität und damit auch der ÖPNV müssen vielmehr als Gesamtkonzept verstanden werden,

111

das multimodale und intermodale Mobilitätsangebote miteinander vereint. Nur so kann der ÖPNV langfristig Verlässlichkeit, Effizienz, Flexibilität und Nachhaltigkeit garantieren und damit das Rückgrat der Verkehrswende bilden.

Literatur

- DASKALAKIS, M., SOMMER, C., ROSSNAGEL, A., KEPPER, J. (2019): Ländliche Mobilität vernetzen. Ridesharing im ländlichen Raum und dessen Integration in den öffentlichen Nahverkehr, München: oekom verlag

- REICHELT, M. (2013): Flexible Bedienungsformen des ÖPNV im ländlichen Raum. Das Beispiel AnrufSammelTaxi (AST) Jülich, Hamburg: Diplomica Verlag

- AGORA VERKEHRSWENDE UND ELLERY STUDIO (2019): Abgefahren! Eine infografische Novelle zur Verkehrswende, https://www.agora-verkehrswende.de/fileadmin/Projekte/2020/Abgefahren-Comic/ElleryStudio-AGORAVerkehrswende-Abgefahren-OnlineVersion-HiRes_bea.pdf. (letzter Zugriff: 20.04.2020)

- BUNDESMINISTERIUM FÜR ERNÄHRUNG UND LAND-WIRTSCHAFT (2019): Ländliche Regionen verstehen. Fakten und Hintergründe zum Leben und Arbeiten in ländlichen Regionen, https://www.bmel.de/SharedDocs/Downloads/Broschueren/LR-verstehen.pdf;jsessionid=7806D39578354C-5C6296E4FF070DF84D.1_cid367?__blob=publicationFile. (letzter Zugriff: 20.04.2020)

- DOOR2DOOR (2019): Digitale On-Demand-Mobilität auf dem Land: Wie der Hofer LandBus neue Anreize schafft, https://blog.door2door.io/digitale-on-demand-mobilit%C3%A4t-auf-dem-land-wie-der-hofer-land-bus-neue-anreize-schafft-f35302d1e8c. (letzter Zugriff: 20.04.2020)

- DOOR2DOOR (2020): kvgOF Hopper: Ridepooling als Alternative zum AST-Verkehr, https://www.door2door.io/de/case-study-kvgof.html (letzter Zugriff: 20.04.2020)

Philipp Oswalt, Stefan Rettich, Frank Roost, Lola Meyer [01]

Neue Mobilität im ländlichen Raum – Zukunftsszenarien

Philipp Oswalt

geboren 1964 in Frankfurt am Main, ist Architekt und Publizist, seit 2006 Professor für Architekturtheorie und Entwerfen an der Universität Kassel. Von 2009 bis 2014 war er Direktor der Stiftung Bauhaus Dessau. Zu seinen wichtigen Projekten gehören die Forschungen über Zwischennutzung (Urban Catalyst 2001 bis 2003) und Schrumpfende Städte (2002 bis 2008), die kulturelle Zwischennutzung des Palasts der Republik (2004) und das Projekt Bauhaus (2015 bis 2019).

Stefan Rettich

geboren 1968 in Ebingen, Schwäbische Alb, ist Architekt und Professor für Städtebau an der Universität Kassel. Von 2011 bis 2016 war er Professor für Theorie und Entwerfen an der Hochschule Bremen, zuvor lehrte er vier Jahre am Bauhaus Kolleg in Dessau. Er ist Gründungspartner und Mitinhaber von KARO* architekten.

Frank Roost

geboren 1968 in Wolfsburg, ist Professor für Stadt- und Regionalplanung an der Universität Kassel. Er studierte Stadt- und Regionalplanung in Berlin und New York, war danach an der ETH Zürich sowie als Leiter der Abteilung Metropolisierung am Institut für Landes- und Stadtentwicklungsforschung in Dortmund tätig. Seine Forschungsarbeit führte er u. a. im Rahmen von Gastaufenthalten an der University of Southern California, der Universidad de Buenos Aires, der Osaka City University und dem United Nations Institute for Advanced Studies durch.

Lola Meyer

geboren in Hamburg St. Pauli, ist Landschaftsarchitektin und Urban Designerin. Studium der Landschaftsarchitektur und des Städtebaus in Kassel und Amsterdam. 2008–2020 Projektleiterin bei A24 Landschaft, seit 2008 Partnerin bei urbikon, seit 2021 Co-Geschäftsführerin von Europan Deutschland. Tätig in Lehre und Forschung im In- und Ausland, seit 2019 Mitarbeiterin am Fachgebiet Architekturtheorie und Entwerfen der Universität Kassel für Projekte zur ländlichen Mobilität.

Mobilität spielt eine zentrale Rolle in der heutigen Gesellschaft – Teilhabe, soziales Ansehen und Versorgung hängen von ihr ab. Entsprechend wirkmächtig ist die Frage, wie wir sie gestalten. Wie wir Mobilität im ländlichen Raum in den kommenden Jahrzehnten organisieren, wird Auswirkungen auf mehrere Zukunftsfragen haben: Ob eine Klimawende noch gelingen kann, wird unter anderem auf ländlichen Straßen und Schienen entschieden. Aber auch Siedlungen werden durch Mobilität geprägt. Wie Waren- und Verkehrsströme fließen, beeinflusst, wie ländliche Städte und Dörfer sich räumlich, baulich und sozial entwickeln werden. Wie dicht, wie lebendig und reich an Baukultur Orte sein werden – oder wie zersiedelt, amorph und in den Zentren hohl –, hängt von den Weichen ab, die die Politik heute für die ländlichen Mobilitätsformen von morgen stellt.

Die ländliche Mobilität steht vor anderen Schwierigkeiten als die städtische. Die Siedlungsdichte ist gering. Ebenso dünn ist das heutige Angebot des öffentlichen Nahverkehrs. Zugleich hindern weite Distanzen, Wege zu Fuß oder mit dem Rad zurückzulegen. Daher überrascht es nicht, dass der Anteil privat genutzter Pkw auf dem Land gegenwärtig mehr als 20 Prozent höher als in den Kernstädten liegt.[02] Während jedoch in den Städten ein Umdenken bereits im Gange ist, hat den ländlichen Raum dieser Paradigmenwechsel noch nicht erreicht. Verkehrsangebote wie Carsharing und Fahrradleihsysteme sucht man hier vergeblich. Doch allein schon der Klimawandel erfordert immer dringlicher neue Konzepte für die ländliche Mobilität. Der Verkehr trägt in Deutschland mit einem Anteil von 19 Prozent zu den Treibhausgasemissionen bei,[03] während mindestens die Hälfte der Bevölkerung ländlich lebt. Eine Verkehrswende, die sich auf die Großstädte und Ballungsräumen beschränkt, gliche einem Marathonläufer, dem auf nicht einmal halber Strecke seines Laufs die Luft ausgeht.

Zur erforderlichen Transformation der Verkehrswende kommt eine zweite, die der Digitalisierung, die alle Lebensbereiche durchdringt und deren Auswirkungen auf den Verkehr und seine Angebote erst am Anfang stehen. Miet- und Sharingangebote, Informations- und Vertriebsportale sind entstanden und gewinnen an Bedeutung. Mittel- und langfristig wird vor allem das autonome Fahren technisch ausgereift sein und die Mobilität revolutionieren. Tiefgreifend sind die Folgen dieses Umbruchs, er birgt Potenziale und Gefahren zugleich. Im technologischen Sprung steckt sowohl das Risiko, heutige Problem-

01 Der Artikel ist die Zusammenfassung einer Teamarbeit. Weitere Mitglieder des Teams waren die wissenschaftlichen Mitarbeiterinnen Franziska Böker und Elisabeth Jeckel. Redaktionelle Bearbeitung des Textes durch Tina Vielhelmann. Der 160 Seiten umfassende Endbericht des Forschungsprojektes erschien 2021, hrsg. vom Bundesinstitut für Bau-, Stadt- und Raumforschung (BBSR): http://landmobil.net/uploads/BauMobil-Endbericht.pdf (letzter Zugriff: 19.06.2023).

02 Wittowsky, D., Ahlmeyer, F.: Verkehr im ländlichen Raum. In: ARL – Akademie für Raumforschung und Landesplanung (Hg.): Handwörterbuch der Stadt- und Raumentwicklung. Hannover 2018, S. 2791–2797

03 Allianz Pro Schiene, 07/2019, auf Basis von Daten des Umweltbundesamts.

Wirtschaft

Technik

Zivilgesellschaft

Staat

2020

NEO-ÖKOLOGIE

INDIVIDUALISIERUNG

Kollektivierung

digital

2050

analog

Individualisierung

lagen zu potenzieren – und Prozesse der Klimaerwärmung, Zersiedlung und sozialer Spaltung zu verstärken. Zugleich bietet er die Chance, nachhaltige Lösungen zu entwickeln und umzusetzen.

Ein Forschungsprojekt unserer Fachgebiete für Architekturtheorie und Entwerfen, Städtebau und Stadt- und Regionalplanung an der Universität Kassel hat am Beispiel Nordhessens untersucht, welche Maßnahmen ergriffen werden müssen, um in den kommenden drei Jahrzehnten im ländlichen Raum nutzerfreundliche und umweltverträgliche Mobilitätsangebote zu erreichen, die zugleich positiv auf die Siedlungsstrukturen von Dörfern und Kleinstädten wirken. Partner*innen des Projekts waren der Nordhessische Verkehrsverbund (NVV), der Zweckverband Raum Kassel (ZRK) und die nordhessische Gemeinde Trendelburg.[04] Das Projekt spannte zwei Szenarien auf, die verschiedene Zukunftsvisionen für den Raum Nordhessen entwickeln. An den zwei Entwicklungsoptionen zeigt das Forschungsprojekt, welche Weichenstellungen welche Folgen nach sich ziehen. Wie wirken Siedlungsstrukturen und Mobilität aufeinander? Welche Chancen und Gefahren birgt die Digitalisierung? Wie könnte ein nachhaltiges Verkehrssystem für den ländlichen Raum aussehen? Welche Akteure und welche Faktoren spielen eine Rolle? Wann gilt es, zu handeln?

A Abhängig von Megatrends verändern sich die Mobilitätsformen in der Zukunft, wie dieser Szenariotrichter zeigt.

04 Gefördert wurde das Projekt im Rahmen der Zukunft-Bau-Initiative des BBSR.

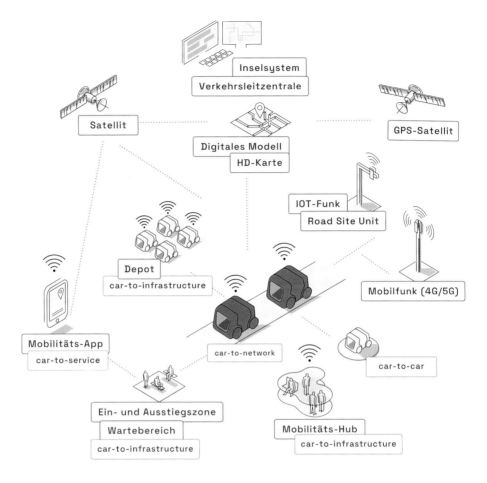

Inselsystem
Verkehrsleitzentrale

Satellit

GPS-Satellit

Digitales Modell
HD-Karte

IOT-Funk
Road Site Unit

Depot
car-to-infrastructure

Mobilfunk (4G/5G)

Mobilitäts-App
car-to-service

car-to-network

car-to-car

Ein- und Ausstiegszone
Wartebereich
car-to-infrastructure

Mobilitäts-Hub
car-to-infrastructure

Szenario „Auto-Land 2050": Individualisierung der Verkehre

Das erste Szenario, „Auto-Land 2050", zeichnet das Zukunftsbild einer zunehmenden Individualisierung der Verkehre. Hier gingen wir von einem Setting aus, in dem Staat und Planung eine Laissez-faire-Haltung einnehmen. Als treibende Kräfte entwickeln in erster Linie die Digital- und Automobilkonzerne autonome Fahrzeuge, sodass die technischen Neuerungen vorwiegend dem Bedarf privater Pkw zugute kommen.

Mehrere Faktoren sind in der Entwicklung hin zum autonomen Fahren angelegt, die das Potenzial haben,

B Das autonome Fahren setzt eine Reihe von miteinander verknüpften Systemkomponenten voraus.

dem privaten Fahren einen wesentlichen Schub zu verleihen. Einer von ihnen ist, dass Hemmnisse fallen werden, ein Auto zu nutzen. Eine bestimmte Reife der Technik vorausgesetzt – Stufe 5, selbstfahrend –, entscheiden weder Führerschein noch Alter und Fahrtüchtigkeit über eine Fahrt im Privatfahrzeug bis vor die eigene Tür. Ein zweiter Faktor, der eine noch weit stärke Dynamik auslösen wird, ist, dass Reisende in autonom fahrenden Vehikeln ihre Reisezeit für sich nutzen können: um zu arbeiten, zu lesen oder um Filme zu streamen. Einen *unique selling point*, der bislang den öffentlichen Verkehrsmitteln vorbehalten blieb, können damit auch die Individualverkehre für sich verbuchen – bei gleichzeitig undurchbrochener Privatsphäre. Werden technische Neuerungen, höherer Fahrkomfort und verkehrsplanerische Weichen nun einseitig in den Dienst des Privatautos gestellt, wird der ambivalente Traum fahrender Homeoffices wahr. Reisekapseln, die auf dem Weg zur Arbeit oder zum Shopping *quality time* bieten, dürften die Attraktivität individuellen Fahrens um ein Vielfaches steigern. Entsprechend stiegen bis zum Jahr 2050 auch die Wegeanzahl, die Verkehrsleistung und die gefahrenen Personenkilometer im Segment des motorisierten Individualverkehrs (MIV). Mehr Pkw würden produziert – bei Ressourcenverbrauch, Emissionen und Umweltbelastung im entsprechenden Maße.

Indem das Fahren im Privatauto attraktiver wird, ist zugleich zu erwarten, dass öffentliche Verkehrsmittel schwächer nachgefragt werden. Ein Teufelskreis droht, wie wir ihn aus Zeiten der Massenautomobilisierung ab den 1960er Jahren kennen: Eine verringerte Nutzung der öffentlichen Verkehre hat zur Folge, dass deren Angebote ausdünnen, was deren Attraktivität weiter mindert und wiederum zur weiteren Erosion der Nachfrage führt. Verkehrsbetriebe werden Schienenverkehre wie Regiotram und Regionalbahn wegen nachlassender Rentabilität nicht weiter qualifizieren, zeitlich ausdünnen und lediglich instandhalten. Das oft als ineffizient geltende Busangebot im ländlichen Raum wird möglicherweise ganz eingestellt. Gemeinden, die nicht ans Schienenverkehrsnetz angebunden sind, erhalten ihre Bürgerbusangebote so weit als möglich aufrecht. Die Negativspirale dürfte kaum aufzuhalten sein. Während der Anteil des MIV in einem sich selbst verstärkenden Prozess immer weiter ansteigt, droht als fiktiver negativer Fluchtpunkt des Szenarios die „Kannibalisierung" des öffentlichen Verkehrs.

Auch die ländlichen Siedlungen verändern sich mit dem Wandel des Verkehrs. Indem fahrerlose Vehikel den Alltag der Menschen erreichen, wird deren Bereitschaft ansteigen, weitere Distanzen zurückzulegen. Schon im 20. Jahrhundert stiegen mit dem Aufkommen von Tram, Bahn und schließlich dem eigenen Auto die täglichen Wegstrecken radikal und veränderten unsere Lebensräume wesentlich. Städte und Dörfer zersiedelten, Ballungsräume und Speckgürtel entstanden.

Mit dem Einzug des vollautomatischen Fahrens steht ein weiterer Entwicklungssprung ins Haus: Noch weiter entlegene Landgemeinden werden als Orte von Siedlungen oder für Gewerbe attraktiv. Neben der Erreichbarkeit locken die günstigen Bodenpreise. In der Folge entstehen Ansiedlungen an den Peripherien. Kaum eine Rolle werden bei der Wahl neuer Bauplätze die Nähe von Läden, Schulen, Gesundheitseinrichtungen und Freizeitangeboten spielen – da alles ja bequem mit dem Pkw zu erreichen ist. Erwartbar leblos werden die Ortschaften sein. Einkaufszentren, Versorgungseinrichtungen und Gewerbeansiedlung werden noch häufiger als heute an Ausfallstraßen entstehen. Während Siedlungen amorph in die Landschaft wachsen, werden Ortskerne zunehmend veröden. Das Wachstum an den Rändern und der zunehmende Verkehr machen zugleich den weiteren Ausbau des Straßennetzes nötig, was wiederum zu noch längeren Wegstrecken führt – und zu noch mehr Verkehr.

Als Zwischenfazit lässt sich sagen, dass ein Szenario des Laissez faire der Politik und der Individualisierung der Verkehre auf mehreren Ebenen sich gegenseitig verstärkende negative Folgen hätte. So wünschenswert es wäre, dass ländliche Orte neue Interessenten finden, so nachteilig wäre ein Wachstum, das Donut-Effekte befördert, weiter Landschaft zersiedelt, Flächen versiegelt und Siedlungen hervorbringt, die soziale Qualitäten vermissen lassen. Auch auf der Makroebene führt das Szenario zu Disparitäten. Indem die öffentlichen Verkehre in eine Negativspirale driften, erodiert die Daseinsvorge. Ländliche Räume, die abseits der Bundesstraßen liegen, geraten bezüglich ihrer Teilhabe weiter ins Abseits, was gesellschaftlichen Verwerfungen Vorschub leistet. Auf der Ebene des Klimawandels schlussendlich wären die Auswirkungen des Individualisierungsszenarios fatal. Mit dem weiteren Anwachsen der Flotte der privaten Fahrzeuge, entsprechendem Ressourcenverbrauch und Flächenversiegelung würde die Chance, die Klimaziele zu erreichen, verwirkt.

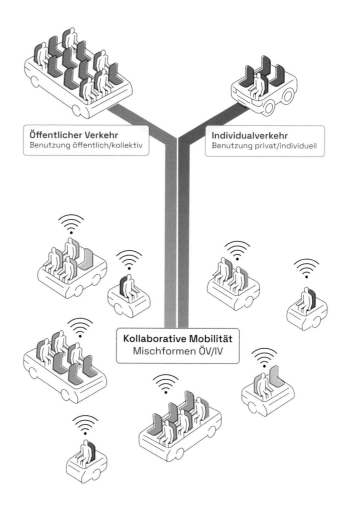

c

Öffentlicher Verkehr
Benutzung öffentlich/kollektiv

Individualverkehr
Benutzung privat/individuell

Kollaborative Mobilität
Mischformen ÖV/IV

Szenario „Gemeinschafts-Land 2050": Stärkung der öffentlichen Verkehre

Ein Gegenmodell ist das Szenario „Gemeinschafts-Land 2050", in dem es gelingt, die öffentlichen Verkehre zu stärken, sodass die Potenziale der Digitalisierung der öffentlichen Daseinsvorsorge zugutekommen. Kernthese der Forschungsprojekts ist, dass dies frühzeitig geschehen muss, um dem „Kannibalisierungseffekt" des Individualisierungsszenarios gezielt entgegenzuwirken. Das Szenario nimmt ein Setting an, in dem Bund und Länder die

c Angestrebt wird eine Individualisierung öffentlicher Verkehrsdienstleistungen und ein commoning von Individualverkehren zu neuen Formen kollaborativer Mobilität.

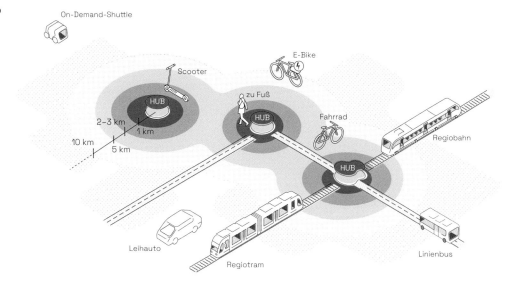

On-Demand-Shuttle

E-Bike

Scooter

zu Fuß

HUB

Fahrrad

2–3 km

1 km

10 km

5 km

Regiobahn

HUB

HUB

Leihauto

Regiotram

Linienbus

Risiken und Chancen der digitalen Verkehrswende anti-
zipieren und die zukünftige Mobilität aktiv entwickeln
und steuern. Dies gelingt durch ein verkehrsmittelüber-
greifendes Mobilitätsangebot, das klassischen öffentlichen Nahverkehr und digitale On-Demand-Verkehre
miteinander kombiniert. Um eine Dominanz großer Tech-
Unternehmen auf dem Markt der digitalen On-Demand-
Verkehre zu verhindern, hat die Politik in diesem Szenario
rechtzeitig einen rechtlichen Rahmen aufgespannt, der
zugleich Freiräume für neue digitale Angebote wie auch
verbindliche Regularien schafft. Bund und Länder haben
regulatorische Maßnahmen ergriffen, um die öffentlichen
Verkehre zu stärken und ihre Qualität und Innovationskraft zu erhöhen.

Ein Kernproblem der öffentlichen Verkehre in dünn
besiedelten Regionen ist heute, dass ihre Angebote oft
wenig attraktiv sind – mit einer negativen Dynamik. Je
weniger Menschen eine Region bewohnen, umso schwächer lasten sie den Nahverkehr aus, umso unrentabler
und ausgedünnter werden Angebote, was die verbleibenden Angebote wiederum teurer macht – bei gleichzeitig
schwindender Attraktivität. Soll der ländliche öffentliche
Verkehr Zukunft haben, gilt es, diese Dynamik zu durchbrechen. Wenn in Ortschaften nur zwei Mal am Tag ein
Bus hält, reicht dies nicht aus. Zugleich ist es – anders als
in Städten – nicht finanzierbar, flächendeckend Linienverkehre im Takt anzubieten.

D Während Linienverkehre große
Distanzen schnell überwinden,
erlauben die verschiedenen
Möglichkeiten der Nahmobilität
die Erschließung in der Fläche.

Einen Ausweg aus diesem Dilemma bieten im Szenario „Gemeinschafts-Land 2050" On-Demand-Verkehre. Diese fungieren zielgerichtet als Zubringerdienste zu den klassischen öffentlichen Verkehren. Während die dichter besiedelten Bereiche des ländlichen Raums, etwa im Umland von Großstädten, auch in der Zukunft mit Linienverkehren versorgt werden, ist für die dünner besiedelten Landstriche ein Paradigmenwechsel erfolgt: Hier wurde das Liniennetz auf wenige Hauptachsen reduziert, die ohne Umwege in regelmäßigem Takt – zumindest einmal pro Stunde – fahren. Das Rückgrat dieses Liniennetzes bildet mit Regiobahn und Regiotram ein leistungsfähiger Schienenverkehr. Wo keine Schienen liegen, ergänzen PlusBusse, die Ortsteile mit zentralen Funktionen verbinden, das Angebot. Ihr Takt ist auf den des Schienenverkehrs abgestimmt und wird auch an den Wochenenden aufrechterhalten.

Das Bedienen der Fläche hingegen erfolgt über On-Demand-Shuttles, die nach einem Ridepooling-System funktionieren und Menschen von den abgelegenen Orten zu den Haltepunkten an den Hauptachsen bringen. Diese Grundversorgung wird ergänzt durch weitere Möglichkeiten, abseits liegende Ort zu erreichen – etwa durch Leihfahrräder, E-Bikes, digitalisierte Mitfahrerbänke und Sharing-Systeme. Anbieter der On-Demand-Verkehre und Sharing-Systeme können private oder öffentliche Akteure sein. Koordiniert werden sie durch die regionalen Verkehrsverbände. Über eine digitale Mobilitätsplattform lassen sich Strecken planen, buchen und bezahlen. Eine „kollaborative" Mobilität entsteht, in der die Grenzen zwischen öffentlicher und individueller Mobilität verschwimmen.

Ein zentrales Element dieses Mobilitätsangebots sind sogenannte Mobilitäts-Hubs, die die intermodularen Knotenpunkte im Netz der verschiedenen Verkehrsmittel markieren. Ihre Funktionen reichen vom Umstieg von einem Verkehrsmittel ins andere, Park-and-Ride-Flächen, Leihstation für E-Bikes für die letzte Meile bis hin zur Paketlogistik. Zugleich bieten sie Sekundärfunktionen zur ländlichen Daseinsvorsorge, Servicedienstleistungen und sind Orte des Aufenthalts und der sozialen Interaktion. Eine Fülle von Begegnungen, Verrichtungen, menschlichem Miteinander und Koinzidenzen finden hier statt, die räumlich in den Hubs kondensieren und sie zu wichtigen sozialen Orten machen, die in die ländlichen Städte und Dörfer hineinwirken.

Die digitale Infrastruktur wird somit um eine analoge Ebene erweitert, die für eine soziale Dimension, für haptische Erfahrbarkeit und Sichtbarkeit sorgt. Während die Hubs in ihrer baulichen Verwirklichung je nach Bedeutung von großen Gebäuden bis hin zu Überdachungen mit Sitzgelegenheiten reichen, ist ihnen ein hoher Anspruch an Gestaltung und Zeichenhaftigkeit gemein. Ihre Bedeutung als markante Orte im Raum ist ebenso zentral wie ihre Rolle als Kristallisationspunkte kommunikativen Geschehens.

Entsprechend ihrer Größe und Bedeutung lassen sich drei Klassen von Hubs unterscheiden: In Mittelzentren markieren Makro-Hubs den Übergang von überregionalen zu lokalen Verkehren. Typisch für Makro-Hubs sind baulich markante Gebäude, die über die Infrastrukturen der Mobilität hinaus zahlreiche Sekundärfunktionen bieten – etwa Einkaufsmöglichkeiten, Gastronomie oder Veranstaltungsräume. In Nordhessen wird im Szenario „Gemeinschafts-Land 2050" der Makro-Hub von Hofgeismar beispielsweise sowohl aus einem Neubau wie einem sanierten und umgenutzten alten Bahnhofsgebäude bestehen, die durch ihre vielfältige Nutzungen aus dem sozialen Gefüge der Stadt nicht mehr wegzudenken sind. Zu ihnen zählen ein Co-Working-Space, ein Fitnesscenter, ein beliebter Biergarten und eine Kindertagesstätte für Pendler*innen. Vor seinen Toren könnte sich – die Transportmöglichkeiten nutzend – ein Markt für lokale Produkte etabliert haben. Etwas bescheidener dimensioniert sind die Midi-Hubs in mittleren Ortschaften mit zentralörtlichen Funktionen, die typischerweise als Schnittstellen zwischen PlusBussen oder Regiotram und On-Demand-Verkehren fungieren. Neben den Park-and-Ride-Flächen verfügen jedoch auch sie über einen Sitzbereich von hoher Aufenthaltsqualität und WLAN-Anschluss sowie eine anbieterübergreifende Paketstation. Auch hier können sich im Hub oder in unmittelbarer Nähe Einkaufsmöglichkeiten, Cafés, lokale Märkte oder Tauschbasare etablieren, sodass die Hubs in die Ortschaften hineinwirken.

In kleinen Dörfern bilden Micro-Hubs die Anbindung an die digitale Mitfahrerbank und das On-Demand-Ridepooling-Angebot. Sie sind in Größe und Ausstattung auf das Wesentliche reduziert, bieten jedoch mindestens einen überdachten Platz, der gut gestaltet ist und auf angenehme Weise mit dem Außenbereich zusammenwirkt. Denkbar sind sonnen- wie auch regengeschützte Orte, eventuell mit Picknickbänken. Auch hier gibt es

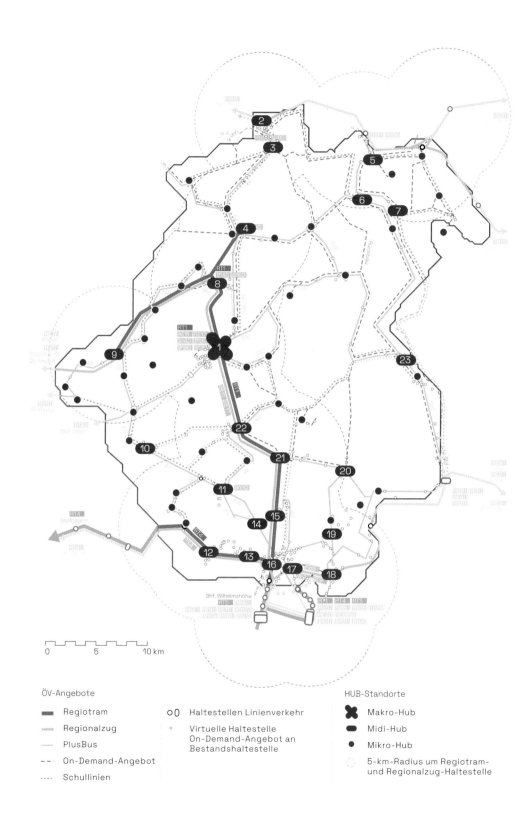

ÖV-Angebote

■■■ Regiotram
■■■ Regionalzug
─── PlusBus
─ ─ On-Demand-Angebot
···· Schullinien

○○ Haltestellen Linienverkehr
○ Virtuelle Haltestelle
On-Demand-Angebot an
Bestandshaltestelle

HUB-Standorte

✖ Makro-Hub
■ Midi-Hub
● Mikro-Hub
⬚ 5-km-Radius um Regiotram-
und Regionalzug-Haltestelle

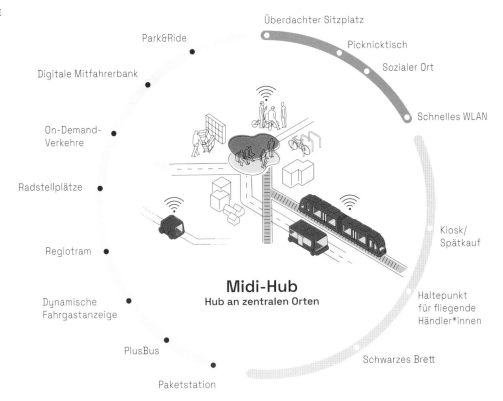

Überdachter Sitzplatz

Park&Ride

Picknicktisch

Digitale Mitfahrerbank

Sozialer Ort

On-Demand-
Verkehre

Schnelles WLAN

Radstellplätze

Kiosk/
Spätkauf

Regiotram

Midi-Hub
Hub an zentralen Orten

Haltepunkt
für fliegende
Händler*innen

Dynamische
Fahrgastanzeige

PlusBus

Schwarzes Brett

Paketstation

WLAN und die Dorfpaketbox für Onlinelieferdienste, wo
Pakete abgeholt oder zum Versenden bereitgelegt werden
können. Eine Tauschbox für Kleidungsstücke oder eine
Direktvermarktung von Lebensmitteln mit Kasse des Ver-
trauens provoziert weiteren Publikumsverkehr. Fliegende
Händler*innen und fahrende Dienstleister*innen können
hier halten. Wo keine Kneipe, kein Jugendklub mehr existiert, können sich Mikro-Hubs auch zu wichtigen sozialen
Orten entwickeln. Ein vorstellbares Bild wäre, dass sich in
einem mittleren nordhessischen Dorf am späten Nachmit-
tag am Hub Schüler*innen treffen, um Filme zu streamen, zu reden und Nachrichten zu schreiben. Es hat sich
herumgesprochen, dass ein fahrender Weinhändler am
Hub an Stehtischen einen offenen Schoppen serviert.
Nach Feierabend holt eine Krankenschwester, die mit
dem On-Demand-Sammeltaxi nach Hause kommt, ihre
Pakete aus der Box – und genehmigt sich mit einer Freun-
din noch ein Glas Wein.

Anders als im Szenario der Individualisierung der
Verkehre bewirkt Mobilität im Szenario „Gemeinschafts-
Land 2050", dass Gemeinschaften in ländlichen Dörfern

E Hubs verbinden Mobilitätsangebote (links) mit Aufenthaltsfunktionen (rechts oben) und Sekundärfunktionen (rechts unten).

und Städten gestärkt werden, anstatt zu erodieren. Auch räumlich und baulich zeigt die Hub-Struktur positive Effekte, indem Lagegunsten nicht an den Rändern von Orten, sondern in ihren Zentren entstehen. Wer mit dem On-Demand-Shuttle zur Arbeit fahren möchte, wird seinen Wohnort vorzugsweise im Ortskern wählen – in räumlicher Nähe des Hubs –, wird zur Miete wohnen oder ein Bestandsgebäude sanieren. Das baukulturelle Erbe der historischen Zentren hätte Chancen, wieder in Nutzung genommen zu werden. Bauliche Dichte würde befördert, weniger Flächen würden versiegelt, Überhitzungseffekte vermindert, Donut-Effekte ausgebremst. Ortskerne würden von neuer Vitalität profitieren. Auch dass rollende und ruhende Verkehre tendenziell aus den Ortskernen verschwinden, bietet diesen ein Plus an Lebensqualität. In mittleren Dörfern und ländlichen Städten könnte die gebündelte Mobilität gar bewirken, dass sich entlang des dicht getakteten Schienenverkehrs neues Gewerbe des nicht urbanitätsaffinen sekundären Sektors niederlässt. Denkbar sind spezialisierte Produzent*innen, die die Metropolen wegen steigender Kosten verlassen, oder Handwerk. Indem Ortskerne neue Interessent*innen gewinnen, ist auch vorstellbar, dass personenbezogene

F Hubs sind über ihre Mobilitäts-funktion hinaus soziale Orte, an denen sich Menschen treffen und verweilen (Standort Trendelburg, Rathaus/Kirche).

Dienstleistungen eine positive Entwicklung erwarten dürfen. Im Zuge des Stärkungsszenarios ließe sich die funktionale Reduzierung des ländlichen Raums punktuell aufheben.

Ein Szenario „Gemeinschafts-Land 2050" vermindert Disparitäten – im Sinne eines inklusiven Zugangs zur Mobilität, im Sinne gleichwertiger Lebensverhältnisse und im Sinne einer Umkehr der Benachteiligung ländlicher Räume. Anders als die Zukunftsvision „Auto-Land 2050", die den ländlichen Regionen ebenfalls neue Interessent*innen beschert, entstehen nachhaltige Siedlungs- und Lebensqualitäten. Bezüglich des Klimawandels bietet das Szenario einer gelungenen Digitalisierung der Verkehre eine wesentliche Chance, die nicht verspielt werden darf.

Fazit – Chancen und Fragen von Governance

Die Frage, wie Menschen sich fortbewegen, hat von jeher die Gesellschaft und die Gestalt der Siedlungen geprägt. Wie wir Mobilität gestalten, ist eine Frage, die über unsere Zukunft entscheidet. Städte wurden in der Vergangenheit an Wegkreuzungen, Flussübergängen oder an Häfen gegründet. Das Aufkommen von Eisenbahn und Auto hat Siedlungsstrukturen revidiert und neu gestaltet. Neue Formen von Verkehren werden dies abermals tun. Wie wir Mobilität organisieren, entscheidet über Teilhabe oder Ausschluss, über eine funktionierende Daseinsvorsorge, über unverantwortlichen Verbrauch oder gebotene Sparsamkeit mit Ressourcen. Sie beeinflusst, ob der Klimawandel verlangsamt werden kann, oder ob Dürren und anderen Dystopien Vorschub geleistet wird.

Ob es gelingen wird, die Chancen, die sich aus der Digitalisierung der Verkehre ergeben, zu nutzen, hängt von Fragen der Governance ab. Entscheidend wird sein, ob Bund und Länder sich der Verantwortung bewusst werden und bereit sind, zu steuern. Ob eine digitale Verkehrswende im Sinne von „Gemeinschafts-Land 2050" gelingt, steht und fällt wesentlich mit der Frage, ob mit dem Durchbruch des autonomen Fahrens der motorisierte Individualverkehr die öffentlichen Verkehre „kannibalisieren" wird. Nimmt die Politik eine Laissez-faire-Haltung ein, wird dieses Szenario eintreten. Gestaltet sie aktiv die Entwicklung, stellt sie frühzeitig die rich-

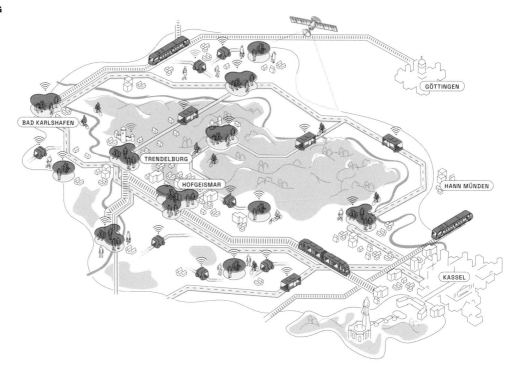

GÖTTINGEN

BAD KARLSHAFEN

TRENDELBURG

HOFGEISMAR

HANN MÜNDEN

KASSEL

tigen Weichen, ist eine nachhaltige Verkehrswende im ländlichen Raum möglich.

Der Kipppunkt wird das Zeitfenster sein, in dem es technisch und rechtlich möglich sein wird, dass sich Vehikel in der Praxis tatsächlich fahrerlos bewegen. Wird dieses Stadium erreicht, wird das motorisierte individuelle Fahren den entscheidenden Schub bekommen. Zum selben Zeitpunkt erreichen öffentliche On-Demand-Verkehre den Vorteil, ihren hoch attraktiven Service weit wirtschaftlicher bieten zu können, in dem sie Personalkosten einsparen. Der *tipping point* macht das Modell erst effizient. Während seine Konkurrenz – der motorisierte Individualverkehr – zugleich Fahrt aufnimmt. Es gilt, bereits heute die Weichen zu stellen und den rechtlichen, organisatorischen und baulichen Rahmen zu gestalten. Es gilt, Innovationen zu ermöglichen, zugleich aber die kommunalen Verkehrsverbünde in die Lage zu versetzen, die neuen On-Demand-Angebote zu koordinieren und zu orchestrieren. Nicht zuletzt muss die öffentliche Hand mit finanziellen Mitteln ausgestattet sein, die hinreichen, um die notwendigen Innvovationen auf den Weg zu bringen.

G Die zukünftige öffentliche Mobilität im ländlichen Raum verbindet Regiobahn, Regiotram, PlusBus und On-Demand-Verkehre, Hubs sind die räumlichen Anker des Verkehrsnetzes.

Soll eine nachhaltige digitale Verkehrswende Wirklichkeit werden, sind klare Regularien seitens des Staates und enge Kooperationen zwischen Staat, Wirtschaft und Zivilgesellschaft auf zahlreichen weiteren Ebenen nötig. Mobilität formt Räume und Gesellschaft – aber auch umgekehrt beeinflussen Entscheidungen über Räume und gesellschaftliche Praktiken Verkehrsströme und Formen der Mobilität. Planerisches Handeln und baurechtliche Bestimmungen, die Siedlungsbau in den Randlagen befördern, führen zu einem Mehr an Erschließungsstraßen und privaten Pkw. Bebauungspläne, die den Bau neuer Häuser auf Ortskerne beschränken, begünstigen wiederum bündelnde Verkehre. Auch Parkraumbewirtschaftung und verkehrsfreie Zonen in den benachbarten Großstädten könnten zum *shift* hin zum Nutzen öffentlicher Verkehre beitragen. Flankierend sind restriktive Maßnahmen nötig, um den Individualverkehr zurückzudrängen. Dazu beitragen könnten etwa ein Mautsystem auf öffentlichen Landstraßen und die Aufgabe von Privilegien wie steuervergünstigte Dienstwagen und Pendlerschauschalen.

Nicht zuletzt ist es die Entscheidung der Vielen, ob sie eine attraktives, zeitgemäßes Angebot öffentlicher und hybrider Verkehre stützen und annehmen werden. Denn die Transformation der Verkehre ist nicht zuletzt eine gesellschaftliche Transformation, Fortbewegung neu zu denken und Privaträume zu verlassen. Spielentscheidend wird auch sein, ob dies glückt.

Carsten Sommer

ÖPNV-Angebote im ländlichen Raum

Carsten Sommer
geboren 1973 in Duderstadt, Eichsfeld, ist Bauingenieur und Professor für Verkehrsplanung und Verkehrssysteme an der Universität Kassel. Zuvor war er wissenschaftlicher Mitarbeiter bei der WVI GmbH in Braunschweig. Er ist akademischer Leiter des berufsbegleitenden Masterstudiengangs ÖPNV und Mobilität und verantwortlich für die alle zwei Jahre stattfindende Fachtagung Nahverkehrs-Tage. Sommer hat mit seinem Fachgebiet das Forschungsprojekt „Mobilfalt" wissenschaftlich begleitet, in dem deutschlandweit das erste integrierte Ridesharing-System im ländlichen Raum entwickelt und realisiert wurde.

Ländliche Räume weisen aufgrund ihrer geringen Bevölkerungsdichte und des geringen Anteils an der Gesamtbevölkerung eine vergleichsweise geringe und häufig dispers verteilte Verkehrsnachfrage auf. Daher kommen die Stärken des klassischen öffentlichen Personennahverkehrs (ÖPNV) – unter anderen die wirtschaftlich effiziente und umweltgerechte Bündelung großer Verkehrsnachfrage – im ländlichen Raum nur auf den Hauptachsen zwischen den Zentren und zum Teil für die Schülerbeförderung zum Tragen. Um dennoch in dünn besiedelten abseits der Achsen liegenden ländlichen Räumen die soziale Teilhabe für Menschen ohne privaten Pkw zu gewährleisten, haben sich Angebotsformen entwickelt, die durch eine Reduktion auf Fahrten, die zuvor angemeldet werden, kleine Gefäßgrößen und/oder einen Verzicht auf gewerbsmäßiges Personal die Kosten für öffentliche Verkehrsdienstleistungen reduzieren. Der vorliegende Beitrag beschreibt aus planerischer Sicht die ÖPNV-Angebotsformen, die für eine Erschließung des ländlichen Raums grundsätzlich geeignet sind, und stellt ihre Einsatzbereiche vor. Er basiert auf einer Veröffentlichung von Sommer und Saighani (2019).

Angebotsformen im ländlichen Raum

ÖPNV wird nach dem Gesetz zur Regionalisierung des Schienenpersonennahverkehrs definiert als „die allgemein zugängliche Beförderung von Personen mit Verkehrsmitteln im Linienverkehr, die überwiegend dazu bestimmt sind, die Verkehrsnachfrage im Stadt-, Vorort- oder Regionalverkehr zu befriedigen" (§ 2 RegG). In den grundlegenden gesetzlichen Regelungen wird der ÖPNV durch Reiseweite und Reisezeit vom öffentlichen Personenfernverkehr abgegrenzt. Wenn die Mehrzahl der Reisenden weniger als 50 Kilometer auf ihrem Weg zurücklegen oder unter einer Stunde unterwegs sind, erfolgt eine Einordnung in den Nahverkehr (§ 2 RegG, § 8 Abs. 1 PBefG, § 147 SGB IX).

Unabhängig von den rechtlichen Definitionen und den daraus folgenden planerischen und betrieblichen Erfordernissen sind sämtliche allgemein zugänglichen Verkehrsdienstleistungen, also auch Car-, Bike- und Ridesharing, dem öffentlichen Verkehr zuzuordnen. Diese umfassende Definition ist wichtig für die ÖPNV-Planung, da die Menschen keine Unterscheidung der öffentlich zugänglichen Angebote nach Verkehrsmittel oder Rechtsgrundlage treffen, sondern ein möglichst umfassendes ÖPNV-Angebot erwarten, das ihrer Mobilität gerecht wird. Studien zeigen enge Wechselwirkungen zwischen dem klassischen ÖPNV (nach oben genannter rechtlicher Definition) und den Sharing-Angeboten (Sommer et al. 2016):

- Eine hohe Qualität des klassischen ÖPNV ist eine wesentliche Voraussetzung für die Nutzung von Car- und Bikesharing (Bus und Bahn als Rückgrat eines multimodalen Verhaltens).
- Die Sharing-Angebote erhöhen die Flexibilität und Attraktivität des gesamten öffentlichen Verkehrs und erleichtern damit das Leben ohne privaten Pkw.

Das ÖPNV-Angebot besteht aus aufeinander abgestimmten und sich ergänzenden Angebotsformen, die sich durch diverse Einsatzbereiche und verkehrliche Funktionen unterscheiden, aber miteinander verknüpft sind, um den Menschen ein durchgehendes Angebot zu gewährleisten. Grundsätzlich können die Angebotsformen in drei Typen eingeteilt werden (siehe Abbildung A):

- klassischer Linienverkehr,
- flexible Angebotsformen,
- alternative Angebotsformen.

Der klassische Linienverkehr lässt sich durch eine feste zeitliche und räumliche Bedienung charakterisieren, das heißt, die im Fahrplan definierten Haltestellen werden entsprechend der definierten Ab- und Ankunftszeiten stets angefahren, unabhängig von der jeweiligen Verkehrsnachfrage. Demgegenüber werden bei den flexiblen und alternativen Angebotsformen Fahrten nur bei einer konkreten, in der Regel vorab angemeldeten Verkehrsnachfrage durchgeführt (Bedarfsverkehr). Die flexiblen Angebotsformen unterliegen dem Geltungsbereich des Personenbeförderungsgesetzes (PBefG). Bedarfsverkehre, die nicht unter das PBefG fallen, werden den alternativen Angebotsformen zugeordnet.

Grundsätzlich bedarf die entgeltliche und geschäftsmäßige Personenbeförderung einer Genehmigung und muss den im PBefG definierten Verkehrsarten entsprechen. Für die Beförderung von Personen mit Kraftfahrzeugen gibt das PBefG drei genehmigungsfähige Verkehrsarten vor:

- Linienverkehr nach § 42 PBefG,
- Sonderlinienverkehr nach § 43 PBefG (Einrichtung für eine bestimmte Fahrgastgruppe, zum Beispiel Berufsverkehr, Schülerverkehr, Markt- oder Theaterfahrten) und
- Gelegenheitsverkehr nach § 46 PBefG (Personenbeförderung, die nicht Linien- oder Sonderlinienverkehr ist, sondern zum Beispiel in Form von Taxi- oder Mietwagenverkehr stattfindet).

Damit ein Angebot genehmigungsfähig ist, ist dieses grundsätzlich einer der oben genannten drei Verkehrsarten zuzuordnen. Zudem eröffnet das PBefG unter anderem durch eine Auffang- und Experimentierklausel Handlungsspielräume für Angebote, die den normierten Verkehrsarten nur teilweise entsprechen.

Die sogenannte Auffangklausel nach § 2 Abs. 6 PBefG erlaubt im Fall einer Beförderung, die nicht alle Merkmale einer Verkehrsform des PBefG erfüllt, die Erteilung der Genehmigung nach denjenigen Vorschriften, denen diese Beförderung am meisten entspricht, soweit öffentliche Verkehrsinteressen nicht entgegenstehen. Entsprechend dem Charakter einer zeitlich befristet erteilten Genehmigung für neue Angebote bestehen für diese Angebote nicht die typischen aus einer Genehmigung resultierenden Pflichten wie Tarif-, Beförderungs- und Betriebspflicht. Im Folgenden werden wesentliche, für den ländlichen Raum relevante Angebotsformen anhand ihrer Systemeigenschaften in Form eines tabellarischen Steckbriefes dargestellt.

Klassischer Linienverkehr

Der klassische Linienverkehr umfasst im ländlichen Raum im Wesentlichen die Angebotsformen Regionalbahn, Regionalbus, Schnellbus, Linientaxi und Bürgerbus. Auf den verkehrsnachfragestarken Hauptachsen im ländlichen Raum verkehren Regionalbahnen, die Zentren miteinander, aber auch mit Gemeinden des (ländlichen) Umlandes verbinden.

Der Regionalbus ist die klassische Angebotsform für den ÖPNV in ländlichen Räumen. Als Grundangebot sichert er im eher dünn besiedelten ländlichen Raum die Erreichbarkeit von Schulen, Arbeitsplätzen und weiteren Zielgelegenheiten, indem er Zentren mit den versorgten Orten verbindet. Neben dieser Flächenerschließung kann der Regionalbus bei größeren Orten auch eine innerörtliche Erschließung übernehmen. Aus dem Regionalbus heraus haben sich der Schnellbus und das Linientaxi entwickelt. Der Schnellbus verbindet Zentren auf nachfragestarken Achsen, auf denen keine Regionalbahn verkehrt. Er erreicht durch größere Haltestellenabstände und eine Nutzung von Schnellstraßen und Ortsumgehungen höhere Beförderungsgeschwindigkeiten als der klassische Regionalbus. Beim Linientaxi handelt es sich um einen Einsatz von Pkw im Linienbetrieb mit regelmäßiger Bedienung fester Routen und Haltestellen. Das heißt, der Pkw ersetzt hier lediglich das größere Verkehrsmittel Bus (Sommer und Deutsch 2019).

Der Regionalbus kann neben der Personenbeförderung unter gewissen Rahmenbedingungen auch den Transport von Gütern übernehmen. Dieses in Deutschland unter dem Namen „Kombibus" entwickelte Angebot wurde im Jahr 2012 zuerst in der Uckermark eingeführt; inzwischen fährt der Kombibus auch in anderen Regionen Deutschlands. Ähnliche Angebote gibt es bereits seit Längerem unter anderen in Skandinavien und Schottland. Güter wie Lebensmittel, Gepäckstücke und ähnliches werden sowohl in ungenutzten Räumen des Fahrgastraumes als auch im Kofferraum untergebracht. Neben speziellen Nutzfahrzeugen (Kombination aus Bus und Lkw mit einem geschlossenen Frachtabteil im hinteren Fahrzeugbereich) kommen beim Kombibus daher nur Überlandbusse infrage, die als Hochflurbusse mit Kofferräumen ausgestattet sind. Wesentliche Voraussetzungen für den Kombibus sind die Integration von Be- und Entladepunkten in das Liniennetz und ein integraler Taktfahrplan, der schnelle Verbindungen im gesamten Netz gewährleistet. Durch den Kombibus kann die Wirtschaftlichkeit des Regionalbusses erhöht werden; vor allem wird aber die gesamte Infrastruktur vor Ort – Nahversorgung, Einzelhandel, Tourismus und ähnliches – gestärkt (Monheim et al. 2014).

Bürgerbusse unterscheiden sich von den übrigen Angebotsformen des klassischen Linienverkehrs dadurch, dass der Betrieb auf ehrenamtlichem Engagement basiert.

Durch die Übernahme des Fahrbetriebs sowie der Wartung und Reinigung der Fahrzeuge durch Ehrenamtliche (Bürgerbusverein) kann ein sehr kostengünstiges ÖPNV-Angebot aufrechterhalten werden. Zum Einsatz kommen hauptsächlich Kleinbusse, die je nach Zweck häufig nur zu bestimmten Tageszeiten im Nachbarortsverkehr eingesetzt werden. In Deutschland existieren derzeit über 300 Bürgerbusvereine (Pitz et al. 2017), die in Ausnahmefällen auch Bedarfs- statt Linienverkehr anbieten.

Flexible Angebotsformen

Für den Einsatz in Zeiten und Räumen schwacher Nachfrage bieten sich zur Reduzierung des betrieblichen und finanziellen Aufwandes bedarfsgesteuerte Angebotsformen oder deren Kombination mit Linienverkehrsmitteln an. Für die Planung dieser flexiblen Angebotsformen – flexibel, da sie sich auf Nachfrageänderungen einstellen können – sind spezifische Einsatzbedingungen sowohl für bandförmige als auch für flächenhafte Bedienungsgebiete mit dispersen Siedlungsstrukturen zu berücksichtigen. Anhand der Merkmale Fahrplanbindung (unter Berücksichtigung der Fahrtenbündelung), Form des Bedienungsgebietes und Flexibilisierungsgrad lassen sich fünf unterschiedliche Angebotsformen unterscheiden:

- mit Fahrplan:
  - Bedarfslinienverkehr
  - Richtungsbandbetrieb
  - Sektorbetrieb
- ohne Fahrplan:
  - Flächenbetrieb
  - Taxi/Mietwagen

Bedarfslinien- und Richtungsbandbetrieb weisen durch jeweils eine definierte Start- und Zielhaltestelle eine eindeutige Hin- beziehungsweise Rückrichtung auf. Der Richtungsbandbetrieb lässt sich darüber hinaus in der Regel durch mindestens zwei fest bediente Haltestellen charakterisieren, die häufig auch als Verknüpfungspunkte zum übergeordneten Netz dienen. Beim Sektorbetrieb fallen Start- und Zielhaltestelle in einem einzigen Verknüpfungspunkt zusammen, in einem Umlauf werden sowohl Reisende gesammelt als auch verteilt (eine Rundfahrt).

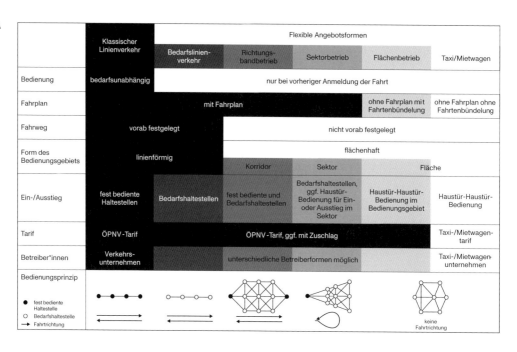

	Klassischer Linienverkehr	Flexible Angebotsformen				
		Bedarfslinien-verkehr	Richtungs-bandbetrieb	Sektorbetrieb	Flächenbetrieb	Taxi/Mietwagen
Bedienung	bedarfsunabhängig	nur bei vorheriger Anmeldung der Fahrt				
Fahrplan	mit Fahrplan				ohne Fahrplan mit Fahrtenbündelung	ohne Fahrplan ohne Fahrtenbündelung
Fahrweg	vorab festgelegt		nicht vorab festgelegt			
Form des Bedienungsgebiets	linienförmig		flächenhaft			
			Korridor	Sektor	Fläche	
Ein-/Ausstieg	fest bediente Haltestellen	Bedarfshaltestellen	fest bediente und Bedarfshaltestellen	Bedarfshaltestellen, ggf. Haustür-Bedienung für Ein- oder Ausstieg im Sektor	Haustür-Haustür-Bedienung im Bedienungsgebiet	Haustür-Haustür-Bedienung
Tarif	ÖPNV-Tarif	ÖPNV-Tarif, ggf. mit Zuschlag				Taxi-/Mietwagen-tarif
Betreiber*innen	Verkehrs-unternehmen	unterschiedliche Betreiberformen möglich				Taxi-/Mietwagen-unternehmen
Bedienungsprinzip						

Bedienungsprinzip:
- ● fest bediente Haltestelle
- ○ Bedarfshaltestelle
- → Fahrtrichtung

keine Fahrtrichtung

Der Flächenbetrieb verkehrt im Gegensatz zu den anderen Angebotsformen nicht in Form von Umläufen. Da weder Start- noch Zielpunkt festgelegt sind, existiert keine definierte Fahrtrichtung. Im Gegensatz zum Taxi beziehungsweise Mietwagen findet beim Flächenbetrieb eine Bündelung der Fahrten statt, die Kund*innen müssen daher unter Umständen eine längere Wartezeit als beim Taxi beziehungsweise Mietwagen in Kauf nehmen. In Abbildung A sind die wesentlichen Merkmale der einzelnen flexiblen Angebotsformen systemvergleichend aufgeführt.

Alternative Angebotsformen

Während der klassische Linienverkehr und die flexiblen Angebotsformen dem Anwendungsbereich des PBefG unterliegen, sind die alternativen Angebotsformen im Allgemeinen genehmigungsfrei. Die alternativen Angebotsformen nutzen Verkehrsdienstleistungen, die öffentlich verfügbar sind, jedoch kein gewerbliches Fahrpersonal einsetzen beziehungsweise benötigen. Während beim Car- und Bikesharing die Kund*innen selbst fahren, werden sie beim Ridesharing von anderen Personen mitgenommen. Im Gegensatz zu den zuvor beschriebenen Angebotsformen gibt es bei alternativen Angebotsformen in der Regel

A Merkmale flexibler Angebotsformen, weiterentwickelt nach Zistel (2016)

keine Beförderungsgarantie. Das heißt, die gewünschte Fahrt findet nur statt, wenn ein entsprechendes Verkehrsmittel verfügbar oder eine relevante Mitfahrgelegenheit vorhanden ist (BMVI 2016). Bei den alternativen Angebotsformen ist eine einmalige Registrierung beziehungsweise Anmeldung vor der ersten Nutzung erforderlich. Die Nutzung dieser Angebotsformen basiert normalerweise auf einem eigenständigen, vom übrigen ÖPNV unabhängigen Tarif, wobei für Zeitkartenkund*innen häufig Rabatte bei der Nutzung von Car- und Bikesharing gelten (Witte und Sommer 2017; Sommer et al. 2016).

„Unter Ridesharing werden öffentlich zugängliche Mitnahmesysteme verstanden, bei denen freie Plätze im privaten Pkw Dritten zur Verfügung gestellt und über eine i. d. R. internetbasierte Plattform zugänglich gemacht werden. Ridesharing unterscheidet sich durch seine öffentliche Zugänglichkeit von privaten bzw. privat organisierten Mitnahmemöglichkeiten wie

- Fahrgemeinschaften (auf regelmäßig gefahrene Wegstrecken ausgelegte, private Organisation von Zusammenschlüssen),
- abgesprochenen Mitnahmen (auf Einzelfall ausgelegte Mitnahme im Familien- und Freundeskreis),
- Trampen (kostenlose Mitnahme in einem fremden Kfz),
- organisierten Fahrdiensten (Einsatz bei Veranstaltungen und Mitnahme auf Zuweisung)." (BMVI 2016)

Ridesharing kann den klassischen Linienverkehr und flexible Angebotsformen ergänzen und in das vorhandene ÖPNV-Angebot sowie in Tarif-, Vertriebs- und Fahrgastinformationssysteme integriert werden. Besonders im ländlichen Raum werden seit den letzten Jahren unterschiedliche integrierte Ridesharing-Ansätze konzipiert und getestet (unter anderen „Mobilfalt" in Nordhessen und „garantiert mobil!" im Odenwald (BMVI 2015; Schmitt und Sommer 2013).

Carsharing lässt sich als organisierte gemeinschaftliche Nutzung von Kraftfahrzeugen definieren. Carsharing-Fahrzeuge sind gemäß Definition (BMVBS 2013) „Kraftfahrzeuge, die einer unbestimmten Anzahl von Fahrerinnen und Fahrern auf der Grundlage einer Rahmenvereinbarung zur selbstständigen Nutzung nach einem die Energiekosten mit einschließenden Zeit- und/oder Kilometertarif angeboten werden". Deutschland zeichnet sich dadurch aus, dass es weltweit den ausdifferenziertesten Carsharing-Markt hat (Sommer et al. 2016: 51). Dies trifft sowohl auf die Vielfalt der Angebote und Organisationsformen zu, in denen Carsharing-Angebote zur Verfügung gestellt werden, als auch auf die räumliche Verteilung. Nahezu alle Angebote in Großstädten werden als unternehmerisch organisierte Angebote (als GmbH oder AG) bereitgestellt, während in kleineren Städten und Gemeinden meist ehrenamtlich arbeitende Vereine bestehen. Nachdem Carsharing in der Gründungsphase ausschließlich als stationsgebundenes Angebot entstanden ist, treten seit 2011 einige Anbieter*innen – im Wesentlichen aus der Automobilindustrie – auf, die teilweise gemeinsam mit großen Autovermietungsunternehmen neue Carsharing-Angebote entwickelt haben. Diese zeichnen sich dadurch aus, dass ihre Fahrzeuge nicht an festen Stationen platziert werden, sondern frei im Straßenraum verteilt sind, sogenannte *free-floating* Angebote (Sommer et al. 2016). Nahezu sämtliche Angebote im ländlichen Raum können dem stationsgebundenen Carsharing zugeordnet werden.

Öffentliche Fahrradvermietsysteme (Bikesharing) befinden sich frei zugänglich im öffentlichen Raum und ermöglichen das Mieten der Räder unabhängig von Öffnungszeiten. In der Regel können die öffentlichen Fahrräder an festen Stationen ausgeliehen und zurückgegeben werden, wobei Leih- und Rückgabestation nicht identisch sein müssen. Damit unterscheidet sich Bikesharing wesentlich vom herkömmlichen Fahrradverleih. Öffentliche Fahrradvermietsysteme sind im Wesentlichen in Großstädten verbreitet, während der traditionelle Fahrradverleih vor allem in Tourismusregionen zu finden ist (BMVI 2016).

On-Demand-Verkehre

Die Digitalisierung führt auch im Verkehrsbereich zu großen Veränderungen: So wird der Zugang zu Informationen und öffentlichen Verkehrsdienstleistungen über Smartphone und mobiles Internet deutlich einfacher, große Datenmengen können erheblich schneller verarbeitet werden, leistungsfähige Rechner erlauben den Einsatz von Optimierungsalgorithmen im operativen Betrieb von Verkehrsdienstleistungen. Vor diesem Hintergrund sind ausgehend von den USA inzwischen auch in Deutschland Angebote entstanden, die häufig unter dem Begriff On-Demand-Verkehre zusammengefasst werden. Im Folgenden werden die mit diesem Begriff bezeichneten Angebote charakterisiert und in die zuvor beschriebenen Angebotsformen eingeordnet. Neben der bereits oben beschriebenen Angebotsform Ridesharing zählen Ridepooling und Ridehailing zu den On-Demand-Verkehren.

Ridepooling (Sammelbeförderung) kann dabei der Angebotsform Flächenbetrieb zugeordnet werden. Die wesentlichen Merkmale des Flächenbetriebs – nachfrageabhängige Bedienung ohne Fahrplan und Haltestelle, Bündelung der Nachfrage in einem flächenhaften Bedienungsgebiet – gelten auch für das Ridepooling, zusätzlich erfolgt die Bündelung der Nachfrage in Echtzeit. Kund*innen erhalten eine schnelle Reaktion auf ihre Anfrage, eine Voranmeldezeit ist zumeist nicht erforderlich. Ridepooling-Angebote sind Teil des ÖPNV, wenn diese mit den PBefG-Merkmalen wie erwerbsmäßiges Fahrpersonal mit Genehmigung zur Personenbeförderung, Betriebspflicht, Beförderungspflicht und Pflichtfahrgebiet charakterisiert sind.

Demgegenüber ist Ridehailing eine taxiähnliche Angebotsform, bei der über eine IT-gestützte Plattform private Fahrer*innen entgeltliche Fahrdienste mit ihren privaten Fahrzeugen anbieten (zum Beispiel Uber, Pop, Lyft oder Didi).[01] Fahrende und Mitfahrende müssen auf der Plattform angemeldet sein, um die Dienstleistung zu nutzen. Unternehmer nach Definition des PBefG ist der Anbieter der IT-gestützten Plattform. Die Fahrenden erhalten für ihre Fahrdienste in der Regel ein vom Unternehmen festgelegtes Entgelt. Der Beförderungstarif wird vom Unternehmen festgelegt. Ridehailing ist betrieblich mit dem Taxiverkehr vergleichbar, allerdings mit dem Unterschied, dass kein professionelles Fahrpersonal und keine Fahrzeuge des Unternehmens für die Personenbeförderung eingesetzt werden. Ridehailing sind kommerzielle Angebote, das heißt, sie werden vollständig vom Anbieter finanziert. Dies führt dazu, dass diese Angebote meistens nur in Räumen mit starker Nachfrage vorhanden sind, etwa in Innenstadtbereichen großer Städte. In ländlichen Räumen sind dem Autor keine Ridehailing-Angebote bekannt. Untersuchungen aus den USA zeigen, dass Ridehailing für gewöhnlich zu einer deutlichen Zunahme der Pkw-Fahrleistung zu Lasten der Nachfrage im Taxi- und klassischen Linienverkehr führt (Schaller 2018). Daher stehen diese privatwirtschaftlichen Angebote in

01 Nach gültiger Gesetzeslage (Stand Mai 2020) ist in Deutschland diese Art von entgeltlicher beziehungsweise geschäftsmäßiger Personenbeförderung durch Fahrende mit privaten Fahrzeugen nicht zugelassen.

direkter Konkurrenz zu der entgeltlichen Personenbeförderung nach PBefG. Aufgrund der fehlenden Zuverlässigkeit etwa in Bezug auf Beförderungs- und Betriebspflicht trägt Ridehailing auch nicht zur Daseinsvorsorge bei.

Fazit und Ausblick

Für die Planung des ÖPNV in ländlichen Räumen steht eine Vielzahl von Angebotsformen zur Verfügung, die je nach Verkehrsnachfrage, Raum-, Siedlungs- und Sozialstruktur sowie den wirtschaftlichen Rahmenbedingungen zum Einsatz kommen. Flexible und alternative Angebotsformen ermöglichen häufig auch in Räumen geringer und disperser Nachfrage ein Angebot, das für die Daseinsvorsorge als ausreichend angesehen wird, allerdings aus Sicht vieler wahlfreier Personen zu wenig attraktiv ist, um vom privaten Pkw umzusteigen.

Neue digitale Technologien können die Attraktivität vorhandener Angebotsformen durch eine höhere Flexibilität und einen Abbau vertrieblicher Hemmschwellen erhöhen, wie Ridepooling und integriertes Ridesharing (zum Beispiel „Mobilfalt") zeigen. Ein erheblicher Nachfragezuwachs tritt allerdings erst dann ein, wenn die wesentlichen auf die Verkehrsmittelwahl wirkenden Einflussgrößen wie Bedienungshäufigkeit oder Reisegeschwindigkeit zum Pkw konkurrenzfähig werden (Sommer und Harz 2019).

Das autonome Fahren bietet für Teilhabe und Mobilität in ländlichen Räumen Chancen und Risiken, deren Eintreffen derzeit nicht realistisch eingeschätzt werden kann. In Zukunft fallen durch den Einsatz autonomer Fahrzeuge Kosten für das Fahrpersonal als wesentliche Kostenposition der Betriebskosten weg, sodass sogenannte „Robotaxis" die Angebotsformen Taxi, Flächenbetrieb beziehungsweise Ridepooling und Ridesharing ablösen könnten. Auf der anderen Seite sind zusätzliche Personalkosten für Wartung und Überwachung der Robotaxis erforderlich, die der oben genannten Verringerung der Betriebskosten entgegenstehen. Im positiven Fall könnten eingesparte Personalkosten und die geringere Abhängigkeit der Gesamtkosten von der tatsächlichen Betriebsleistung zu einer besseren räumlichen Erschließung und höheren Bedienungshäufigkeit führen. Das heißt, Menschen, die bisher keinen beziehungsweise nur einen eingeschränkten Zugang zum privaten Pkw haben, würden ein attraktives öffentliches Verkehrsangebot

„rund um die Uhr" erhalten. Im negativen Fall werden eine Zersiedelung der Landschaft und eine Schwächung zentralörtlicher Funktionen befürchtet, da die Notwendigkeit, ohne eigenen Pkw Bus und Bahn nutzen zu müssen, abnimmt. Falls die Nutzungskosten der Robotaxis dauerhaft über denen des klassischen ÖPNV liegen und sich dieser wegen sinkender Fahrgastnachfrage aus der flächenhaften Bedienung zurückzieht, könnte die Spaltung der Gesellschaft in mobile und nicht mobile Personen vertieft werden (FGSV 2019). Bei aller Unsicherheit kann allerdings davon ausgegangen werden, dass die öffentliche Hand durch ordnungs- und preispolitische Interventionen einen integrierten, um Robotaxis ergänzten ÖPNV fördern kann.

Literatur

- BUNDESMINISTERIUM FÜR VERKEHR, BAU UND STADTENTWICKLUNG (2013): Bericht der Bundesregierung hinsichtlich des Sachstandes der Änderungen von Rechtsnormen im Hinblick auf Carsharing. Bericht an den Ausschuss für Verkehr, Bau und Stadtentwicklung des Deutschen Bundestages vom 29.01.2013.

- BUNDESMINISTERIUM FÜR VERKEHR UND DIGITALE INFRASTRUKTUR (HRSG.) (2015): Anpassungsstrategien zur regionalen Daseinsvorsorge – Empfehlungen der Facharbeitskreise Mobilität, Hausärzte, Altern und Bildung; Bundesamt für Bauwesen und Raumordnung, Bonn.

- BUNDESMINISTERIUM FÜR VERKEHR UND DIGITALE INFRASTRUKTUR (HRSG.) (2016): Mobilitäts- und Angebotsstrategie in ländlichen Räumen – Planungsleitfaden für Handlungsmöglichkeiten von ÖPNV-Aufgabenträgern und Verkehrsunternehmen unter besonderer Berücksichtigung wirtschaftlicher Aspekte flexibler Bedienungsformen, Berlin.

- FORSCHUNGSGESELLSCHAFT FÜR STRASSEN- UND VERKEHRSWESEN, ARBEITSGRUPPE 1 „VERKEHRSPLANUNG", ARBEITSAUSSCHUSS 1.1 „GRUNDSATZFRAGEN DER VERKEHRSPLANUNG" (2019): Chancen und Risiken des autonomen vernetzten Fahrens aus Sicht der Verkehrsplanung, Arbeitspapier, Stand 07.11.2019.

- MONHEIM, HEINER ET AL. (2014): Nächster Halt: Lebensqualität. Kombination auf ganzer Linie, Leitfaden, Trier.

- PBEFG: Personenbeförderungsgesetz in der Fassung der Bekanntmachung vom 8. August 1990 (BGBl. I S. 1690), das zuletzt durch Artikel 2 Absatz 14 des Gesetzes vom 20. Juli 2017 (BGBl. I S. 2808) geändert worden ist.

- PITZ, THOMAS ET AL. (2017): Mobilität im ländlichen Raum – Untersuchung der Motivation für ein ehrenamtliches Engagement in Bürgerbusvereinen, in: Zeitschrift für Verkehrswissenschaft, Jahrgang 88, Heft 3, Düsseldorf: Verkehrs-Verlag J. Fischer.

- REGG: Gesetz zur Regionalisierung des öffentlichen Personennahverkehrs (Regionalisierungsgesetz - RegG) vom 27. Dezember 1993 (BGBl. I S. 2378 ,2395), das zuletzt durch Artikel 19 Absatz 23 des Gesetzes vom 23.12.2016 (BGBl. I S. 3234) geändert worden ist.

- SCHALLER CONSULTING (2018): The New Automobility: Lyft, Uber and the Future of American Cities, 07/2018, http://www.schallerconsult.com/rideservices/automobility.pdf (letzter Zugriff: 10.12.2018).

- SCHMITT, VOLKER UND SOMMER, CARSTEN (2013): Mobilfalt – ein Mitnahmesystem als Ergänzung des ÖPNV in ländlichen Räumen. In: Proff, H., Pascha, W., Schönharting, J., Schramm, D. (Hg.): Schritte in die künftige Mobilität – Technische und betriebswirtschaftliche Aspekte, Tagungsband des 4. Wissenschaftsforums Mobilität, Wiesbaden: Gabler Verlag.

- SOMMER, CARSTEN UND DEUTSCH; VOLKER (2019): Öffentlicher Personennahverkehr. In: Steierwald, G. (Hg.): Stadtverkehrsplanung, Berlin und Heidelberg: Springer-Verlag.

- SOMMER, CARSTEN UND HARZ, JONAS (2019): Bewertung der umgesetzten Maßnahmen des Realexperiments. In: Sommer, C. et al. (Hg.): Ridesharing im ländlichen Raum und dessen Integration in den öffentlichen Nahverkehr, Kassel: oekom.

- SOMMER, CARSTEN UND SAIGHANI, ASSADOLLAH (2019): ÖPNV-Angebotsformen im ländlichen Raum. In: Bracher, T. et al. (Hg.): Handbuch der kommunalen Verkehrsplanung, Berlin und Offenbach: Herbert Wichmann Verlag.

- SOMMER, CARSTEN ET AL. (2016): Umwelt- und Kostenvorteile ausgewählter innovativer Mobilitäts- und Verkehrskonzepte im städtischen Personenverkehr, Endbericht – Langfassung, Umweltbundesamt, Dessau-Roßlau.

- WITTE, CLAUDIA UND SOMMER, CARSTEN (2017): Nachfragepotenziale für multimodale Tarife unter Berücksichtigung der Präferenzen von Kunden des ÖPNV. In: Forschungsgesellschaft für Straßen- und Verkehrswesen; Verband Deutscher Verkehrsunternehmen, HEUREKA ,17 Optimierung in Verkehr und Transport, Köln: FGSV-Verlag.

- ZISTEL, MEINHARD (2016): Perspektiven und Grenzen des ÖPNV auf dem Land, Vortrag im Rahmen der ADAC-Expertenreihe 2016 „Mobilitätssicherung im ländlichen Raum", Gera, 01.03.2016.

Sven Altenburg, Sören Groth, Judith Kurte, Dirk Wittowsky

Digitalisierung und neue Services in der Logistik

Sven Altenburg

geboren 1978 in Prüm in der Eifel, hat Wirtschafts- und Sozialgeografie an der Universität Trier studiert. Er leitet den Bereich Mobilität & Transport bei der Prognos AG, bis 2014 war er wissenschaftlicher Mitarbeiter am Institut für Verkehrsplanung und Logistik der TU Hamburg.

Sören Groth

geboren 1984 in Hamburg, ist Mobilitätsforscher. Er promovierte von 2012 bis 2016 am Institut für Humangeographie der Goethe-Universität Frankfurt am Main. Seit 2016 ist er Postdoc am Institut für Landes- und Stadtentwicklungsforschung in Dortmund. Auf Basis von Handlungs-, Planungs- und Raumtheorien beschäftigt er sich u. a. mit neuen Mobilitätstrends wie Multimodalität.

Judith Kurte

geboren 1963 in Langenberg, Rheinland, hat Wirtschaftsinformatik an der FH Köln und Volkswirtschaftslehre mit Schwerpunkt Verkehrswissenschaft an der Universität Köln studiert. Nach Promotion im Seminar für Verkehrswissenschaft gründete sie 2001 gemeinsam mit Dr. Klaus Esser die KE-CONSULT Kurte&Esser GbR. Seitdem berät sie Ministerien, Kommunen, Verbände und Unternehmen und betreibt Auftragsforschung in allen Mobilitätsbereichen.

Dirk Wittowsky

geboren 1971 in Duisburg, Nordrhein-Westfalen, ist Bauingenieur und Professor für Mobilitäts- und Stadtplanung an der Fakultät für Ingenieurwissenschaften der Universität Duisburg-Essen in der Abteilung Bauwissenschaften. Nach Stationen beim Land Hessen und der Deutschen Bahn war er von 2012 bis 2019 Leiter der Forschungsgruppe „Mobilität und Raum" am Institut für Landes- und Stadtentwicklungsforschung in Dortmund. Er ist Mitglied im wissenschaftlichen Beirat des Zukunftsnetzes Mobilität NRW.

Einer der Bereiche, in dem die Digitalisierung die Gesellschaft besonders deutlich beeinflusst, ist unser Einkaufsverhalten. Immer mehr Waren werden online bestellt und anschließend an die Kund*innen geliefert. Der Anspruch der Kund*innen, die Waren bis an die Haustür einer bestimmten Lieferadresse gebracht zu bekommen, ist ein wichtiges Merkmal des Onlinehandels und eines sich verändernden Konsumverhaltens. Abgesehen von einigen wenigen Sonderformen wie Click & Collect handelt es sich dabei um klassischen Versandhandel. Der Versandhandel ist aber keineswegs ein neues Phänomen der digitalisierten Welt: Bereits seit den 1980er Jahren untersuchen Wissenschaftler*innen die verkehrlichen Auswirkungen des Versandhandels, der zunächst von den klassischen Versandkatalogen, später dann zunehmend von weiteren Medien wie dem bis heute existenten Teleshopping über eigens dafür existierende Fernsehkanäle geprägt wurde (Campbell und Thomas 1981; Tacken 1990; Henckel und Nopper 1985). Ist Onlineshopping also nur eine weitere technologische Evolution des schon immer existierenden Wunsches der Konsument*innen, Waren bequem von zu Hause auszusuchen und direkt nach Hause geliefert zu bekommen?

Um die Gründe für den Boom des Onlinehandels zu verstehen, ist es hilfreich, sich die Motive der Kund*innen näher anzuschauen, die hinter einem Einkauf im Internet stehen (vgl. Abb. A).

Es zeigt sich, dass die Kund*innen beim Onlineshopping nicht nur die Bequemlichkeit und den Preis, sondern vor allem auch die nahezu unbegrenzte Auswahl schätzen (Pantano und Viassone 2015). Die scheinbar unendliche Auswahl und Verfügbarkeit unzähliger Produkte in jeder erdenklichen Konfiguration wird insbesondere dadurch gewährleistet, dass Kund*innen mit ihren (immer stärker in der Bevölkerung verbreiteten) digitalen Endgeräten Zugriff auf alle am Markt teilnehmenden Händler*innen haben: weltweit, an jedem Ort und unabhängig von Ladenöffnungszeiten. Die möglicherweise mühselige Suche und der Vergleich all dieser Angebote wird den Kund*innen zunehmend durch *market places* (wie Amazon) oder Preissuchmaschinen erleichtert, bei denen sich auch sehr kleine und hoch spezialisierte Händler*innen im Rahmen einer übergeordneten Plattform integrieren, die bequem durchsucht werden kann. Zudem bieten sie verlässlichere Versand- und Vertragsbedingungen und übergreifend definierte Qualitätsstandards, die das virtuelle Shoppingerlebnis für die Kund*innen attrak-

Die 10 wichtigsten Gründe, warum Menschen lieber im Internet als im Geschäft einkaufen

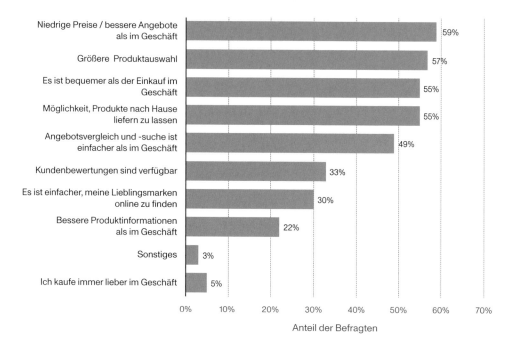

Anteil der Befragten

tiv gestalten. Diese enormen Vorzüge stellen demnach nicht nur eine technologische Evolution des Versandhandels dar, sondern heben ihn auf eine höhere Qualitätsstufe. Selbst der bislang dominierende stationäre Handel ist dieser Entwicklung aufgrund seiner begrenzten Warenverfügbarkeit kaum gewachsen.

Daher ist es wenig überraschend, dass sich der Aufstieg des Onlinehandels auch durch harte Fakten belegen lässt. Seit Jahren wächst der Umsatz im Onlinehandel stetig. Interessant dabei ist, dass diese Umsätze nicht als „Bonus" auf die stationär erwirtschafteten angesehen werden können, sondern dass es offenbar zu Umschichtungen kommt. So erklärt sich, dass 2018 erstmals jeder zehnte Euro nicht mehr stationär, sondern online umgesetzt wurde.

Die gängigen Prognosen sehen keinerlei Ende dieses Trends voraus. Zwar deutet sich in einigen Warengruppen (zum Beispiel bei Büchern) ein gewisser Sättigungseffekt und ein Ende des Onlinewachstums an, in anderen Bereichen (zum Beispiel Sportartikel, Möbel und Autoreifen) werden demgegenüber aber ausgesprochen hohe Dynamiken verzeichnet. Von herausragender Bedeutung wird

A Quelle: Statista / Alexander Kunst. https://de.statista.com/statistik/daten/studie/219677/umfrage/gruende-fuer-online-shopping/ (letzter Zugriff: 26.05.2020).

sein, in welchem Umfang künftig auch die Güter des täglichen Bedarfs (Lebensmittel und Drogerieartikel) online eingekauft werden. Während bei diesen Warengruppen in Deutschland der Onlineanteil noch sehr gering ist (<1 Prozent des Umsatzes) zeigen andere Länder (wie die USA und Großbritannien) hier schon deutlich größere Anteile. Die Chancen des Onlinehandels sind insbesondere bei Gütern, deren Einkauf von Kund*innen nicht als Erlebnis, sondern eher als notwendige Alltagsroutine empfunden wird, prinzipiell groß, sofern hier Vertriebskonzepte gefunden werden, die sie komfortabel von dieser Alltagsaufgabe entbinden können. Denkbar sind dafür zum Beispiel einfache Nachbestellungen und Abodienste (ähnlich wie bei den zeitweise verfügbaren *dash buttons* von Amazon) oder Ansätze des *predictive selling*, bei denen die Konsummuster erkannt und entsprechende Lieferungen ohne Aktionen der Kund*innen ausgelöst werden können.

Vor dem Hintergrund dieser bei Weitem noch nicht ausgeschöpften Potenziale gehen Altenburg et al. (2018) davon aus, dass sich die Umsätze des Onlinehandels bis 2030 noch einmal verdoppeln könnten, wenn ein entsprechendes Wachstum bei den Gütern des täglichen Bedarfs, das heißt *fast moving consumer* goods (FMCG), ausgelöst wird.

Auswirkungen des Onlinehandels auf den stationären Einzelhandel

Die zuvor skizzierten Umsatzverschiebungen können nicht spurlos am Einzelhandel und an den Strukturen der Innenstädte vorbeigehen. Es greift aber zu kurz, pauschal den Untergang der traditionellen Geschäfte zu vermuten. Nachweislich verändert sich der Einzelhandel dahingehend, dass auch stationäre Geschäfte verstärkt versuchen, Onlinevertriebskanäle zu nutzen: *Multi-* oder *Cross-Channeling* heißen hier die Zauberwörter (Beck und Rygl 2015). Dabei wird versucht, die Vorteile des stationären Handels (Warenpräsentation, Beratung und Service) mit der Bequemlichkeit und der Warenverfügbarkeit des Onlinehandels zu verknüpfen. Gerade die großen Filialist*innen zeigen enorme Anstrengungen, sich am Markt behaupten und ihre Gesamtumsätze weitgehend stabil halten zu

Anteil des Onlinehandels am Einzelhandel

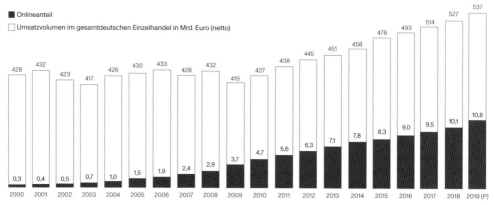

■ Onlineanteil

☐ Umsatzvolumen im gesamtdeutschen Einzelhandel in Mrd. Euro (netto)

(ohne Apotheken, Kfz-, Brennstoff- und Kraftstoffhandel)

können. Gleichwohl dürften sich auch bei ihnen die Umsätze von stationären hin zu Onlinevertriebskanälen spürbar verschieben. Welche Rolle künftig die stationären Filialen in ihrer Wertschöpfung spielen werden, ist heute noch schwer abzuschätzen. Denkbar ist, dass der physische Warenverkauf immer stärker in den Hintergrund tritt und die Filialen nur noch Repräsentations- und Servicezwecke erfüllen, die auch ganz bewusst Entertainmentangebote wie etwa Gastronomie umfassen. Ob dadurch auch deren Netz ausgedünnt wird und Kundenfrequenzen zurückgehen, ist kaum vorherzusagen. Wenn dies der Fall sein sollte, kann es als wahrscheinlich angesehen werden, dass es eher Filialen in Klein- und Mittelstädten sowie jene in B-Lagen sein werden, die von Schließungen betroffen sein werden, während Filialen in Toplagen höchstwahrscheinlich ihren Zweck als Flagship-Stores und Showrooms mit breitem Serviceangebot weiter erfüllen werden.

Dramatischere Entwicklungen sind bei den inhabergeführten Geschäften zu erwarten. Ihnen fehlt oft die innovative und finanzielle Kraft, sich verstärkt auf Onlinekanäle umzustellen, wenn nicht regionale Plattformen zur Verfügung gestellt werden. Zudem dürften ihre Altersstruktur und ihre logistischen Netze unvorteilhaft für die Bespielung dieser Kanäle sein. Daher ist es wenig überraschend, dass beispielsweise der Handelsverband HDE davon ausgeht, dass in den nächsten Jahren bis zu 50.000 dieser Geschäfte verschwinden könnten (Dierig 2018). Dieser Kahlschlag wird insbesondere hoch spezialisierte

B Quelle: Handelsverband Deutschland 2019.

Geschäfte treffen, die oftmals gerade den Charme und das Alleinstellungsmerkmal mancher Innenstädte ausmachen (Hollback-Grömig et al. 2017).

Im Ergebnis kann also davon ausgegangen werden, dass der Filialisierungsgrad in den Innenstädten noch weiter zunehmen wird, während die Identität und der Wiedererkennungswert der Innenstädte weiter an Bedeutung verlieren könnten. Die Geschäfte werden ein breites Angebot an Information, Service und Freizeitwert anbieten müssen, um weiter für Frequenz zu sorgen. Dazu ist ein allgemein attraktives städtisches Umfeld zwingend erforderlich. Lagen, die über diese Voraussetzungen nicht verfügen, laufen Gefahr, nicht nur die inhabergeführten Geschäfte, sondern auch die Filialist*innen zu verlieren. Dies hat also auch zur Folge, dass die Innenstädte einen anderen Charakter bekommen und vom primären Ort des Einkaufens eher zu einem Ort der Freizeitaktivität werden. Umso wichtiger wird es sein, Aufenthaltsfunktionen und Orte der sozialen Interaktionen in den Innenstädten zu stärken. Ein weiterer wichtiger Aspekt wird die Schaffung von Alleinstellungsmerkmalen sein, um sich von anderen Innenstädten abzuheben. Dies widerspricht zum Teil den wegbrechenden speziellen und regionalen Einzelhändler*innen. Im Gegenzug ist daher umso mehr auf Events, Service, Gestaltung und Informationsangebote zu achten, um die Innenstadt aufzuwerten.

Sehr ungewiss ist die Zukunft des stationären Handels des periodischen Bedarfs einzuschätzen. Supermärkte und Drogerien weisen mit ihrem extrem hohen Filialisierungsgrad prinzipiell genug Kraft auf, um innovative Onlinelösungen zu entwickeln, auch wenn dies bislang aufgrund noch eher zurückhaltender Kundennachfrage nur mit mäßigem Erfolg umgesetzt werden konnte. Unter der Annahme, dass Kund*innen künftig dank innovativer Vertriebskonzepte tatsächlich zunehmend auch die Güter des täglichen Bedarfs in Deutschland online kaufen, stellt sich die Frage, welche Auswirkungen dies auf die stationären Filialen hätte. Diese stehen im Gegensatz zu den zuvor diskutierten Branchen vor der Herausforderung, dass sie ihre Filialen nur sehr eingeschränkt durch Information, Service oder gar Entertainment anreichern können: Menschen sehen den Einkauf in einem Supermarkt in der Regel nicht als angenehmen Zeitvertreib, sondern eher als tägliche Notwendigkeit an. Zudem machen Showroom- und Flagship-Konzepte bei standardisierten Produkten nur eingeschränkt Sinn (Ausnahmen bilden Frischwaren und Feinkost mit Beratungs-

Entwicklung Onlineumsatz

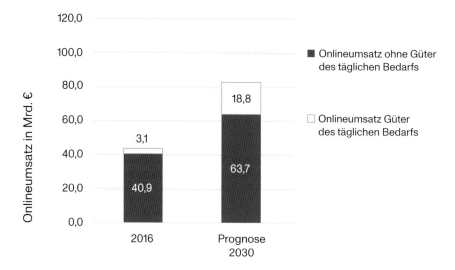

bedarf). Dennoch bieten auch hier neue Technologien Möglichkeiten, den Erlebnischarakter zu erhöhen und zum Beispiel via Inhouse-Navigation und Gamification-Tools Kund*innen zielgerichtet zu den Zutaten ihrer Lieblingsrezepte zu steuern.

Es könnte aber durchaus sein, dass die Filialen im täglichen Bedarf ihre Funktion deutlich einbüßen könnten. Dennoch ist damit nicht gesagt, dass sie verschwinden werden, denn in den aktuellen Überlegungen der Filialist*innen stellen sie vielfach ein logistisches Grundgerüst für die Feinverteilung der künftigen Bestellungen dar. Die Filialen fungieren demnach als kundennahes Lager, aus dem heraus die Bestellungen mit vertretbarem Aufwand abgewickelt werden können. Insofern kann es als wahrscheinlich angesehen werden, dass diese Standorte größtenteils nicht aufgegeben werden, aber auch vermehrt zu Abhollagern mit Zusatzservices wie einem Café, einer Post oder einer Bank umorganisiert werden könnten. Inwieweit dabei das Netz der Filialen tatsächlich ausgedünnt würde, kann heute noch nicht beantwortet werden. Gerade in dünn besiedelten Regionen dürften die stationären Angebote aber durchaus in Gefahr sein, da hier andere logistische Konzepte bei der Auslieferung deutlich wirtschaftlicher operieren können. Letztendlich wird vor allem die Kundenakzeptanz im Lebensmittelbereich darüber entscheiden, welchen Anteil der Besorgungen der

c Quelle: Altenburg et al. 2018.

Gang in ein stationäres Geschäft abdeckt und ob vielleicht doch nur Luxus- und Routinekäufe online abgewickelt werden.

Ressourcenschonenderer Lieferverkehr: Ist das möglich?

In den Kernstädten zeigt sich der Boom des Onlinehandels vor allem daran, dass die Lieferverkehre zunehmend als Belastung wahrgenommen werden. Da der Onlinehandel Endkundengeschäft ist, entsteht dabei die bemerkenswerte Situation, dass sich die Lieferverkehre nicht mehr nur auf die Kernstädte beschränken, sondern auch reine Wohngebiete betreffen, in denen die für Liefervorgänge nötige Infrastruktur wie Lieferzonen in der Regel nicht vorhanden ist. Die dadurch entstehenden Konflikte, Verkehrsbehinderungen und Gefahrensituationen, zum Beispiel durch Parken in zweiter Reihe, sowie durch den zusätzlichen Verkehr induzierter Lärm und erzeugte Emissionen werden zunehmend als Belastung empfunden, auch wenn man selbst durch seine eigenen Onlinekäufe zu dieser Situation beiträgt. Angesichts der weiter stark wachsenden Lieferverkehre deutet sich für die Groß- und Mittelstädte schon heute ein erheblicher Handlungsbedarf an, wenn ein Verkehrskollaps und eine Entwertung der Kernstädte und Wohngebiete durch die beschriebenen Konfliktlagen vermieden werden soll (Groth et al. 2019).

Erfreulich ist, dass diverse Pilotprojekte nachgewiesen haben, dass Lieferverkehre mit alternativen Konzepten durchaus schonender abgewickelt werden können (Browne et al. 2012). Wichtig zu bemerken ist hier, dass die reine Elektrifizierung der Lieferfahrzeuge nicht die Lösung sein kann: Zwar werden dadurch die Emissionen vor Ort spürbar gesenkt, aber elektrische Lieferfahrzeuge beanspruchen ebenfalls die Infrastruktur. Zur Vermeidung von Konflikten müssen daher deutlich weitergehende systemische Konzepte verfolgt werden. Zum einen bietet sich der Einsatz deutlich kleinerer Fahrzeuge an. Hier gelten insbesondere die Lastenräder als großer Hoffnungsträger. Sie können nachweislich einen recht hohen Anteil der *Business-to-consumer*-Lieferungen abwickeln, stoßen aber überall dort an ihre Grenzen, wo große Aufkommensschwerpunkte und/oder lange Touren zu bedie-

Digitalisierung und neue Services in der Logistik
Sven Altenburg, Sören Groth, Judith Kurte, Dirk Wittowsky

nen sind. Für die Feinverteilung kommen sie aber überall dort infrage, wo sie schon in unmittelbarer Kundennähe für ihre Touren bestückt werden können. Daher sind sie auf sogenannte Mikrodepots angewiesen. Diese können entweder im gebauten Bestand (zum Beispiel Leerstände) oder auch mithilfe von Containern auf Freiflächen realisiert werden, auch wenn sich die Standortsuche in der Praxis vor allem in den meist hoch belasteten Kernstädten die für derartige Lieferkonzepte aufgrund ihrer Dichte besonders geeignet wären, als besonders schwierig darstellt.

In besonders stark belasteten Gebieten oder in solchen, die über völlig unzureichende Voraussetzungen zur Abwicklung von Lieferverkehren verfügen, kann es ein wirksames Mittel sein, die Heimbelieferungen durch eine Zustellung an *Pick-up-Points* zu ersetzen. Dieser Ansatz kann geeignete Gebiete nahezu vollständig entlasten. Voraussetzung dafür ist, dass den Anwohner*innen Infrastrukturen angeboten werden, an denen ihre Sendungen zentral (und anbieterübergreifend!) zugestellt werden. Dabei ist es von entscheidender Bedeutung, dass diese Übergabepunkte möglichst wenig zusätzlichen Verkehr bei der Abholung induzieren. Daher bieten sich Standorte an, die auf den täglichen Wegen liegen, beispielsweise Bahnhöfe, Haltestellen des ÖPNV, Handel, Schulen, Kindergärten und Arbeitsstätten. Darüber hinaus sind auch Varianten von *Pick-up-Points* denkbar, bei denen diese Infrastrukturen gezielt in Einzelhandelskonzepte integriert werden. Teile des Einzelhandels sehen sie als möglichen Frequenzbringer. Daher ist es nicht verwunderlich, dass zum Beispiel große Supermarktketten und Baumärkte vielfach Packstationen und vergleichbare Infrastrukturen auf ihren Parkplätzen errichten lassen. Auch das *Cross-Channel*-Vertriebskonzept *Click & Collect* erfreut sich großer Beliebtheit bei diversen Einzelhändler*innen, weil so die Möglichkeit geschaffen wird, Kund*innen für weitere Angebote zu begeistern, wenn sie erstmal im Laden sind. Auf Basis dieser Beobachtungen könnten vermehrt Konzepte im bestehenden Einzelhandel entwickelt werden, die allein schon durch die Abholvorgänge eine gewisse Besucherfrequenz aufweisen. Basierend auf diesen Besucherströmen könnten dann diverse weitere Angebote tragfähig werden (zum Beispiel Gastronomie oder Dienstleistungen). Gerade in Mittelzentren könnten auf diese Weise Kundenfrequenzen vergleichsweise stabil gehalten werden, wenn um die Abholvorgänge herum weitere Aktivitäten und Erledigungen ermöglicht werden. Gleichwohl muss es dem ansässigen Einzelhandel gelingen, seine nötigen Umsätze auch außerhalb der klassischen Vertriebskonzepte zu sichern.

Möglicherweise können künftig auch anbieterneutrale digitale Lieferplattformen einen Beitrag zur schonenderen Abwicklung der Lieferverkehre leisten. Ziel dieser Konzepte ist es, für jede einzelne Sendung in Echtzeit und unter Verwendung aller zur Verfügung stehenden Ressourcen die optimale Zustelllösung zu finden. Dabei wird der Erkenntnis Rechnung getragen, dass alle operierenden Lieferdienste zwar aus einzelbetrieblicher Sicht hoch effizient arbeiten, das Gesamtsystem ist es hingegen nicht. Ein Beispiel: Wenn ein Paket von einem Kunden an seine unmittelbare Nachbarin versendet wird, wird es eben nicht direkt zugestellt, sondern nimmt stets den Umweg über eine regionale Zustellbasis. Digitale Plattformen haben demgegenüber eher den Anspruch, direkte Lösungen anzubieten, die auch fremde Kapazitäten (zum Beispiel Handwerker*innen und Stückgutlogistiker*innen) beim *matching* von Angebot und Nachfrage einbeziehen können. Selbstverständlich sind diese Plattformen auf die Bereitschaft möglichst vieler Akteure der regionalen Transportwirtschaft zur Kooperation angewiesen. Ist diese vorhanden, können sie die gesamtsystemische Effizienz aber erheblich steigern.

Auch in ländlichen Regionen könnten digitale Lieferplattformen einen erheblichen Nutzen bringen (Hangebruch et al. 2019). Hier besteht die Herausforderung nicht in der Senkung der Verkehrsbelastung, sondern eher in den hohen Kosten, die den Lieferdiensten bei der Versorgung dünn besiedelter Regionen entstehen. Können hier die Kosten nicht gesenkt werden, so besteht die Gefahr, dass die Leistungsqualität eingeschränkt werden könnte. Dies könnte zum Beispiel dadurch geschehen, dass auch im ländlichen Raum eine Heimzustellung nur mit Zusatzgebühren angeboten wird und die Standardzustellung an einen Übergabepunkt erfolgt. Deren Netz ist im ländlichen Raum aber deutlich disperser. Abholungen würden in vielen Fällen zusätzliche (Auto-) Verkehre auslösen. Daher stellen Plattformen auch hier eine interessante Variante dar, um Lieferungen nicht zwangsläufig über feste Touren abzuwickeln, sondern sie nach Möglichkeit mit ohnehin bestehenden anderen Verkehren (zum Beispiel Pflegedienste, Handwerker*innen) zu koppeln.

Eine weitere Variante zur kostendeckenden Beliefe-rung des ländlichen Raums stellt der Einsatz von auto-matisierten Lieferfahrzeugen dar: Unbemannte luft- oder landgebundene Drohnen können durch die entfallenden Personalkosten auch lange Touren mit wenigen Stopps wirtschaftlich attraktiv machen. Dies gilt umso mehr, wenn auch größere automatisierte Einheiten wie rollende Packstationen zum Einsatz kommen, die auch in der Lage sind, möglichst viele Kund*innen auf einer Tour zu belie-fern. Solche automatisierten Konzepte erscheinen im urbanen Raum aufgrund des dichten und komplexen Ver-kehrs in Verbindung mit hohen regulatorischen Auflagen als wenig realistisch. In ländlichen Räumen stellen sie hingegen fraglos eine Möglichkeit dar, auch Menschen in dispersen Regionen nicht nur am Warensortiment des Internets teilhaben zu lassen, sondern sie auch in hoher Qualität (bezogen auf Geschwindigkeit und Zuverlässig-keit) und zu darstellbaren Preisen beliefern zu können. Somit könnte die Versorgung des ländlichen Raumes auf-gewertet und ein Beitrag zur Herstellung gleichwertiger Lebensverhältnisse geschaffen werden. Dabei ist stets zu bedenken, dass jeder Euro, der im Internet ausgegeben wird, einen Euro ersetzt, der ansonsten Grund- oder Mit-telzentren zugute gekommen wäre, die auf die Kaufkraft des ländlichen Einzugsgebietes angewiesen wären. Die Frage der Raumwirksamkeit und der Abwägung von sied-lungsstrukturellen Vor- und Nachteilen ist also sehr kom-plex und bedarf weiterer Forschung.

Wird der Onlinehandel die Stadt-Land-Beziehungen verändern?

Die Schaffung gleichwertiger Lebensverhältnisse in der Stadt und auf dem Land ist nach wie vor eine grundle-gende Maxime der Raumentwicklung. Es stellt sich die Frage, inwieweit der Onlinehandel dazu einen Beitrag leis-ten kann oder ob er das bestehende Gefälle zwischen Stadt und Land sogar noch verstärkt. Zunächst kann dem Onlinehandel attestiert werden, dass er auch ländlichen Regionen Zugang zu einem weltweit verfügbaren qualita-tiv hochwertigen Warenangebot verschafft, der ansonsten vor Ort nicht gewährleistet wäre. Dies kann durchaus als Beitrag zu gleichwertigen Lebensverhältnissen angesehen werden, birgt aber auch gewisse Gefahren.

Vor dem Aufstieg des Onlinehandels wurden die ländlichen Räume durch die Mittel- und Grundzentren mitversorgt. Die dortigen Geschäfte haben die vor Ort zumeist unzureichenden Angebote gerade beim aperiodischen Bedarf ergänzt. Fraglos waren damit auch vergleichsweise hohe Verkehrsleistungen verbunden, wenn für bestimmte Erledigungen ein Weg in den nächsten zentralen Ort unternommen werden musste. Diese Verkehre könnten durch eine Nutzung des Onlinehandels entfallen. Gleichzeitig können aber die Mittel- und Grundzentren in ihrer Versorgungsfunktion grundsätzlich bedroht werden. Naturgemäß kann der dortige Einzelhandel nicht mit der Angebotsvielfalt des Internets, aber auch nicht mit der diversen Entertainment-Funktion der Oberzentren konkurrieren. Dies könnte dazu führen, dass sie von Kund*innen zunehmend gemieden werden, wenn die meisten Besorgungen online erledigt und für die freizeitorientierte Shoppingtour eher der (weite) Weg ins Oberzentrum gewählt wird. Somit könnten die Orte geringerer Zentralität große Teile ihrer Kundenbasis verlieren und somit könnte eine Verödung der Innenstädte einsetzen, wenn die lokale Kaufkraft alleine den Einzelhandelsbesatz nicht mehr stützen kann.

Diese Gefahr wird sich gerade in den Grundzentren noch erheblich verschärfen, wenn tatsächlich auch Güter des täglichen Bedarfs verstärkt online eingekauft werden. Oftmals sind es kleine Supermärkte und Drogerien, die in sehr kleinen Ortskernen für die nötige Frequenz sorgen und somit die Vitalität dieser Standorte ausmachen. Möglicherweise können die Grundzentren als Aktivitätsort komplett infrage gestellt werden. Diese Entwicklungen müssen aus Sicht einer ausgewogenen Raumplanung mit Bedacht beobachtet werden. Zwar besteht die Chance auf weniger Einkaufsverkehre und eine umfassende Güterversorgung des ländlichen Raumes, dies darf aber nicht dadurch realisiert werden, dass die Grund- und Mittelzentren ihre Funktion verlieren und dadurch geschwächt werden. Wenn der Einzelhandel wegbricht, steht zu befürchten, dass auch weitere Elemente der Daseinsvorsorge (kulturelle Angebote, Freizeitangebote, ärztliche Versorgung usw.) in Mitleidenschaft gezogen werden.

Literatur

- ALTENBURG, S.; KIENZLER, H.-P.; ESSER, K.; KURTE, J.; WITTOWSKY, D.; GROTH, S. ET AL. (2018): Verkehrlich-städtebauliche Auswirkungen des Online-Handels. Wie können die zunehmenden Lieferverkehre in den Städten konfliktfrei abgewickelt werden? In: Internationales Verkehrswesen 70 (2), S. 24–27.

- BECK, N. UND RYGL, D. (2015): Categorization of multiple channel retailing in Multi-, Cross-, and Omni-Channel Retailing for retailers and retailing. In: Journal of Retailing and Consumer Services 27, S. 170–178.

- BROWNE, M.; ALLEN, J., NEMOTO; T., PATIER, D., UND VISSER, J. (2012): Reducing Social and Environmental Impacts of Urban Freight Transport: A Review of Some Major Cities. In: Procedia – Social and Behavioral Sciences, 39, S. 19–33.

- CAMPBELL, J.; THOMAS, H. (1981): „The Videotext Marketplace".

- DIERIG, C. (2017): Deutschlands Innenstädte drohen zu veröden, https://www.welt.de/wirtschaft/article165248634/Deutschlands-Innenstaedte-drohen-zu-veroeden.html (letzter Zugriff: 24.05.2020).

- GROTH, S.; KURTE, J.; WITTOWSKY, D. (2019): Boom der Lieferverkehre auf der letzten Meile. In: RaumPlanung 202, H. 3/4, S. 22–29.

- HANGEBRUCH, N.; OSTERHAGE, F. UND WIEGANDT, C. (2019): Onlinehandel in ländlichen Räumen. In: RaumPlanung 202, H. 3/4, S. 22–29.

- HENCKEL, D. UND NOPPER, E. (1985): Einflüsse der Informationstechnologie auf die Stadtentwicklung. In: Die Städte in den 80er Jahren, Wiesbaden: VS Verlag für Sozialwissenschaften, S. 196–213.

- HOLLBACH-GRÖMIG, B. ET AL. (2017): Online-Handel – Mögliche räumliche Auswirkungen auf Innenstädte, Stadtteil- und Ortszentren.

- PANTANO, E. UND VIASSONE, M. (2015): Engaging consumers on new integrated multichannel retail settings: Challenges for retailers. In: Journal of Retailing and Consumer Services 25, S. 106–114.

- TACKEN, M. (1990): „Effects of Teleshopping on the Use of Time and Space".

Digitalisierung und neue Services in der Logistik

Sven Altenburg, Sören Groth, Judith Kurte, Dirk Wittowsky

II
RAUMPOLITIKEN UND NEUE ZENTRALITÄTEN

Uwe Altrock

Das Zentrale-Orte-Konzept in der politischen Praxis

Uwe Altrock

geboren 1965 in Memmingen, Unterallgäu, ist Dr.-Ing., Bauassessor, Diplom-Ingenieur für Stadt- und Regionalplanung und Diplom-Mathematiker. Seit 2006 ist er Professor an der Universität Kassel und leitet dort seit 2015 das Fachgebiet Stadterneuerung und Planungstheorie. Von 2003 bis 2006 war er Juniorprofessor an der BTU Cottbus, von 2002 bis 2003 Vertretungsprofessor an der TU Harburg. Seine Forschungsschwerpunkte sind urbane Governance und städtebauliche Leitbilder der Urbanisierung im nationalen und internationalen Kontext, Stadterneuerung, Planungstheorie und Planungsgeschichte.

Das Zentrale-Orte-System (ZOS) hat seit seiner Formulierung in den 1930er Jahren eine wesentliche Bedeutung für die deutsche Raumordnung. Für die Landes- und Regionalplanung in der Bundesrepublik stellte es über die Ausweisung von Ober-, Mittel- und Grundzentren für lange Zeit sogar einen fundamentalen Kern dar – wurde über die zugeschriebene Zentralität eines Orts doch immer wieder überörtlich Einfluss, etwa auf die kommunale Planung der Siedlungsflächenentwicklung und die Ansiedlung von raumrelevanten Großvorhaben, genommen. Das analytische Konzept war bereits unmittelbar nach der Veröffentlichung der ihm zugrunde liegenden wirtschaftsgeografischen Untersuchungen von Walter Christaller im Rahmen der Ostraumplanung der Nationalsozialist*innen normativ gewendet worden. Aus der Beobachtung, dass sich Zentralitätsmerkmale von Städten hierarchisch anzuordnen scheinen, wurde abgeleitet, dass sich eine derartige Struktur für die wirtschaftliche und politische Kolonisierung sehr gut eigne – mit allen bekannten und vorstellbaren Missbrauchstatbeständen.

Die Übernahme in das bundesdeutsche System der Raumordnung muss als ein Ergebnis vielfältiger politisch-administrativer Kontinuitäten nach dem Zweiten Weltkrieg gesehen werden. Diese Übernahme wäre allerdings kaum vorstellbar gewesen, wenn das ZOS nicht aus sich heraus eine derart hohe intuitive Plausibilität ausgestrahlt hätte. Letztere wirkt – so die Kernthese – nachhaltig: alternative formale Steuerungsansätze der Siedlungsentwicklung auf der überörtlichen Ebene, in einem stark von der kommunalen Planungshoheit geprägten Raumplanungssystem, sind bis heute kaum vorstellbar.

Zentrale Orte in der Raumordnung der alten Bundesrepublik – ein Missverständnis?

Mit seiner Entwicklung wurde bereits die Frage aufgeworfen, wie weit das ZOS die räumliche Siedlungsstruktur beeinflussen kann. Eine kritische Einschätzung des ZOS wird sich immer damit auseinanderzusetzen haben, dass sich eine integrale überörtliche Planung gegenüber der örtlichen Planung und den vielfältigen Fachplanungen nur schwer durchsetzen kann. Bleibt sie lediglich eine Art

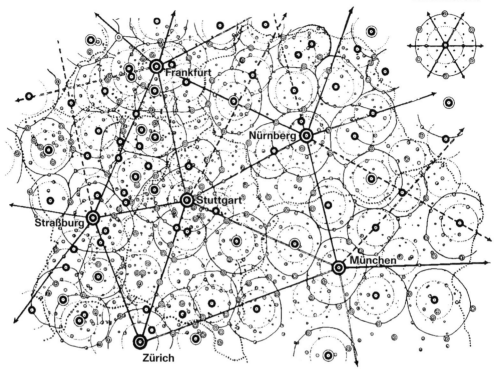

Frankfurt

Nürnberg

Stuttgart

Straßburg

München

Zürich

protokollierende Übersicht der groben Flächennutzungs-
festlegungen in ihrem Zusammenspiel auf einem klar
abgegrenzten Territorium, also eine integrale überörtliche
Planung, die offensichtliche Flächenkonflikte aufzeigt,
Flächenressourcen benennt und bewertet sowie Entwicklungsmöglichkeiten abstecken soll – zur Durchsetzung
eigener Vorstellungen aber nur über schwache Instrumente verfügt –, dann wird sie der Ansiedlungskonkur-
renz eigennützig handelnder selbstbewusster Kommunen
nur wenig Steuerungsmacht entgegensetzen können.

Traditionell ist die überörtliche Planung in ihrer
Logik gar nicht auf die umfassende Durchsetzung eigener
Ziele angelegt. Vielmehr ist sie als Baustein eines perfor-
manzorientierten Systems (Faludi 2000) von vielfältigen
Abstimmungslogiken zu verstehen, bei dem es eher
darum geht, die handelnden Akteure auf unterschiedlichen Ebenen dazu zu zwingen, die möglichen Folgen
ihres Handelns nicht nur umfassend zu reflektieren,
sondern sie auch zu einer möglichen Hinterfragung der
eigenen Praxis durch die Bereitstellung fachlicher Kon-
textinformationen zu befähigen. So erlaubt erst das

A System der zentralen Orte
in Süddeutschland,
Walter Christaller, 1933

„Zusammenzeichnen" eines integrierten überörtlichen Plans, und sei er noch so stark von den rechtsverbindlichen Flächennutzungen im Einzelfall abstrahiert, die Bezugnahme der allgemeinen Siedlungstätigkeit auf punktuelle, lineare und flächenhafte Infrastrukturen über die zeitliche Dynamik der Entfaltung von Standortqualitäten. Und er macht deutlich, wo über das Gebiet einzelner Gemeinden hinaus im Geflecht von Siedlungsflächen und Nichtsiedlungsflächen deren wechselseitige Beziehungen, Schutzbedürfnisse und großräumige Muster bestehen, die es langfristig in der Raumordnung zu berücksichtigen gilt.

Bevor beispielsweise die Lokalisierung von Windkraftanlagen zum Thema wurde, haben Zentrale Orte für lange Zeit den wesentlichen Kern der Regional- und Landesplanung ausgemacht. In einer als Argumentationsgrundlage für die Beurteilung raumbedeutsamer Vorhaben konzipierten überörtlichen Planung war an sie auch eine Reihe von Prüf- und Entscheidungsroutinen geknüpft, in der die integrierte überörtliche Planung überhaupt ins Spiel kam. Dies galt etwa für die Neuausweisung von Siedlungsflächen und die Genehmigung einer Ansiedlung von Einzelhandelszentren auf der grünen Wiese, aber tendenziell auch für informelle Entwicklungsüberlegungen wie die Ansiedlung von Hochschulen oder ähnlicher strukturpolitisch motivierter Investitionen der Länder – wenngleich sich die jeweiligen Praktiken regional enorm unterschieden.

Die Regionalplanung stellt daher immer nur den institutionellen Rahmen, in dem sich kommunale Gebietskörperschaften im Zusammenspiel mit überörtlichen Einrichtungen auf einen planerischen Mehrwert verständigen. Dieser umfasst die gemeinsame weitgehende Freihaltung von hochrangigen Erholungsräumen, die Besiedlung und deren Entwicklung unter Berücksichtigung unterschiedlichster Ansprüche, die Freizeitnutzung, den Artenschutz, die Kooperation zwischen Ballungskernen und Randbereichen bei der standortbezogenen Arbeitsteilung sowie der Zusammenarbeit der Kommunen etwa im Bereich des öffentlichen Verkehrs. Die in der Raumordnung bisweilen mitschwingende Hoffnung darauf, dass die Christaller'schen Erkenntnisse beinahe naturgesetzliche und überzeitliche Gültigkeit besitzen könnten, war angesichts der raumstrukturellen Vielfalt immer schon trügerisch und eigentlich nicht gerechtfertigt.

Aktuelle Flächennutzungsstrukturen in Deutschland im Fokus widerstreitender Kräfte und der Bedeutungsverlust des ZOS

Man kann also das ZOS und die Regionalplanung auf vielfältige Weise kritisieren und deren Wirkungsfähigkeit anzweifeln. Im Folgenden sollen die mannigfaltigen raumstrukturellen Veränderungen im Mittelpunkt stehen, die seit dem erstmaligen Beschluss vieler Landesplanungsgesetze in der Nachkriegszeit und des Bundesraumordnungsgesetzes 1965 die Ausgangsbedingungen für die Raumordnung umfassend verändert und die Wirkungsfähigkeit der überörtlichen Planung zusätzlich eingeschränkt haben. Infolge dieser Gesetze war eine Bedeutungsabnahme des ZOS zu beobachten, das angesichts der ohnehin auf anderen Feldern schon früher in vielen Bundesländern schwach ausgeprägten Rolle der Regionalplanung ihren Kern infrage stellte.

Der Orientierungsrahmen des ZOS hat auf lange Sicht durch vielerlei raumstrukturelle Veränderungen immer mehr an Gewicht verloren. Hierzu zählen Entwicklungen, die in ganz unterschiedliche Richtungen gehen und die Grundlagen dessen infrage gestellt haben, was noch zu Zeiten Christallers wissenschaftlich-analytisch bestätigt wurde – ohne dass irgendjemand damals hätte sagen können, wie lange und für welche raumstrukturellen Kontexte diese in Zukunft von Relevanz sein würden: die hierarchische Gliederung eines Territoriums durch Zentren unterschiedlicher Bedeutungsebenen, die sich überhaupt begrifflich ansatzweise in einheitliche Kategorien wie Ober-, Mittel- und Grundzentren fassen lassen.

In diesem Zusammenhang sind Verstädterungs- und Suburbanisierungstendenzen zu erwähnen, die in größeren Ballungsräumen, wie im Ruhrgebiet, wegen der Nähe großer Städte zueinander drastische Bedeutungsunterschiede oder auch in eher monozentrisch organisierten Ballungsräumen wie Frankfurt a. M., Stuttgart oder Hannover klare Abgrenzungen von Einzugsgebieten überprägten, verwischten und schließlich eine klare Zentrenhierarchie im Grunde unmöglich machten. Die Metropolisierungstendenzen im vereinigten Deutschland des 21. Jahrhunderts taten das Ihrige, um diese Hierarchie weiter infrage zu stellen. Auch wenn die gesamtdeutsche Raumordnungsdebatte – ohne wirkliche Kompetenzen – hierauf in verschiedenen Initiativen und insbesondere mit der Lancierung der Begriffe Metropolräume und Verantwortungsgemeinschaften versuchte, den veränderten Entwicklungen Rechnung zu tragen, wurde die Situation für die formelle überörtliche Planung dadurch nicht einfacher. Starke Metropolräume entwickelten informelle Initiativen zur Umsetzung ihrer Ziele, sodass formelle regionalplanerische Instrumente weiter an Bedeutung verloren – mit der Ausnahme einiger Stadt-Umland-Verbände und der ihnen zuzuordnenden Planungsinstrumente, etwa um Hannover oder Frankfurt a. M. Aber auch hier spielt das ZOS keine wesentliche Rolle mehr.

Der Verlust an Zentralität im Rahmen von Peripherisierung und Kaufkraftverlust in Brandenburg, Sachsen-Anhalt oder Mecklenburg-Vorpommern schwächte in den weniger dicht besiedelten Teilen Ostdeutschlands die Rolle der Grundzentren erheblich. Im Zusammenspiel mit der gegenüber Ballungsräumen vergleichsweise schlechten Erreichbarkeit zentraler Einrichtungen und der Debatte um die Zukunft der Daseinsvorsorge und der „gleichwertigen Lebensverhältnisse" im Bundesgebiet rückte zusehends die strukturelle Benachteiligung peripherer Räume ins Blickfeld (zuletzt Sanches 2019). Das deutsche Siedlungsgefüge hat sich – beschleunigt durch den radikalen Strukturwandel in Ostdeutschland – inzwischen noch stärker polarisiert, als dies beispielsweise noch zu Zeiten der Diskussion über das Süd-Nord-Gefälle in der alten Bundesrepublik der 1980er Jahre der Fall war.

Hinzu kam die vielschichtige Auslegung des ZOS und seine differenzierte Anwendung in der Praxis. Während wenige Länder mit starker raumplanerischer Tradition wie Nordrhein-Westfalen planerische Steuerung auf der überörtlichen Ebene zwar ernst nahmen, dabei allerdings starke Großstädte und deren Vertreter*innen in den relevanten überörtlichen Planungsversammlungen mitmischten, gingen Bundesländer wie Bayern einen anderen Weg. Dieser war durch eine immer stärkere Aufwertung auch weniger bedeutsamer Zentren zum Oberzentrum und eine kollektive Ablehnung der Steuerungsfunktion durch zunehmend wirtschaftlich selbstbewusst gewordene Städte auch im eher ballungsfernen Raum in Bayern geprägt. Zwar gelang es, das ZOS über lange Zeit als attraktiven Orientierungsrahmen am Leben zu erhalten, obwohl einige Mittelstädte versuchten, über die nur bedingt gerechtfertigte Ausweisung als Oberzentren in den Genuss von Privilegien der Landesentwicklung zu kommen. Man kann jedoch infolge dieser Entwicklungen fragen, ob eine überörtliche Steuerung der Siedlungsentwicklung noch angestrebt wird, wenn viele Städte mit einer so hohen Zentralitätsstufe versehen werden, dass in ihnen auch solche Einrichtungen angesiedelt werden dürfen, die ansonsten nur für Städte allerhöchster Zentralität vorgesehen sind. Wie schon in früheren Jahrzehnten, so formuliert die sektorale Fachplanung weiterhin Flächenansprüche an die Regionalplanung, die von letzterer nur zur Kenntnis genommen, aber kaum beeinflusst werden können. Von besonderer Bedeutung ist hier sicher nach wie vor die Beeinflussung von Standortfaktoren durch die Verkehrs- und Bildungsinfrastruktur. In diesem Zusammenhang müssen weitere Veränderungstendenzen konstatiert werden, die die Stabilität und die Funktionslogik des ZOS deutlich erschüttern. Im Hinblick auf den Flächenverbrauch stellt zum Beispiel das über die Jahre gewachsene Spannungsfeld von Flächenverbrauchseinschränkungen auf der einen und Flächenmobilisierung auf der anderen Seite ein großes Problem dar, das hier nicht im Einzelnen diskutiert werden kann. Es mag genügen, darauf hinzuweisen, dass sich in diesem Bereich immer wieder externe Einflüsse aus der Wirtschafts-, der Wohnungs-, der Infrastruktur- und der Steuerpolitik überlagern. Teils beflügeln sie den örtlichen Flächenverbrauch, teils schränken sie ihn ein, ohne dass hier eine klare längerfristige Linie erkennbar wäre. Auch wenn in den letzten Jahren die Flächenneuinanspruchnahme deutlich zurückgegangen ist, zeigen die Diskussionen um Bürokratieabbau und eine Erleichterung von Genehmigungsverfahren (vgl. etwa die Einbeziehung von Außenbereichsflächen in die Kulisse möglicher Flächen für eine beschleunigte Bebauungsplanaufstellung nach § 13b Baugesetzbuch), dass etwa das raumordnerische Ziel des Flächensparens im Sinne einer nachhaltigen Flächenkreislaufwirtschaft immer wieder durch exogene Einflüsse infrage gestellt wird – und zwar nicht zuletzt auch in Gemeinden, denen gerade nicht durch ihre hohe Zentralität eine besondere Entwicklungsperspektive zuzubilligen ist.

Weiterhin sind traditionelle Versorgungssysteme durch die Privatisierung und Effizienzorientierung im Bereich der öffentlichen Infrastrukturen einerseits sowie die Digitalisierung andererseits in erheblicher Veränderung begriffen (BMI/BBSR 2019). So sind durch den Onlineeinzelhandel nicht nur die Einzelhandelsstandorte

in den traditionellen Zentren – gerade Grund- und Mittelzentren – stark bedroht, sondern generell dehnen sich
Einzugsgebiete von bestimmten Einrichtungen beträcht-
lich aus. Betrachtet man günstig gelegene Distributions-
und Logistikstandorte wie Bad Hersfeld, wird Zentralität
auf einmal gänzlich neu bestimmt, was die Flächenpla-
nung vor neue Herausforderungen stellt und das ZOS
anzweifelt – selbst dort, wo neue Zentralität entsteht–,
und nur in eingeschränktem Maß befruchtende Standort-
effekte etwa als hochkarätige Arbeitsplatzcluster oder
Orte mit hoher Attraktivität für die lokale Versorgung
erwarten lässt. Ähnliche Formen der wenig standortab-
hängigen Distribution sind derzeit durch die Digitalisierung weiter Teile des Handels zu beobachten. So
erodieren inzwischen die Zentralitätseffekte des ortsge-
bundenen Einzelhandels in vielen Branchen – und das
sowohl in Innenstädten als auch in Shopping-Centern.
Wie ein zentraler und die Städte stabilisierender Einzel-
handelscluster zukünftig beschaffen sein wird, wenn etwa
Buchläden kaum noch vorzufinden sind und Bekleidungs-
artikel zu einem großen Teil im Internet gekauft werden,
ist noch völlig unklar.

Hinzu kommt, dass die außerhalb der bedeutende-
ren Zentren ohnehin weniger ausgeprägten Strukturen im
Dienstleistungssektor, etwa in der Finanz- oder Versiche-
rungsbranche, derzeit in beträchtlichem Maße durch die
Folgen der Digitalisierung einem Arbeitsplatz- und Stand-
ortabbau ausgesetzt sind, der die kleineren Zentren
schwächt. Neben den versorgungs- und standortpoliti-
schen Entscheidungen, für die das ZOS eine Orientierung
bei der Ansiedlung darstellt, darf die arbeitsmarktpoliti-
sche Funktion bei der Verteilung öffentlicher Einrichtungen auf bestimmte Zentren nicht unerwähnt bleiben.
Auch hier sind die Möglichkeiten, mithilfe strukturpoli-
tischer Entscheidungen das Standortgefüge des ZOS zu
stabilisieren, wohl eher begrenzt.

Für das ZOS ist insgesamt entscheidend, dass es in
der Vergangenheit darum ging, etablierte Standorte vor
unfairer Konkurrenz zu bewahren, ohne gegen die Grund-
regeln der Marktwirtschaft zu verstoßen; also eine
Abwehr unerwünschter dezentraler Angebote, während
heute die Raumordnung versuchen müsste, auch kleinste
Potenziale für die Stabilisierung von Zentren zu erhalten
und zu nutzen – ein Ansatz, der sich eher für eine quar-
tiersbezogene Städtebauförderpolitik eignet als für den
überörtlichen Zugriff der Raumordnung.

Betrachtet man die Entwicklung im Bildungs- oder Gesundheitssektor, dann wird deutlich, dass sich die Realentwicklung nur schwer mit dem ZOS in Einklang bringen lässt: Private Einrichtungen, die immer stärker im Kommen sind, haben ihre ganz eigenen Standortlogiken und Spezialisierungen, sodass die Ausbildung eines klassischen Standortgefüges nach Zentralitätshierarchien nicht unbedingt zu erwarten ist. Erfordert die Qualitätssicherung im Krankenhauswesen eigentlich (durch Konzentration der verfügbaren Betten auf weniger leistungsfähige Standorte) die Schließung einer Vielzahl von Standorten, so stellt sich die Frage, ob nicht andere Gesichtspunkte in den Vordergrund treten und letztlich eine Orientierung am ZOS aufgegeben wird. Dies gilt in diesem Bereich in besonderem Maße, da Versorgung nicht mehr über die schnelle Erreichbarkeit durch den privaten oder öffentlichen Verkehr definiert werden kann, da die Entfernungen so groß werden, dass der Transport ins Krankenhaus oder die Behandlung im akuten Krankheitsfall ganz anders als bisher organisiert werden müssten (Albrecht 2016; Neumeier 2018). Ohnehin sieht das ZOS keinen schlüssigen Verteilungsmechanismus für das Wegfallen von Einrichtungen wie Krankenhäusern vor, der aufgrund von Schrumpfungstendenzen in peripherisierten Räumen oder Reorganisationen bestimmter Elemente der Daseinsvorsorge notwendig scheint.

Ausblick

Angesichts der Erosion bedeutender Funktionen in traditionellen Zentren stellt sich die Frage, welche Bedeutung dem Versuch einer Clusterbildung auf unterschiedlichen Hierarchiestufen, den das ZOS über Jahrzehnte unternommen hat, künftig noch zukommen wird. Schon die in vielen überörtlichen Plänen dargestellten Zentren in „Funktionsteilung" deuten darauf hin, dass vielerorts kaum noch die kritische Masse dafür gegeben ist, die es rechtfertigen würde, von einem leistungsfähigen Zentrum zu sprechen. Außerdem sind durch die Digitalisierung und die breite Verfügbarkeit von Verkehrsmitteln vielfältige Möglichkeiten für eine Versorgung der Bevölkerung gegeben. Die Sicherstellung der Daseinsvorsorge erfordert dennoch in peripheren Räumen neue Ansätze (ARL 2016).

Die Debatte darüber ist inzwischen vom neuen „Heimatministerium" aufgenommen worden (Seehofer 2018; Sanches 2019). Angesichts der dramatischen Überlastungserscheinungen, die in manchen Metropolräumen beobachtbar sind, und der dagegen im ländlichen Raum zu verzeichnenden Versorgungsdefizite liege es auf der Hand, in dem vielgestaltigen Netz von Mittelstädten eine Antwort auf die aktuellen Herausforderungen zu suchen, da diese auf weite Teile der Bevölkerung attraktiv wirken (Interhyp AG 2018). Die Idee, dass diese zwischen den Metropolräumen und dem ländlichen Raum vermitteln sollten, und das sowohl was Vorstellungen von Urbanität und Angebote für ein „gutes Leben" als auch den Zugang zu Rückzugs- und Ausgleichsräumen anbetrifft, ist alt. Sie in dieser Funktion leistungsfähig zu halten, wird auch in Zukunft eine wichtige Rolle in der Raumordnung spielen. Vermutlich wird dazu ein komplexes Bündel von Maßnahmen der Quartierspolitik, der Städtebauförderung, der Unterstützung zivilgesellschaftlichen Engagements sowie nicht kommerzieller Einrichtungen, der Verbesserung der verkehrlichen Erreichbarkeit bei gleichzeitiger ernsthafter Förderung einer „Verkehrswende" und vieles andere mehr von Bedeutung sein. Ob die betreffenden Städte dann Mittelzentren oder etwas anderes sein werden, wird weniger ausschlaggebend sein als ihre Lage und Anbindung sowie die Perspektiven zur Übernahme der genannten Brückenfunktionen. Diese neu zu bestimmen, dürfte künftig viel stärker als bisher eine Aufgabe des Zusammenspiels von Stadt- und Regionalentwicklungspolitik als der formalen Regionalplanung sein, für die es einer engen Abstimmung zwischen den handlungsfähigen Akteuren und Institutionen bedarf.

Literatur

- AKADEMIE FÜR RAUMFOR-SCHUNG UND LANDESPLA-NUNG (HG.) (2016): Daseinsvorsorge und gleichwertige Lebensverhältnisse neu denken – Perspektiven und Handlungsfelder. Hannover. Positionspapier aus der ARL 108.

- AKADEMIE FÜR RAUMFOR-SCHUNG UND LANDESPLA-NUNG (ARL) (HG.) (2011): Grundriss der Raumordnung und Raumentwicklung, 4. Auflage, Hannover: Verlag der ARL.

- ALBRECHT, H. (2016): Umbau dringend nötig. In: DIE ZEIT Nr. 46/2016 vom 3.11.2016.

- BUNDESMINISTERIUM DES INNERN, FÜR BAU UND HEI-MAT (BMI) / BUNDESINSTITUT FÜR BAU-, STADT- UND RAUMFORSCHUNG (BBSR) (HG.) (2019): Digitale Infrastruktur als regionaler Entwicklungsfaktor. In: MORO Praxis Heft 13, Berlin.

- FALUDI, A. (2000): The Performance of Spatial Planning. In: Planning Practice and Research 15 (4), S. 299–318.

- INTERHYP AG (HG.) (2018): Wohntraumstudie 2018. So möchten die Deutschen leben. München.

- NEUMEIER, S. (2018): Haus- und Facharzterreichbarkeit in Deutschland: regionalisierte Betrachtung auf Basis einer GIS-Erreichbarkeitsanalyse In: Forum Wohnen und Stadtentwicklung, Nr. 1, S. 39–44.

- SANCHES, M. (2019): Regierung räumt erhebliche Ungleichheiten in Deutschland ein. In: Westdeutsche Allgemeine Zeitung vom 08.07.2019.

- SEEHOFER, H. (2018): Warum Heimatverlust die Menschen so umtreibt. In: Frankfurter Allgemeine Zeitung vom 30.04.2018, https://www.faz.net/aktuell/politik/inland/innenministerhorst-seehofer-zum-thema-heimat-15565980.html (letzter Zugriff: 11.01.2019).

Das Zentrale-Orte-Konzept in der politischen Praxis
Uwe Altrock

Zentralörtliche Festlegungen in Deutschland

Im Rahmen des deutschen Föderalismus liegt die Festlegung von zentralen Orten bei den Ländern und unterscheidet sich somit von Bundesland zu Bundesland.
Der Festlegung folgen unter anderem Entscheidungen über Investitionen und Daseinsvorsorge. Die Karte gibt einen Überblick über das System zentraler Orte in der Bundesrepublik. In den folgenden Essays werden die vier ausgewiesenen Teilräume vertieft behandelt.

Zentralörtliche Festlegungen

■ Oberzentrum

■–■ Teile eines oberzentralen Verbundes

▣ Mittelzentrum mit Teilfunktionen eines Oberzentrums

▫–▫ Teile eines mittelzentralen Verbundes mit Teilfunktionen eines Oberzentrums

□ Mittelzentrum

▫–▫ Teile eines mittelzentralen Verbundes

◩ Unterzentrum mit Teilfunktionen eines Mittelzentrums

◩–◩ Teile eines unterzentralen Verbundes mit Teilfunktionen eines Mittelzentrums

▲ Unter-/Grundzentrum

△ Teile eines unterzentralen Verbundes

◊ Ort mit grundzentraler Funktion

● Kleinzentrum

● Teile eines kleinzentralen Verbundes

Lagetyp nach erreichbarer Tagesbevölkerung

▢ sehr zentral

▢ zentral

▢ peripher

▢ sehr peripher

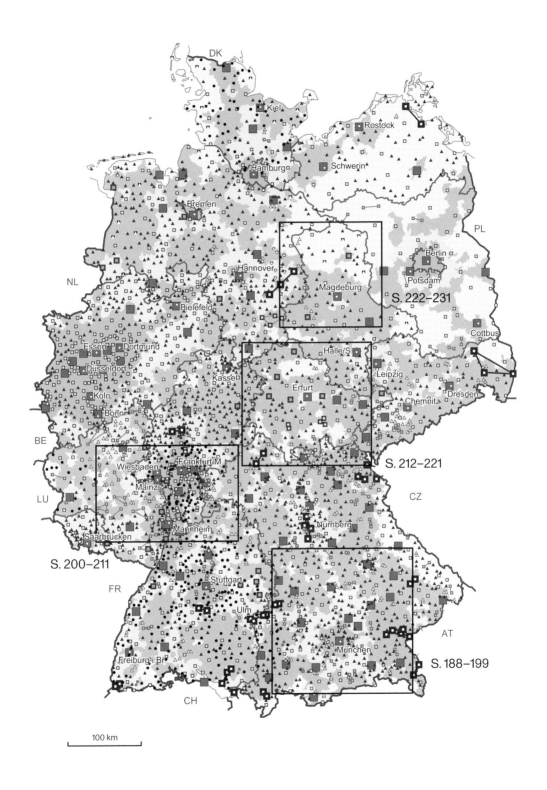

S. 222–231

S. 212–221

S. 200–211

S. 188–199

100 km

Zentralörtliche Festlegungen in
Deutschland.

Frank Roost

Auswirkungen der Digitalisierung auf das Zentrale-Orte-Konzept

Frank Roost

geboren 1968 in Wolfsburg, ist Professor für Stadt- und Regionalplanung an der Universität Kassel. Er studierte Stadt- und Regionalplanung in Berlin und New York, war danach an der ETH Zürich sowie als Leiter der Abteilung Metropolisierung am Institut für Landes- und Stadtentwicklungsforschung in Dortmund tätig. Seine Forschungsarbeit führte er u. a. im Rahmen von Gastaufenthalten an der University of Southern California, der Universidad de Buenos Aires, der Osaka City University und dem United Nations Institute for Advanced Studies durch.

Der globale ökonomische Strukturwandel der letzten Jahrzehnte wirkt sich stark auf die Gesellschaft der Bundesrepublik aus. Insbesondere die neue räumliche Verteilung der Beschäftigung, die Binnenwanderung zwischen den Regionen und die anhaltende Zuwanderung aus dem Ausland führen zu immer größeren Disparitäten zwischen wachstumsstarken und -schwachen Räumen. Für die Raumordnung ist damit nicht nur die Herausforderung verbunden, immer größere Unterschiede zwischen den verschiedenen Regionen hinsichtlich ihrer Bevölkerungs- und Siedlungsentwicklung planerisch auszugleichen, sondern auch die Frage, inwiefern das etablierte raumordnerische Instrumentarium den sich verändernden Aufgaben noch gewachsen ist.

Dies gilt vor allem für das Prinzip der räumlichen Gliederung nach dem Zentrale-Orte-Konzept, auf dessen Basis die Gemeinden als Grund-, Mittel- oder Oberzentren ausgewiesen werden und dann eine ihrer Funktion gemäße Berücksichtigung in der Planung sowie eine entsprechende Zuweisung von Ressourcen erwarten können. Das Verständnis darüber, *welche* Funktionen am besten *wie* gesichert werden, muss dabei angesichts sich ändernder gesellschaftlicher Rahmenbedingungen ständig weiterentwickelt und neu austariert werden. So standen in den Nachkriegsjahrzehnten eher Fragen der quantitativen Verteilung von Wachstum und Wohlstand vor allem durch umfangreichen Neubau von Infrastruktur im Mittelpunkt, heute geht es eher um deren Erhalt oder um deren Umbau. Doch auch in qualitativer Hinsicht wandeln sich die Aufgaben, denn während der zunächst dominierende Ausbau der Infrastruktur überhaupt erst die Automobilisierung und Suburbanisierung ermöglicht hat, geht es heute vermehrt um den Umgang mit den Konsequenzen dieser Entwicklung, wie bei der Steuerung des Einzelhandels.

Ein weiterer, ebenso einschneidender Wandel der planerischen Paradigmen zeichnet sich derzeit ab. Es ist absehbar, dass sich im Zuge der Digitalisierung die von der Planung auszugestaltenden Infrastrukturen rasant verändern werden: Die Verdrängung des stationären Handels durch den Onlinehandel schreitet weiter voran und verändert die Funktion der Zentren. Auch die Auswirkungen auf die Beschäftigung sind dabei unklar, denn der Einsatz von Robotern in der Logistik könnte deren Personalbedarf drastisch verringern. Verkehrliche Optionen und Erreichbarkeiten werden sich im Kontext der neuen Mobilität verändern, sowohl durch neue Mobilitätsangebote, die als Alternative zum Individualverkehr dienen können, als auch durch das autonome Fahren, das an abgelegenen Orten wohnenden Menschen oder bisher eingeschränkt mobilen Personen wie Jugendlichen und Senior*innen neue Möglichkeiten bietet. Optimierte Steuerungsprozesse in der Industrie verändern die Nachfrage nach Zulieferern und Fachkräften, und auch öffentliche Dienstleistungen wie die medizinische Versorgung stehen vor einschneidenden Rationalisierungen durch den Einsatz von künstlicher Intelligenz. Und nicht zuletzt verändert die multimediale Kommunikation die sozialräumlichen Bezüge der Menschen, denn sie erweitert den wahrgenommenen Raum und Personenkreis (wenn auch nur virtuell) und verringert die Notwendigkeit einer Orientierung auf nahe gelegene Zentren.

Im Folgenden soll daher erörtert werden, inwiefern sich Aufgaben und Perspektiven der Raumordnung im Kontext der Digitalisierung verändern könnten. Hierzu werden zunächst aktuelle Herausforderungen und Kritikpunkte am Zentralen-Orte-Konzept nachvollzogen, dann mögliche Wirkungen der sich überlagernden räumlichen Tendenzen De-Zentralisierung und Re-Zentralisierung diskutiert und schließlich jüngere Ansätze in der Raumordnung zur Ausgestaltung neuer Handlungsfelder aufgezeigt.

Herausforderungen und Kritik am Zentrale-Orte-Konzept

Das Zentrale-Orte-System (ZOS) wurde als analytisches Modell in den 1930er Jahren von Walter Christaller auf der empirischen Basis einer Untersuchung des süddeutschen Raums entwickelt, fand dann unter seiner Mitwirkung zunächst Anwendung im Zuge der von den Nationalsozialist*innen geplanten und begonnenen deutschen Besiedelung der eroberten osteuropäischen Staaten und bildete schließlich nach dem Zweiten Weltkrieg die Grundlage für das Zentrale-Orte-Konzept – als eine der wichtigsten normativen Grundlagen der Raumordnung (Schmals 1997). Die dabei in den Flächenstaaten im Rahmen der Landesplanung praktizierte Ausweisung von sogenannten Grund-, Mittel- und Oberzentren und die damit verbundene Verteilung von Ressourcen ist seither ein wesentliches Mittel der staatlichen Steuerung der räumlichen Entwicklung und findet seit 1990 auch in den neuen Bundesländern Anwendung.

Die seit der Wiedervereinigung eingetretenen Bevölkerungswanderungen aber verschärften die Diskrepanzen zwischen zentralen und peripheren Räumen in besonderer Weise. In der alten Bundesrepublik war zunächst noch die mit der Modernisierung der Landwirtschaft und fordistischen Industriegesellschaft verbundene generelle Verstädterung die bedeutendste räumliche Entwicklung, die im Laufe der Zeit zunehmend von der Suburbanisierung überlagert und schließlich in den 1980er Jahren durch den Strukturwandel abgelöst wurde, als sich die Unterschiede zwischen altindustriellen Regionen wie dem Ruhrgebiet oder der Küste und stärker technologieorientierten Bundesländern wie Baden-Württemberg oder Bayern als Nord-Süd-Gefälle abzeichneten.

Ein ähnlicher, aber drastischerer Prozess vollzog sich dann in Ostdeutschland, nur in extrem kurzer Zeit, sodass sich der Exodus aus dem ländlichen Raum, Suburbanisierung, Deindustrialisierung und überregionale Abwanderung quasi überlagerten. Das damit verbundene Ost-West-Gefälle und die Schrumpfung vieler Städte und Regionen führen dazu, dass seither mehr denn je infrage gestellt wird, inwieweit das „klassische" formale Planungsinstrumentarium, in den 1950er Jahren zur Regulierung des Wachstums entwickelt, noch zeitgemäß ist.

In der Daseinsvorsorge zeigen sich die Herausforderungen vor allem angesichts des Bevölkerungsrückgangs im ländlichen Raum, der den Erhalt des bisherigen Angebots infrage stellt. Dies gilt sowohl für die staatlich organisierten Bereiche wie das Bildungswesen, aber auch für privatwirtschaftlich geregelte Bereiche wie den Handel, die nur indirekt räumlich steuerbar sind (Chlench et al. 2013). Die bisherigen Verteilungsprinzipien werden daher durch neue Formen ergänzt, überlagert oder gar abgelöst – wie Telemedizin, Dorfsammeltaxis oder Prosumentenprojekte, bei denen die tägliche Versorgung selbst organisiert wird (Faber und Oswalt 2013). Allgemein lässt sich als Folge einer erhöhten Mobilität und eines veränderten Freizeitverhaltens von einer zunehmend variablen Zentrennutzung sprechen, bei der die Versorgung nicht nur durch Erreichbarkeiten geprägt ist, sondern den individuellen Präferenzen entsprechend in verschiedenen Orten erfolgt. Hinzu kommt, dass neue Dimensionen von Zentralität an Bedeutung gewinnen, wie die touristische Zentralität, (sub-)kulturelle Zentralität oder eventbezogene temporäre Zentralität.

Auch in den Metropolregionen verändern sich die Aufgaben der Städte und das Gefüge der Städte untereinander. Komplexe Pendlervernetzungen – nicht nur in den Metropolkernen, sondern auch zwischen kleineren Orten – und regionalisierte Lebensalltage, bei denen nicht nur das Angebot des nahegelegensten Unter- oder Mittelzentrums, sondern das der gesamten Region genutzt wird, erschweren die Zuordnung klar abgrenzbarer Einzugsbereiche (Kontos 2011). Prototypisch hierfür ist die kaum noch an Komplexität zu überbietende polyzentrische Struktur der Agglomeration Rhein-Ruhr, in der fünf Städte mit über 500.000 Einwohner*innen und 15 weitere Großstädte zahlreiche Überschneidungen von Einzugsbereichen und ausgeprägte funktionale Ergänzungen zentraler und metropolitaner Funktionen aufweisen, darunter als bestes Beispiel die Rheinschiene Duisburg-Düsseldorf-Köln-Bonn (Danielzyk et al. 2011).

In der Raumforschung werden solche polyzentrischen Agglomerationen als zukunftsfähig und in gewisser Weise paradigmatisch für die immer vielschichtiger vernetzten und postsuburban überformten Stadtregionen des 21. Jahrhunderts dargestellt (Danielzyk et al. 2016). Dies zeigt sich nicht zuletzt daran, dass beispielsweise in den Niederlanden und der Schweiz bereits 40 Prozent beziehungsweise 60 Prozent der Bevölkerung in Ballungsräumen mit solchen Strukturen leben. Zugleich wird aber auch deutlich, dass die Verwaltung und Planung der von variablen Geometrien geprägten Regionen immer komplexer wird und sich neue Multilevel-Governance-Strukturen herausbilden (Roost et al. 2015). Da sich zugleich viele zentrale Funktionen und deren Standortkriterien im Wandel befinden, stellt sich für die Raumordnung insgesamt die Aufgabe, die bisherigen aus der Bevölkerungszahl abgeleiteten und in quantifizierbare beziehungsweise monetarisierbare Systeme einfach zu übertragenden Konzepte in flexiblere Formen zu überführen, die der Variabilität der neuen Zentralitäten Rechnung tragen können.

De-Zentralisierung und Re-Zentralisierung

Die Prozesse auf regionaler Ebene sind letztlich die kleinräumliche Ausprägung dessen, was sich im Großen als Globalisierung, Metropolisierung und Peripherisierung darstellt: eine immer komplexer werdende Form der räumlichen Verflechtungen, die durch neue Kommunikationstechnologien und schneller werdende Verkehrsoptionen ermöglicht wurde und die die Frage aufwirft, inwiefern sich Zentralität unter diesen Bedingungen überhaupt empirisch erfassen und in hierarchischen Strukturen abbilden lässt. Um sich an dieses Themenfeld und die Frage der denkbaren zukünftigen Auswirkungen einer weiteren Digitalisierung anzunähern, bietet es sich an, zunächst die theoretischen Modelle einzubeziehen, mit denen der aktuelle Stand der Entwicklung – das heißt die benennbaren Folgen von zwei Jahrzehnten Internet und vier Jahrzehnten Globalisierung – analysiert und interpretiert wird.

Im Kern dieser Diskussion steht das von Michael Porter als „Standortparadox" bezeichnete Phänomen, dass neuere Transport- und Kommunikationstechnologien zwar theoretisch das Potenzial aufweisen, jegliche ökonomische Aktivität an jedem beliebigen Ort auszuüben, zugleich sich aber in der Praxis zeigt, dass dies nicht der Fall ist, sondern sich vielmehr spezifische Standortmuster mit neuen Aktivitätskernen und Zentralitäten herausbilden (Porter 1999). Plastisch formuliert wurden diese beiden gegensätzlichen Annahmen auch von Thomas Friedman (2005) mit der zugespitzten Formulierung „The world is flat", dem Richard Florida (2005) den ebenso prägnanten Ausdruck „The world is spiky" gegenüberstellte. Auffallend an dieser Diskussion ist, dass die erste Position überwiegend auf die Zukunft bezogen und mit theoretisch nutzbaren Potenzialen untermauert wird, während die zweitgenannte eher mit empirischen Befunden aus der jüngeren Vergangenheit belegt wird.

Die erste empirische Arbeit, die in diesem Sinne zeigte, dass Digitalisierung und Globalisierung trotz aller dispersiven Kräfte keine räumlich ungebundenen Prozesse sind, war Saskia Sassens Buch *The Global City* (1991). Mit dem Werk prägte sie nicht nur diesen Begriff, sondern beschrieb vor allem die Struktur des globalisierten Netzwerks der Metropolen. Dabei wies sie anhand der Finanzindustrie nach, dass diese, obwohl sie mit digitaler Infrastruktur virtuelle Produkte (Optionen, Derivate und ähnlichem) an virtuellen Orten (Rechenzentren, Briefkastenfirmen, Offshorebanken etc.) produziert, trotzdem von einer extremen Konzentration der Kontrollfunktionen gekennzeichnet ist und ein Städtesystem mit einer strikten hierarchischen Ordnung herausgebildet hat. Ganze Zweige der Wirtschaftsgeografie arbeiten seither, vor allem im angloamerikanischen Raum, an ähnlichen Analysen der Globalisierung, beziehen immer neue Faktoren wie Zuliefernetzwerke, Flugverbindungen oder Mausklicks ein und kommen zu ähnlichen Ergebnissen wie das Global and World City Research Centre (Derudder und Taylor 2015). Als einprägsames Beispiel sei die Internetbranche genannt: Da ihr Produkt kein physisches ist, sondern aus Daten besteht, zugleich einen virtuellen globalen Markt bedient und das Rückgrat der weltweiten digitalen Kommunikation bildet, könnte erwartet werden, dass in dieser Industrie die räumliche Verteilung besonders ausgeprägt wäre. Stattdessen ist aber das Gegenteil der Fall, denn die Branche ist so konzentriert wie nur wenige andere und wird dominiert von Unternehmen, die im Großraum San Francisco / Silicon Valley ansässig sind. Die Annahme, dass eine ubiquitär konzipierte Technologie, die im Prinzip überall den gleichen Zugang ermöglicht und die die Raumüberwindung vereinfacht, automatisch auch räumliche Bezüge und ökonomische Standorthierarchien obsolet macht, wird damit eindrucksvoll widerlegt.

Allerdings sind diese Modelle trotz der Hinweise auf neue hierarchische Strukturen auch nicht so zu verstehen, dass sie die Bedeutungen der Städte weiterhin aus der Größe des zu versorgenden Hinterlandes ableiteten und damit quasi eine Weiterentwicklung des zentralörtlichen Systems im Christaller'schen Sinne auf globaler Ebene darstellen würden. Ganz im Gegenteil, denn schon Sassen verwies darauf, dass der ökonomische Bezugsraum der Global Cities weniger von ihrem regionalen und nationalen Umfeld als vielmehr von der Beschaffenheit des globalen Markts geprägt sei. Daran anknüpfend stehen in der Metropolenforschung heute anstelle von Territorien als Bezugsgrößen vielmehr netzartige Strukturen im Mittelpunkt. Dabei führen die Verflechtungsbeziehungen in der räumlichen Organisation globaler Wissens- und Branchennetzwerke und deren Rückbettungskontexte dazu, dass sich Knoten im globalen „Raum der Ströme" (Castells 2001) herausbilden. Diese (Wieder- oder Neu-)Inwertsetzung einzelner räumlicher Bezüge führt dazu, dass die Bedeutung ausgewählter Städte beziehungsweise Regionen als führende Zentren erhalten bleibt oder gar weiter erhöht wird – während andere Orte, die wie das Ruhrgebiet geografisch durchaus zentral gelegen sein können, peripherisiert werden.

Dieser mit dem Bild der Metropolen als Knoten im Netz einprägsam beschriebene Prozess einer räumlich weltweit gestreuten, aber durch Telekommunikation organisatorisch eng verzahnten Ökonomie mit einer Konzentration von Kontrollfunktionen kann als Grund für das anhaltende Wirtschaftswachstum in den Metropolregionen gelten. Indirekt sind der bisherige Grad der Digitalisierung und die mit ihr verbundenen Veränderungen der ökonomischen Raumstruktur also eine der Ursachen des wachsenden Gegensatzes zwischen Boomregionen mit Engpässen am Wohnungsmarkt und peripheren Regionen mit von Immobilienleerstand geprägten Orten, wie er auch die Bundesrepublik kennzeichnet.

Neue Mobilität und kleinräumliche Bezüge

Ähnlich wie auf der globalen Ebene lässt sich auch im kleinräumlichen Kontext erkennen, dass die mit der Digitalisierung einhergehende Verringerung von Raumwiderständen nicht monodirektional in Richtung einer Nivellierung von räumlichen Bezügen weist. So sind die theoretischen Möglichkeiten, die das Internet für eine Flexibilisierung und Enträumlichung der Arbeit bietet, insofern räumlich unwirksam geblieben, als dass sie nicht zu der einst erwarteten deutlichen Entzerrung von Arbeitsorten oder Arbeitszeiten geführt haben. Insbesondere die Prophezeiungen, dass die Telekommunikation als Problemlösung für die Ballungsräume dienen könnte, haben sich dabei nicht erfüllt – wie die vor 20 Jahren geäußerten Hoffnungen, wegen der Möglichkeit der Arbeit über das Internet würden sich die morgendlichen Pendlerströme in den Metropolen vermeiden lassen.

Auch für den Verkehrsbereich insgesamt sind zwar im Zuge der Digitalisierung langfristig technologische Umbrüche zu erwarten, die durchaus Veränderungen des Mobilitätsverhaltens zur Folge haben dürften. Inwiefern diese Technologien disruptive Wirkungen haben werden, ist aber noch unklar. Den unterschiedlichen Szenarien gemeinsam ist die Erwartung, dass dieser Wandel auch auf das Pendlerverhalten, auf Wohnstandortentscheidungen und damit auf die Siedlungsstrukturen insgesamt Auswirkungen haben wird. So wäre beispielsweise denkbar, dass autonome und damit komfortablere Fahrzeuge die Bereitschaft zum Berufspendeln noch weiter erhöhen, sodass die im weiteren Einzugsbereich der Städte gelegenen ländlichen Räume als Wohn- und Gewerbestandorte an Attraktivität gewinnen würden.

Die Veränderung von Erreichbarkeiten wird daher ein wichtiger Faktor beim weiteren Wandel der zentralen Orte sein, doch dabei stellt sie nur einen von vielen Faktoren dar. Denn zugleich ändern sich im Kontext der Digitalisierung ja auch die Funktionen von Zentren und die Notwendigkeit, diese aufzusuchen. Dies betrifft öffentliche Versorgungsaufgaben wie das Gesundheitswesen ebenso wie privatwirtschaftliche Angebote zum Beispiel im Einzelhandel, in denen es räumliche Dekonzentrations- ebenso wie neue Konzentrationseffekte geben wird. Es gilt daher, sich zu vergegenwärtigen, welche räumliche Dispersion deren neue Ausprägung haben wird. Zugespitzt formuliert, läuft es auf eine Doppelfrage hinaus: Welche Teile der Versorgung sind durch neue digitale Angebote ersetzbar oder ubiquitär verfügbar, sodass sie keine Rolle mehr für die Zentralität eines Ortes spielen werden? Und welche Teile der Versorgung werden an Bedeutung gewinnen und zu neuen Formen von Zentralität führen?

In diesem Sinne wäre die räumliche Doppelwirkung der Digitalisierung zum einen eine Beschleunigung des Wegfalls standardisierter einfacher Funktionen, die flächendeckend durch virtuelle Angebote ersetzt werden können; und zum anderen eine Verstärkung für neue Angebote, die eigene räumliche Bezüge herausbilden werden. Schon ohne Digitalisierung gab es in der jüngeren Vergangenheit ähnliche Rekonfigurationen: So gehörte die flächendeckende Ausstattung mit öffentlichen Bädern zum Selbstverständnis des Wohlfahrtsstaats in den Nachkriegsjahrzehnten. Angesichts gestiegener Energiepreise und veränderter Lebensstile wurden seit den 1980er Jahren aber viele kommunale Bäder mit einem lokalen Einzugsbereich geschlossen, während privat betriebene Spaßbäder, Wellnesscenter und Thermen mit einem größeren Einzugsbereich oder touristischer Ausstrahlung neu entstanden sind.

In Zuge der Digitalisierung werden auch klassische Felder der Daseinsvorsorge solche Prozesse durchlaufen. So wird angesichts des Bevölkerungsrückgangs in peripheren Regionen der Erhalt von kleineren Krankenhäusern immer schwieriger, während größere beziehungsweise stärker spezialisierte Einrichtungen vom Rationalisierungsdruck profitieren. Und zukünftig wäre auch eine Veränderung der ärztlichen Grundversorgung zumindest für standardisierte Aufgaben denkbar: Dabei würden Onlinesprechstunden und auf digitalen Rezepten basierende neue Pharmazie-Distributionskanäle die Bedeutung klassischer Hausärzt*innen und lokaler Apotheken graduell verringern. Zugleich könnten neue spezialisierte Angebote entstehen, die ganz andere Einzugsbereiche hätten, zum Beispiel mit einem Fokus auf Rehabilitation, Pflege oder Geriatrie.

Für die überwiegend privatwirtschaftlich organisierten Bereiche der Daseinsvorsorge wie den Einzelhandel ergeben sich ähnliche Herausforderungen, denn die Grundlagen von deren planerischer Steuerung verändern sich im Zuge der Digitalisierung rapide. Zahlreiche Fachhändler*innen müssen aufgeben und gerade die Mittelzentren, in denen die notwendige Mindestkundenzahl schnell unterschritten wird, geraten unter Druck. Zugleich aber entstehen neue spezialisierte Angebote, die Nischenmärkte in den Metropolen bedienen oder wie Factory Outlet Center auf ein gelegenheitsorientiertes touristisches Publikum abzielen. Insofern sind die Auswirkungen des Onlinehandels bereits jetzt in jeder Gemeinde spürbar, und dies gilt, obwohl der Lebensmittelhandel als der umsatzstärkste und für die Grundversorgung relevanteste Teil des Einzelhandels von diesem Prozess bisher verschont geblieben ist. Langfristig werden dabei vor allem zwei raumplanerische Aufgaben zu bewältigen sein: die Logistik und die Versorgung dünn besiedelter peripherer Regionen. Bezüglich der Logistik ist noch offen, inwiefern die bestehenden Supermärkte, Discounter etc. auch weiterhin genutzt werden, und sei es zumindest als Basis für Bringdienste. Würden an diesen Orten, die schon heute oft durch Paketstationen und ähnliches ergänzt werden, noch weitere Dienstleistungen konzentriert werden, könnten sie auch zukünftig noch als eine Art Zentrum für kleinere Siedlungseinheiten fungieren.

Andererseits ist davon auszugehen, dass das bisherige dezentrale System des Lebensmittelvertriebs zum Teil durch Onlinehändler*innen abgelöst werden wird. Diese werden ein neues Distributionsnetzwerk aufbauen, das auf stärker automatisierte und zentralisierte Umschlagplätze fokussiert sein dürfte, sodass neue Hochregallager und ähnliche bauliche Anlagen entstehen werden. Für solche Vertriebsformen sind die geringe Bevölkerungsdichte in peripheren Regionen und die damit verbundenen großen Distanzen auf der „letzten Meile" naturgemäß ein zusätzlicher Zeit- und Kostenfaktor. Es bleibt abzuwarten, ob die neuen Anbieter*innen bereit sein werden, kurze Lieferzeiten und einheitliche Preise auch in peripheren Regionen zu gewährleisten, oder ob diese Aufgabe nur durch Markregulierung, Lieferverpflichtungen und damit letztlich durch raumordnerisch motivierte Vorgaben des Staates erfüllt werden kann.

Harte und weiche Abgrenzungen

Weitergehende Versuche, die genaue Ausprägung einer solchen neuen „digitalen Daseinsvorsorge" zu prognostizieren, sollen im Folgenden aber bewusst unterbleiben, denn eine Gesamtübersicht der möglichen räumlichen Effekte geriete schnell in den Bereich des Spekulativen. Unterschiedliche Expert*innen dürften aber durchaus in der Lage sein, plausible Szenarien zumindest für einzelne Themenfelder zu liefern, die dann in ein neues Konzept der Daseinsvorsorge einfließen können. Dieses Konzept sollte wiederum eine allgemeine raumwissenschaftliche Erkenntnis aufgreifen: Das hierarchische System mit eindeutig definierbaren Einzugsbereichen und einer dreistufigen Zuordnung, die von einer gleichartigen Versorgung aller Orte ausgeht, wird dabei für immer weniger Bereiche der Daseinsvorsorge relevant sein. Schon heute sind administrative Gliederung, zentralörtliche Zuordnung, ökonomische Vernetzung und Pendlerverflechtungen nicht deckungsgleich. Die Digitalisierung wird diese von variablen Geometrien geprägten Stadt-Umland-Beziehungen noch weiter ausdifferenzieren. Klare „harte" Abgrenzungen von zentralörtlichen Bereichen, die für alle wichtigen Lebensbereiche gelten, werden damit immer weniger relevant. Stattdessen entwickeln immer mehr Sphären des Lebensalltags ihre jeweils eigene Raumlogik mit „weichen" Abgrenzungen, die sich überlagern, überschneiden und verändern können.

Dieser Entwicklung tragen jüngere Raumordnungsinstrumente wie die in den 2000er Jahren entwickelten „Europäischen Metropolregionen in Deutschland" und das analog für mittelgroße Städte entwickelte Konzept der „Regiopolen" bereits Rechnung. Denn diese sind nicht als neue vierte oder fünfte Hierarchieebene eines allumfassenden Systems zentraler Orte konzipiert, sondern zielen mit flexiblen Kooperationsstrukturen und einer Fokussierung auf metropol- beziehungsweise regionsspezifische Themen darauf ab, einzelne Aufgabenfelder in problemspezifisch zugeschnittenen räumlichen Bezügen mit jeweils wechselnden Akteuren zu behandeln. Die Digitalisierung wird dazu führen, dass immer mehr Elemente der Daseinsvorsorge eher mit solchen flexiblen Instrumenten als mit der Ausweisung formal abgegrenzter zentralörtlicher Bereiche sinnvoll zu organisieren sind. Das tradierte Verständnis von Zentralität, das den älteren raumordnerischen Konzepten zugrunde liegt, wird hingegen für immer weniger Aufgabenfelder relevant – und langfristig durch ein flexibleres System ersetzt werden müssen.

Literatur

- CASTELLS, MANUEL (2001): Das Informationszeitalter, Opladen.

- CHLENCH, ANDREA ET AL. (2013): Anforderungen an ein zukünftiges Zentrale-Orte-Konzept. Beispiele aus Hessen, Rheinland-Pfalz und dem Saarland. Positionspapier aus der ARL, Nr. 92.

- DANIELZYK, RAINER / MÜNTER, ANGELIKA / WIECHMANN, THORSTEN (2016): Polyzentrale Metropolregionen, Detmold.

- DANIELZYK, RAINER / GROWE, ANNA / VOLGMANN, KATI (2011): Schnittstelle zur Welt – Der Metropolraum Rhein-Ruhr im globalen Vergleich, in: Polis – Magazin für Urban Development. Nr. 1/2011, S. 44–48.

- DERUDDER, BEN / TAYLOR, PETER (2015): World City Network – A Global Urban Analysis. London / New York.

- FABER, KERSTIN / OSWALT, PHILIPP (HG.) (2013): Raumpioniere im ländlichen Raum – Neue Wege der Daseinsvorsorge. Leipzig.

- FLORIDA, RICHARD (2005): The world is spiky – Globalization has changed the economic playing field, but hasn't leveled it, in: Atlantic monthly, October 2005, S. 48–51.

- FRIEDMAN, THOMAS L. (2005): The world is flat – The globalized world in the twenty-first century. New York.

- KONTOS, GIORGIOS (2011): Zum Bedeutungsverlust des Zentrale-Orte-Konzepts. Beispielhaft dargestellt an der Region FrankfurtRheinMain, in: Münschke, Frank, SYNThesen Band 1, Klartext Medienwerkstatt, Frankfurt, S. 31–42.

- PORTER, MICHAEL E. (1999): Wettbewerb und Strategie. München.

- SASSEN, SASKIA (1991): The Global City - New York, London, Tokyo, Princeton.

- SCHMALS, KLAUS M. (HG.) (1997): Vor 50 Jahren...: auch die Raumplanung hat eine Geschichte! Dortmund.

Michael Bentlage, Fabian Wenner

Das Netzwerk Zentraler Orte in der Metropolregion München

Michael Bentlage

geboren 1979 in Heilbronn am Neckar, ist Wirtschaftsgeograf und Senior Consultant bei Lidl Deutschland im Bereich Standortbewertung und Immobilien. Von 2009 bis 2019 hat er an der TU München am Lehrstuhl für Raumentwicklung als wissenschaftlicher Mitarbeiter und Akademischer Rat in den Bereichen Stadtentwicklung, Raumplanung und wirtschaftlicher Strukturwandel gelehrt und geforscht. Im Jahr 2014 hat er seine Dissertation zum Thema Standortverflechtungen in der Wissensökonomie abgeschlossen.

Fabian Wenner

geboren 1987 in Bonn, ist Akademischer Rat an der TU München am Lehrstuhl Raumentwicklung. Er hat Raumplanung in Dortmund und London studiert und wurde zu den Wechselwirkungen zwischen Verkehrsinfrastruktur und Siedlungsentwicklung am Beispiel des Hochgeschwindigkeitsbahnverkehrs promoviert.

Die Raumplanung in Europa, in Deutschland und nicht zuletzt auch in Bayern steht vor der doppelten Herausforderung, in allen Teilen des Landes gleichwertige Lebensverhältnisse zu gewährleisten und dabei die Städte und Zentren als die Motoren der wirtschaftlichen und gesellschaftlichen Entwicklung zu fördern. Während die Gleichwertigkeit innerhalb eines Territoriums nur über Ausgleichsmechanismen hergestellt werden kann, indem verfügbare Ressourcen allerorts zugänglich gemacht werden, ist das Prinzip der urbanen Entwicklung eines, das auf Ungleichheit beruht. Dadurch entstehen Disparitäten, die zwar nicht wünschenswert, aber notwendig sind, um Entwicklungspotenziale heben zu können. Die Raumwissenschaften diskutieren seit Langem die positiven Effekte hoher Konzentrationen und starker Vernetzung innerhalb der Agglomerations- und Netzwerkökonomien.

Seit dem Aufkommen der Wissensökonomie gewinnen diese Theoriestränge zunehmend an Bedeutung. Die Agglomerationsökonomien diskutieren den Vorteil räumlicher Nähe von Akteuren zueinander auf die Innovationskraft und Wettbewerbfähigkeit von Regionen (Parr 1973, 2002; Marshall 1930; Jacobs 1969). Die Essenz dieser Überlegung besteht darin, dass ein Teil der Ressource Wissen nur durch Face-to-face-Kontakte vermittelt werden kann. Das Versenden über ferne Distanzen via E-Mail oder per Telefon kann somit die teilnehmende Beobachtung und die gemeinsam gewonnene Erfahrung nicht ersetzen. Das sogenannte implizite Wissen bleibt räumlich verankert. Es ist die Form von Wissen, die nicht in Worte gefasst oder in Anleitungen niedergeschrieben werden kann. „*We know more than we can tell*" (Polanyi 1966: 4). So lautet die Formel, weshalb auch heute im digitalen Zeitalter räumliche Nähe als besonders wertvoll gilt. Somit erhalten wir *eine* wichtige Treiberin räumlicher Entwicklung. Dort, wo sich viele kluge Köpfe im Raum zusammenfinden, ergibt sich eine höhere Wahrscheinlichkeit, dass dort auch implizites Wissen reproduziert wird. Wir erfahren die erste Form von räumlicher Ungleichheit: Innovationstätigkeit benötigt Dichte, Größe und kluge Köpfe auf engem Raum.

In Ergänzung zur räumlichen Polarisierung und der Herausbildung von Agglomerationen erschließt sich ein zweiter Argumentationsstrang, der besagt, dass kein Ort aus sich selbst heraus verstanden werden kann. In den Netzwerkökonomien werden die Vorteile aus der Vernetzung mit anderen Standorten diskutiert (Sassen 2001;

Castells 1996). Die Grundformel dafür ist der sogenannte Netzwerkeffekt. Ein Flughafen zum Beispiel steigert seinen Wert, wenn von diesem aus viele verschiedene Orte erreichbar sind. Gleiches gilt für das eigene Telefon. Dieses ist umso nützlicher, wenn viele andere auch ein Telefon besitzen.

Netzwerkökonomien ergänzen das Bild der räumlichen Nähe durch die relationale Nähe. Daraus hat sich ein Erklärungsansatz gebildet, der zeigt, wie bedeutsam verkehrliche Infrastrukturen, Internetanbindung, Universitäten mit internationalem Ruf oder global agierende Unternehmen für die regionale Entwicklung sind (Lüthi et al. 2011; Bentlage et al. 2013). Durch all diese Kanäle fließen zunächst Informationen, aus denen Wissen erzeugt werden kann. Weiterhin ermöglichen verkehrliche Infrastrukturen das Reisen von Personen und vereinfachen so den persönlichen Kontakt, um besagtes implizites Wissen reproduzieren zu können.

Während also die Agglomeration das Manifest geografischer Konzentration ist, stellt das Netzwerk eine topologische Dimension her. Was bleibt, ist die Erkenntnis, dass sich Wissen ungleich im Raum verteilt – nämlich dort, wo bereits Wissen konzentriert ist und von wo aus Netzwerke zu anderen Standorten verfügbar sind. Beides bedingt sich gegenseitig und legt nahe, dass die Raumplanung diese Form der räumlichen Ungleichheit hinnehmen und sogar fördern muss.

Dies ist ein Hintergrund, vor dem die Raumplanung Landesentwicklungsprogramme (LEP) konzipiert und Zentrale Orte definiert. Der andere Hintergrund ist, dass die Landesentwicklung das Ziel der Gleichwertigkeit verfolgt und allen Bewohner*innen des Landes Zugang zu Arbeit, Versorgung, Bildung und Erholung garantiert. Dieser Beitrag untersucht daher, wie die Bedeutung von Agglomerations- und Netzwerkökonomien im LEP eingeschätzt wird und bewertet die jüngsten Änderungen des Bayrischen LEP in Bezug auf das Ausschöpfen dieser Ökonomien. Die zentrale Frage lautet, inwieweit das Zentrale-Orte-System (ZOS) mit seinen jüngsten Aufstufungen die Wettbewerbsfähigkeit der Regionen unterstützt. Besonderes Augenmerk wird auf die Region München gelegt, die als stark wachsender Raum zusätzlich einen räumlichen Strukturwandel zu einer mehrpoligen Gestalt durchläuft.

Wissensproduktion und Zentrale Orte

Das LEP stellt das Instrument dar, mit dem die Grundzüge der anzustrebenden räumlichen Ordnung und Entwicklung in Bayern festgelegt werden sollen. Die LEP verfolgt einerseits das Ziel, räumlich „ausgeglichene infrastrukturelle, wirtschaftliche, ökologische, soziale und kulturelle Verhältnisse" (Art. 6 (2) BayLplG) anzustreben. Andererseits hat sie die Aufgabe „nachhaltiges Wirtschaftswachstum und Innovation" (Art. 6 (2) BayLplG) zu unterstützen, insbesondere, indem Städte als Treiberzentren der wirtschaftlichen Entwicklung fungieren. Besonders die Zentralen Orte sind ein Medium, um diese Ziele umsetzen zu können. Das Innovationsziel erfordert einerseits im Sinne der Agglomerations- und Netzwerkökonomien eine Verdichtung von Funktionen an Zentralen Orten, um eine kritische Masse zu erreichen. Um die Gleichwertigkeit der Lebensverhältnisse und damit die flächendeckende Versorgungsfunktion zu realisieren, müssen diese Funktionen andererseits gleichmäßig räumlich verteilt werden.

Güter und Dienstleistungen haben unterschiedliche Reichweiten, je nachdem ob diese langfristig oder kurzfristig benötigt werden. Konsument*innen sind bereit, für langfristige Güter weitere Wege – diese aber seltener – auf sich zu nehmen. Bei kurzfristigen Gütern müssen diese Wege kürzer sein, da diese häufiger nachgefragt werden. Somit ergibt sich eine Hierarchisierung von Gütern und Dienstleistungen, die zu einer Hierarchisierung der Zentralen Orte führt. Ein Ort mit hoher Zentralität hält die Versorgung bereit, die an Orten mit niedriger Zentralität nicht vorzufinden ist. Abbildung A zeigt die Hierarchie der Zentralen Orte und deren Beziehungen innerhalb des Systems.

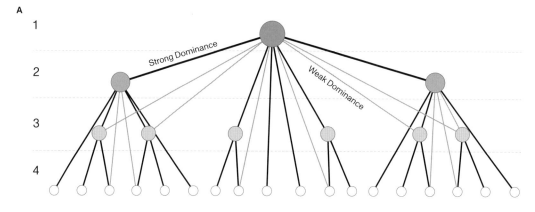

Somit ergibt sich ein urbanes System, in dem die horizontale Ebene das Prinzip der „Substitution" abbildet. Gleichwertige Orte sind als Standorte untereinander austauschbar. Orte mit unterschiedlicher Wertigkeit wirken „komplementär" zueinander. Ein zentraler Ort ist jeweils monozentrisch mit eigens abgegrenztem Marktbereich angelegt (Pred 1977: 18f.).

Entgegen dieser nachfrageorientierten Sichtweise stellt sich das ZOS aus produktionsseitiger Sicht komplexer dar. In einer weit entwickelten Ökonomie wie der Deutschlands weist die wirtschaftliche Struktur einen sehr hohen Grad der individuellen Spezialisierung auf. Die Bearbeitung von komplexen Projekten erfordert die Zusammenarbeit verschiedener Menschen mit unterschiedlichen, komplementären Fähigkeiten. Für ein räumliches System von Zentralen Orten bedeutet dies, dass Standorte ebenso unterschiedliche, aber komplementäre Fähigkeiten beheimaten (Abbildung B).

Die starre hierarchische Struktur wird damit ergänzt und teilweise ersetzt durch eine netzwerkartige Gestalt, in der Orte voneinander abhängig sind. Dies benötigt ein grundsätzlich anderes Verständnis von räumlicher Ordnung, in dem eine relationale Perspektive Anwendung finden muss. Meijers (2007: 248) skizziert dies als ein urbanes System, „in which different cities fulfil different and mutually beneficial roles". Dies bedeutet, dass eine funktionale Arbeitsteilung zwischen diesen Orten innerhalb gemeinsamer Marktgebiete zum gegenseitigen Vorteil stattfindet. Damit entstehen komplexe Verflechtungsmuster auf unterschiedlichen räumlichen Maßstäben. Die raumstrukturellen Entwicklungen, die sich am Raumnut-

A Die Zentralörtliche Hierarchie nach Christaller; eigene Darstellung nach Pred (1977: 18–19).

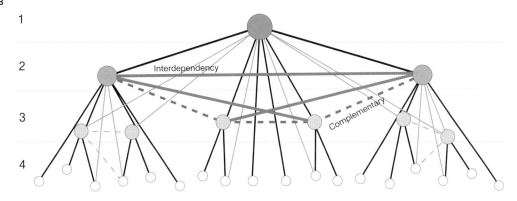

zungsverhalten von Haushalten und Unternehmen able-sen lassen, haben bislang wenig Berücksichtigung in der räumlichen Zuordnung von Funktionen durch die Regio-nal- und Landesplanung gefunden. Im Folgenden sollen ihre Auswirkungen am Beispiel der Region München detaillierter räumlich dargestellt werden.

Die funktional-räumliche Struktur der Metropolregion München

Mit einer räumlich-funktionalen Strukturkarte zeigen Thierstein et al. (2016) ein analytisches Bild der Metropol-region München. Diese besteht demnach aus fünf ver-schiedenen Raumtypen, die anhand einer Clusteranalyse mit 17 Indikatoren ermittelt wurden (Abbildung C). Fol-gende Kriterien und Indikatoren flossen in diese Analyse ein:

- Erreichbarkeit: Motorisierter Individualverkehr (MIV); Öffentlicher Verkehr (ÖV); Saldo aus Ein- und Auspendler*innen
- Siedlungsstruktur: sozialversicherungspflichtig Beschäftigte je km^2
- Siedlungsdichte: Einwohner*innen je km^2; Verkehrs- und Siedlungsfläche
- Versorgung: Anzahl der Einrichtungen für Einkaufen, Freizeit, Kultur und Schulbildung
- Wohnkosten: Mietkosten und Immobilienkauf-preise

B Komplementarität und die Zen-tralörtliche Hierarchie (eigene Darstellung nach Pred 1977: 18).

- Bebauungs- und Eigentumsstruktur: Ein- und Zweifamilienhäuser, Mehrfamilienhäuser; Miete und Eigentum
- Tourismus: Anteil der Ferienwohnungen am Gesamtwohnungsbestand

Die Analyse verwendet die Gemeindeverbände (BBSR 2018). Eine genaue Übersicht der 17 Indikatoren und deren Quellen wird im Anhang abgebildet.

Die räumlich-funktionale Raumstruktur der Metropolregion München ist sehr stark von seinem „urbanen, zentralen" Herzen geprägt. Dieser Raumtyp weist eine sehr hohe Erreichbarkeit und eine große Dichte von Beschäftigung, Bevölkerung und Versorgungseinrichtungen auf. Die Stadt München bildet aber das Zentrum eines diskontinuierlichen polyzentralen Raums, in dem Freising mit dem Flughafen und weitere umgebende Gemeinden beinhaltet sind. Auch wenn das öffentliche Verkehrsnetz stark radial auf die Stadt München ausgelegt ist, ist die reale Raumnutzung durch Berufspendler*innen zum Beispiel deutlich polyzentrischer (Thierstein et al. 2016).

Der Raumtyp „urban, dezentral" ist von Gemeinden gekennzeichnet, die mit guter Versorgungsausstattung und relativ hohen Dichtewerten eine flächendeckende Nahversorgung in der Region gewährleisten. Anders als es die normative Festlegung der Zentralen Orte suggeriert, ist die real messbare Zentralität oft auf mehrere Gemeinden in nächster Umgebung verteilt. Somit lässt sich erkennen, dass die Vorstellung der monozentrischen Zentralen Orte eher durch in sich verflochtene Stadtregionen auf engem räumlichem Maßstab realisiert wird.

Die Region München gilt als ein Raum mit extrem hohem Pendleraufkommen im Vergleich zu anderen Regionen Deutschlands. Dadurch bildet sich ein sehr weit ausgreifender Raumtyp als „städtisches Einzugsgebiet" ab, der vor allem um München und die Städte Augsburg und Ingolstadt liegt. Geringere Dichtewerte und relative geringe Erreichbarkeiten erzeugen eine höhere Nutzung des MIV. In diesem Raum stellt die adäquate Versorgung mit zentralörtlichen Funktionen eine besondere Herausforderung dar.

Die „Wohnstandorte mit touristischer Prägung" als ein nahe der Alpen liegender Erholungsraum im Süden gilt als attraktiver Wohnstandort bei gleichzeitig geringem Besatz von Arbeitsplätzen. Schließlich erstrecken sich „periphere Orte" am Rande der Metropolregion München, die mit geringer Dichte, schlechter Erreichbarkeit dafür

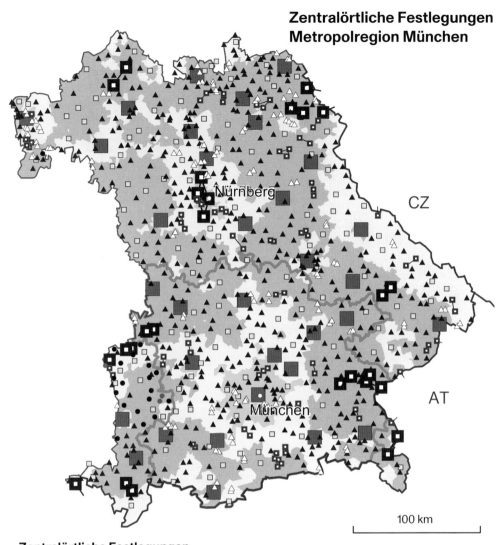

C

Zentralörtliche Festlegungen
Metropolregion München

CZ

Nürnberg

AT

München

100 km

Zentralörtliche Festlegungen

■	Oberzentrum	▲	Unter-/Grundzentrum
▣—▣	Teile eines oberzentralen Verbundes	△	Teile eines unterzentralen Verbundes
☐	Mittelzentrum	●	Kleinzentrum
▢—▢	Teile eines mittelzentralen Verbundes	●	Teile eines kleinzentralen Verbundes
——	Umgriff Metropolregion		

Lagetyp nach erreichbarer Tagesbevölkerung

sehr zentral

zentral

peripher

sehr peripher

C   Räumlich-funktionale Struktur-
cluster der Metropolregion München (Thierstein et al. 2016: 29).

aber relativ günstigen Wohnkosten aufwarten. Die geringe Versorgungsausstattung und die große Distanz zu den Zentren erzeugen eine starke Nutzung des MIV.

Damit legt diese räumlich-funktionale Raumstrukturkarte offen, dass die räumliche Verteilung der real messbaren Zentralitäten nicht zwangsläufig dem normativen Anspruch folgt. Deutlich wird dies an der polyzentralen und in sich verflochtenen Raumstruktur um München sowie an der Verteilung der zentralen Stadtregionen. Insgesamt bedeutet dies, dass die Verflechtung zwischen den einzelnen Orten eine wichtige Komponente bildet, um die räumliche Verteilung von Zentralitäten zu verstehen. Dies bedeutet konkret, dass die Mittelbereiche der Zentralen Orte vor allem in polyzentrischen Räumen oft nicht eindeutig abgrenzbar sind. Somit wird auch in der Metropolregion München die starre zentralörtliche Hierarchie durch gegenseitig verflochtene und komplementäre Knoten ergänzt.

Das Landesentwicklungsprogramm Bayern und die Bedeutung der Mittelzentren

Das LEP Bayern definiert die raumordnerischen Ziele und bestimmt die Zentralen Orte zu deren Umsetzung. Nicht erst in der letzten Fortschreibung des LEP aus dem Jahr 2018 kam es in Bayern zu einer kontinuierlichen, deutlichen Ausweitung und Höherstufung der Gemeinden im ZOS. Verglichen mit anderen Bundesländern erfolgt die Ausweisung von Zentralen Orten wenig restriktiv. In der letzten Fortschreibung ergeben sich vor allem bei der Benennung der Zentralen Orte deutliche Veränderungen (Bayerisches Staatsministerium der Finanzen, für Landesentwicklung und Heimat 2013, 2018). Insbesondere wurden die Zentralen Orte um die Kategorien der „Metropole" und des „Regionalzentrums" erweitert:

- Metropolen sind „landes- und bundesweite Bildungs-, Handels-, Kultur-, Messe-, Sport-, Verwaltungs-, Wirtschafts- und Wissenschaftsschwerpunkte" und „sollen zur räumlichen und wirtschaftlichen Stärkung der Metropolregionen und ganz Bayerns in Deutschland und Europa beitragen" (Bayerisches Staatsministerium der Finanzen, für Landesentwicklung und Heimat 2018, 2.1.10).

- Regionalzentren sollen als Orte mit ähnlichen Eigenschaften bei geringerer Strahlkraft als die Metropolen weiterentwickelt werden.

Infolge dieser Ausweitung des Kategorienkataloges erhöht sich zum Beispiel die Zahl der Zentralen Orte insgesamt von 188 im LEP 2013 auf 200 im LEP 2018.
Für die Region München ergeben sich durch das LEP von 2018 folgende Änderungen:

- Erding wird zum Oberzentrum hochgestuft.
- München erhält den Status einer Metropole.
- Unterschleißheim bildet zusammen mit Eching und Neufahrn ein geteiltes Mittelzentrum.

Damit zeigt sich gerade im stark wachsenden Münchner Umland eine Ausweitung der Zentralen Orte. Da es sich bei diesen um ein wichtiges Instrument handelt, um die räumliche Entwicklung zu steuern, bedeutet diese Kategorisierung eine stärkere Zuwendung auf den Korridor zwischen der Stadt München und dem Flughafen in Freising. Die Einstufung von Zentralen Orten bleibt jedoch nur ein normatives Instrument, um die Versorgungsfunktion der Gemeinden sicherzustellen. Für das Ausschöpfen der Agglomerations- und Netzwerkvorteile in diesem Raum bedarf es zusätzlich eines strategischen Leitbildes, dass sich mit der produktionsseitigen Entwicklung und in diesem Falle mit der Wissensökonomie befasst.

Bewertung und Schlussfolgerungen

Das LEP von 2018 weist eine deutlich höhere Anzahl Zentraler Orte aus als das LEP 2013, und auch innerhalb der Zentrenhierarchie fand eine deutliche Aufwertung vieler Zentren statt. Dieser Anstieg ist nicht allein durch das Bevölkerungswachstum in Bayern zu begründen. Diese Entwicklung ist ambivalent zu bewerten. Einerseits anerkennt das LEP 2018 einen Bedarf an neuen Kategorien von Zentralen Orten, die mit größter internationaler Strahlkraft ihre Position behaupten sollen. Die Aufnahme und Ausweisung differenzierter neuer Raumkategorien erlaubt eine deutlich bessere Abbildung der tatsächlich wachsenden polyzentrischen Struktur der Region München, und hat das Potenzial diese weiter zu stärken, ohne die Innovationsfunktion Münchens insgesamt zu schwächen. Auch die Ausweisung von mehrpoligen Zentren aus mehreren Gemeinden in Funktionsteilung spiegelt die reale Verflechtung wider.

Die Aufwertungen ergeben vor allem für den stark wachsenden Raum München neue Entwicklungsmöglichkeiten. Mit diesen Aufwertungen ist beispielsweise eine Ausweisung von mehr Versorgungsflächen und die Ansiedlung neuer Funktionen möglich, die in den stark wachsenden Münchner Umlandsgemeinden auch benötigt werden.

Andererseits besteht bei übermäßiger Ausweisung von Zentren auch hoher Stufen die Gefahr der Verwässerung dessen, was die Einstufung in eine solche Kategorie bedeutet. Eine Designation von Zentren einer bestimmten Stufe kann nur die erhoffte Konzentrationswirkung entfalten, wenn sie gleichzeitig bedeutet, dass andere Orte bewusst nicht in den Genuss der mit der Zentrenstufe einhergehenden öffentlichen und privaten Einrichtungen kommen. Die Landesplanung steht vor der schwierigen Aufgabe, dieses Prinzip gegen verständliche Begehrlichkeiten der Gemeinden zu verteidigen. Die überproportionale Ausweisung von neuen Zentren, insbesondere von Oberzentren auch außerhalb der stark wachsenden Metropolregionen birgt daher besonders für die Wissensökonomie die Gefahr, die Innovationsfunktion Zentraler Orte zu schwächen. Die Erweiterung der Hierarchie um die Metropolen und Regionalzentren lässt vermuten, dass die Landesentwicklungsplanung den Anspruch an Internationalität und globaler Bedeutung umsetzen möchte. Dass gleichzeitig Mittel- und Oberzentren nachziehen, signalisiert, dass es zwischen der Metropole München und anderen zentralen Orten keine Lücke in der Hierarchie geben soll.

Für die weitere Entwicklung in der Region München bedarf es einer stärkeren Zuwendung zu der räumlichen Arbeitsteilung und Spezialisierung der Orte um München herum. Dies betrifft auch den Flughafen München als solchen, der eine hohe reale Zentralität aufweist, diesen Status aus normativer Sicht jedoch nicht zugesprochen bekommt. Hinzu kommt die Notwendigkeit der Ergänzung des bisher stark radial ausgerichteten öffentlichen Nahverkehrs um tangentiale Verbindungen (Kinigadner et al. 2016).

Notwendig ist auch die stärkere rechtliche Veranke-
rung einer wirksamen strategischen regionalen Entwick-
lungsstrategie, die das monozentrische Stadtbild hinter
sich lässt. Interessante Ansätze lassen sich bereits in der
Region Stuttgart mit seinem Regionalparlament, der
Region Zürich mit einem Agglomerationsbeauftragten
oder der Region Frankfurt mit einem regionalen Flächennutzungsplan erkennen.

Literatur

- BAYERISCHES LANDESAMT FÜR STATISTIK (2018): Genesis-Online – Statistisches Informationssystem Bayern. https://www.statistikdaten.bayern.de/genesis/online/logon (letzter Zugriff: 15.06.2016)

- BAYLPLG, BAYERISCHES LANDESPLANUNGSGESETZ VOM 25. JUNI 2012 (GVBl. S. 254, BayRS 230-1-W), das zuletzt durch § 1 Abs. 263 der Verordnung vom 26. März 2019 (GVBl. S. 98) geändert worden ist. https://www.gesetze-bayern.de/Content/Document/BayLplG (letzter Zugriff: 29.05.2020)

- BBSR, BUNDESINSTITUT FÜR BAU-, STADT- UND RAUMFORSCHUNG (2018): INKAR – Indikatoren und Karten zur Raum- und Stadtenwticklung. http://www.inkar.de/

- BENTLAGE, MICHAEL; LÜTHI, STEFAN UND THIERSTEIN, ALAIN (2013): Knowledge Creation in German Agglomerations and Accessibility – An Approach involving Non-physical Connectivity. In: Cities 30(1), S. 47–58

- CASTELLS, MANUEL (1996): The rise of the network society, 1. Aufl. Oxford: Blackwell

- CHRISTALLER, WALTER (1968): Die zentralen Orte in Süddeutschland. Eine ökonomisch-geographische Untersuchung über die Gesetzmäßigkeit der Verbreitung und Entwicklung der Siedlungen mit städtischen Funktionen, 2. Aufl., Darmstadt: Wissenschaftliche Buchgesellschaft

- JACOBS, JANE (1969): The Economy of Cities. New York: Random House

- KINIGADNER, JULIA; WENNER, FABIAN; BENTLAGE, MICHAEL; KLUG, STEFAN; WULFHORST, GEBHARD UND THIERSTEIN, ALAIN (2016): Future perspectives for the Munich Metropolitan Region – an integrated mobility approach. In: Transportation Research Procedia 19, S. 94–108

- LEP, LANDESENTWICKLUNGSPROGRAMM BAYERN 2013. München: Bayerisches Staatsministerium der Finanzen, für Landesentwicklung und Heimat

- LEP, LANDESENTWICKLUNGSPROGRAMM BAYERN 2018 – NICHT-AMTLICHE LESEFASSUNG. München: Bayerisches Staatsministerium der Finanzen, für Landesentwicklung und Heimat. https://www.landesentwicklung-bayern.de/instrumente/landesentwicklungsprogramm/landesentwicklungs-programm-bayern-stand-2018/ (letzter Zugriff: 26.05.2020)

- LÜTHI, STEFAN; THIERSTEIN, ALAIN UND BENTLAGE, MICHAEL (2011): Interlocking firm networks in the German knowledge economy. On local networks and global connectivity. In: Raumforschung und Raumordnung 69(3), S. 161–174

- MARSHALL, ALFRED (1930): Principles of Economics. London: MacMillan

- MEIJERS, EVERT (2007): From Central Place to Network Model: Theory and Evidence of a Paradigm Change. In: Tijdschrift voor Economische en Sociale Geografie 98(2), S. 243–259

- PARR, JOHN B. (1973): Growth Poles, Regional Development, and Central Place Theory. In: Papers in Regional Science 31(2), S. 173–212

- PARR, JOHN B. (2002): Agglomeration economies: ambiguities and confusions. In: Environment and Planning A 34(4), S. 717–731

- POLANYI, MICHAEL (1966): The tacit dimension. London: Routledge & Kegan Paul

- PRED, ALLAN (1977): City-Systems in Advanced Economics. London: Hutchinson

- SASSEN, SASKIA (2001): The Global City: New York, London, Tokyo, 2. Aufl. Oxford: Princeton University Press

- TERFRÜCHTE, THOMAS; GREIVING, STEFAN UND FLEX, FLORIAN (2017): Empirische Fundierung von Zentrale-Orte-Konzepten – Vorschlag für ein idealtypisches Vorgehen. In: Raumforschung und Raumordnung | Spatial Research and Planning 75(5), S. 471–485

- THIERSTEIN, ALAIN; WULFHORST, GEBHARD; BENTLAGE, MICHAEL; KLUG, STEFAN; GILLIARD, LUKAS; JI, CHENYI; KINIGADNER, JULIA; STEINER, HELENE; STERZER, LENA; WENNER, FABIAN UND ZHAO, JUANJUAN (2016): WAM Wohnen Arbeiten Mobilität. Veränderungsdynamiken und Entwicklungsoptionen für die Metropolregion München. München: Lehrstuhl für Raumentwicklung und Fachgebiet für Siedlungsstruktur und Verkehrsplanung der Technischen Universität München

Hans-Jürgen Seimetz

Metropolregion Rhein-Neckar – Räumliche Planung im grenzüberschreitenden Bereich

Hans-Jürgen Seimetz

geboren 1953 in Trier an der Mosel, ist Landes- und Regionalplaner und Honorarprofessor an der TU Kaiserslautern. Von 2001 bis 2007 war er leitender Direktor beim Verband Region Rhein-Neckar und von 2007 bis 2019 Präsident der Struktur- und Genehmigungsdirektion Süd in Neustadt an der Weinstraße.

Die Region Rhein-Neckar setzt sich aus Teilen der drei Bundesländer Baden-Württemberg, Hessen und Rheinland-Pfalz zusammen. Dabei handelt es sich aus Sicht der drei Bundesländer jeweils um Randgebiete. Die daraus resultierenden Hemmnisse bei der grenzüberschreitenden Raumentwicklung sind der Motor für eine seit Jahrzehnten erfolgreiche gemeinsame Raumentwicklung über Ländergrenzen hinweg. Mit der 2005 erfolgten Aufnahme in den Kreis der Metropolregionen in Deutschland sowie der Neufassung des Staatsvertrages über die Zusammenarbeit bei der Raumordnung im Rhein-Neckar-Gebiet hat die Region eine neue dynamische Entwicklung erfahren.

Seit dem 1. Januar 2006 ist der Verband Region Rhein-Neckar Träger der Ländergrenzen überschreitenden Zusammenarbeit und -entwicklung in der Metropolregion Rhein-Neckar. Insgesamt 290 Kommunen, sieben Landkreise und acht kreisfreie Städte zählen zur Region. Sie ist polyzentrisch durch die drei Oberzentren Ludwigshafen, Mannheim und Heidelberg geprägt. Auf einer Fläche von rund 5600 Quadratkilometern leben ca. 2,4 Millionen Einwohner*innen. Neben verdichteten Siedlungsbereichen gibt es ländliche Gebiete mit weniger als 100 Einwohner*innen pro Quadratkilometer. Die Metropolregion Rhein-Neckar zählt zu den wirtschaftsstärksten Räumen in Deutschland. Weltkonzerne wie BASF, SAP, Roche oder Fuchs Petrolub haben hier ihren Sitz.

Von der Kommunalen Arbeitsgemeinschaft zur Metropolregion Rhein-Neckar

Wer die aktuelle regionale Planung, die regionalen Organisationsstrukturen und Kooperationen im Rhein-Neckar-Raum verstehen und einordnen will, der kommt um einen Blick auf die Historie nicht herum. Die grenzüberschreitende Kooperation in der heutigen Metropolregion Rhein-Neckar begann 1951 mit Gründung der Kommunalen Arbeitsgemeinschaft Rhein-Neckar GmbH. Mitglieder waren die Städte Ludwigshafen, Mannheim, Heidelberg und Viernheim sowie die damaligen Landkreise Heidelberg und Viernheim. Die kommunale Arbeitsgemeinschaft widmete sich Aufgaben, von denen damals erwartet wurde, dass sie auf regionaler Ebene in interkommunaler

Zusammenarbeit besser erledigt werden könnten. Dazu zählten insbesondere Aufgaben des Verkehrs, der Versorgung mit Gas, Wasser und Strom, Aufgaben der Raumplanung sowie der Industrie- und Wohnansiedlung (Schmitz 2005: 360f.). Im Jahr 1969 unterzeichneten die Landesregierungen von Baden-Württemberg, Hessen und Rheinland-Pfalz erstmals einen Staatsvertrag über die Zusammenarbeit bei der Raumordnung im Rhein-Neckar-Gebiet. Die drei Länder verpflichteten sich, ihre Planungen so aufeinander abzustimmen, dass ein einheitliches planungs- und entwicklungsrelevantes Handeln gewährleistet würde. Auf dieser Grundlage wurde 1970 der Raumordnungsverband (ROV) Rhein-Neckar gegründet, dessen Kernaufgabe darin bestand, einen Rahmenplan für die regionale Entwicklung in diesem Drei-Länder-Eck aufzustellen. Allerdings waren die Länder nicht bereit, ihre Planungshoheit an den ROV abzugeben; ferner wurden dem ROV keine Vollzugskompetenzen zugestanden. Dennoch stellte die neue Organisation für die Region einen Quantensprung dar: Erstmals bildete sich ein öffentlich-rechtlicher Planungsverband über bestehende Ländergrenzen hinweg.

Das Beharren der Länder auf einer zweistufigen Planung (ein Ländergrenzen übergreifender Rahmenplan für das Gebiet des ROV sowie eigenständige Regionalpläne nach den jeweiligen Landesplanungsgesetzen der Länder) erschwerte die Kooperation über die Ländergrenzen. Die Schaffung neuer Planungseinheiten auf Länderebene im Zuge der Gebietsreformen verschärfte die Situation, indem der ROV nur noch Teilgebiete jeweils größerer regionaler Planungsverbände der jeweiligen Länder umfasste. Durch eine Satzungsänderung im Jahr 1998 wurden die Koordinationsaufgaben im Bereich Regionalentwicklung, Wirtschaftsförderung und Standortmarketing erweitert. Der territoriale Zuschnitt und damit die Zweistufigkeit der Planung blieben jedoch bestehen.

Komplizierte regionale Organisationsstrukturen, eine fehlende Außenwirkung sowie Forderungen der Wirtschaft nach Vereinfachung der Verfahrensabläufe und stärkerer Einbindung in regionale Entwicklungsprozesse führten ab dem Jahr 2000 zu einer intensiven Diskussion über eine Neuorganisation der regionalen Zusammenarbeit in der Region Rhein-Neckar (Seimetz 2009: 10ff.). Dieser Prozess wurde ab dem Jahr 2003 vor allem durch die Initiative Zukunft Rhein-Neckar-Dreieck (ZRND) vorangetrieben, in der sich Persönlichkeiten aus Wirtschaft, Politik, Wissenschaft und Verwaltung engagierten. Mit dem neuen Staatsvertrag vom 26. Juli 2005 wurden der ROV Rhein-Neckar, die rheinland-pfälzische Planungsgemeinschaft Rheinpfalz und der baden-württembergische Regionalverband Rhein-Neckar-Odenwald aufgelöst. An deren Stelle trat zum 1. Januar 2006 ein gegenüber dem ROV Rhein-Neckar räumlich um die Südpfalz und den Neckar-Odenwald-Kreis vergrößerter länderübergreifender Verband Region Rhein-Neckar (VRRN).

Kernaufgabe des Verbandes war die Erstellung eines Einheitlichen Regionalplans (ERP) für das Verbandsgebiet (Art. 3 Abs. 2 Staatsvertrag 2005). Darüber hinaus wurden dem Verband umsetzungsorientierte Aufgaben übertragen, unter anderem die Trägerschaft und Koordinierung für die regionalbedeutsame Wirtschaftsförderung und das regionalbedeutsame Standortmarketing, die Trägerschaft und Koordinierung für einen regionalen Landschaftspark sowie die Koordinierung von Aktivitäten im Bereich der integrierten Verkehrsplanung (Art. 3 Abs. 5 Staatsvertrag 2005). Wenige Wochen vor der Unterzeichnung des neuen Staatsvertrages, im April 2005, erfolgte die Aufnahme der Region Rhein-Neckar in den Kreis der Europäischen Metropolregionen in Deutschland durch die Ministerkonferenz für Raumordnung (MKRO). Insbesondere die Anerkennung als Metropolregion ermöglichte es, die Zusammenarbeit der regionalen Akteure neu zu ordnen und die vorhandenen Netzwerke und Institutionen unter der Dachmarke Metropolregion Rhein-Neckar zu vereinen sowie neue Netzwerke zu initiieren. So findet die Zusammenarbeit der Akteure aus Politik, Wirtschaft, Wissenschaft und Verwaltung seit 2006 im Verein Zukunft Metropolregion Rhein-Neckar (ZMRN e. V.) statt. Der Verein unterstützt gemeinnützige und regionale Initiativen ideell und finanziell; er bildet die strategische Plattform für die Regionalentwicklung in der Metropolregion Rhein-Neckar. Für die operative Regionalentwicklung, das heißt für die Umsetzung konkreter Vorhaben und Projekte, wurde im selben Jahr die Metropolregion Rhein-Neckar GmbH (MRN GmbH) gegründet. Diese führt Projekte in eigener Trägerschaft durch, initiiert, unterstützt und koordiniert die Arbeit von Netzwerken und betreibt Öffentlichkeitsarbeit und EU-Lobbying. Der Verband Region Rhein-Neckar, der Verein ZMRN und die MRN GmbH bilden seit 2006 das Gerüst der gemeinschaftlichen Regionalentwicklung in der Metropolregion Rhein-Neckar.

A

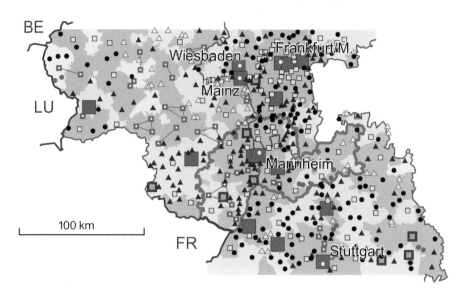

Zentralörtliche Festlegungen
Metropolregion Rhein-Neckar

BE

Wiesbaden

Frankfurt/M.

Mainz

LU

100 km

Mannheim

FR

Stuttgart

Zentralörtliche Festlegungen

| | Oberzentrum | ▲ | Unter-/Grundzentrum |

| | Mittelzentrum mit Teilfunktionen eines Oberzentrums | △ | Teile eines unterzentralen Verbundes |

| | Mittelzentrum | ● | Kleinzentrum |

| ▫–▫ | Teile eines mittelzentralen Verbundes | ● | Teile eines kleinzentralen Verbundes |

—— Umgriff Metropolregion

Lagetyp nach erreichbarer Tagesbevölkerung

| ▨ sehr zentral | ▨ peripher |
| □ zentral | ▨ sehr peripher |

A Zentralörtliche Festlegungen
Metropolregion Rhein-Neckar

Der Einheitliche Regionalplan Rhein-Neckar 2014

Der Einheitliche Regionalplan (ERP) Rhein-Neckar wurde von 2007 bis 2013 erarbeitet und am 26. September 2014 vom Ministerium für Verkehr und Infrastruktur Baden-Württemberg im Einvernehmen mit dem Ministerium für Wirtschaft, Klimaschutz, Energie und Landesplanung Rheinland-Pfalz genehmigt (Art. 5 Abs. 4 Staatsvertrag 2005). Er bildet die rechtlich bindende Grundlage der länderübergreifenden Zusammenarbeit und der gemeinsamen Regionalentwicklung im Rhein-Neckar-Raum. Im hessischen Teilraum entfaltet der ERP keine rechtliche Verbindlichkeit: Er ist im Rahmen der Aufstellung des Regionalplanes Südhessen nur zu berücksichtigen (Art. 5 Abs. 2 Satz 2 Staatsvertrag 2005).

Bei der Aufstellung des ERP mussten die unterschiedlichen Inhalte beziehungsweise rechtlichen Vorgaben der Landesentwicklungspläne Baden-Württemberg (2002) und Hessen (2000), des Landesentwicklungsprogramms (LEP) Rheinland-Pfalz (2008) sowie der unterschiedlichen Regionalpläne soweit wie möglich zusammengeführt und aufeinander abgestimmt werden. Darüber hinaus war ein umfassender Beteiligungsprozess notwendig, der weit über die im Staatsvertrag vorgegebenen Regelungen hinausging. Da die Inhalte der Landesentwicklungspläne hinsichtlich ihrer Methodik, Datenbasis und rechtlichen Vorgaben weitgehend nicht miteinander vergleichbar waren, mussten zahlreiche Gutachten in Auftrag gegeben werden, um eine einheitliche Grundlage für den ERP zu schaffen.

Trotz aller Anstrengungen gelang es nicht, auf Anhieb alle Themenfelder, die einer regionalplanerischen Steuerung bedürfen, vollständig zu harmonisieren und aufeinander abzustimmen. Zu unterschiedlich waren die politischen Vorstellungen und rechtlichen Rahmenbedingungen in den drei Ländern hinsichtlich der Ausgestaltung einzelner raumrelevanter Bereiche. Im Folgenden werden einige Themenbereiche aus dem ERP betrachtet, bei denen sich zeigt, wie unterschiedlich die Harmonisierungserfolge ausfielen.

Zentrale Orte und Verflechtungsbereiche

Der ERP weist als nachrichtliche Übernahme aus den jeweiligen Landesentwicklungsplänen Oberzentren und Mittelzentren aus. Auf der regionalplanerischen Ebene wird das System der Zentralen Orte durch die Ausweisung von Unterzentren (in Baden-Württemberg und Hessen) beziehungsweise Grundzentren (in Rheinland-Pfalz) sowie Kleinzentren (in Baden-Württemberg) ergänzt. In der Raumstrukturkarte fehlen die hessischen Kleinzentren, da der Regionalplan Südhessen / Regionaler Flächennutzungsplan 2010 alle Kommunen als Kleinzentren ausweist, die nicht bereits in eine höhere Zentralitätsstufe eingeordnet sind. Einzelne Gemeinden weisen die für ein Grund-, Unter- oder Kleinzentrum notwendigen Mindestausstattungsniveaus nicht auf und wurden aufgrund der jeweiligen engen räumlichen Verflechtungen als Doppelzentren (Baden-Württemberg) beziehungsweise im rheinland-pfälzischen Teilraum als kooperierende Zentren definiert.

Die Verflechtungsbereiche der Mittelzentren (Mittelbereiche) sind nachrichtlich aus den jeweiligen Landesentwicklungsplänen übernommen. Die Nahbereiche der Grundzentren, Unter- und Kleinzentren sind für den rheinland-pfälzischen Teilraum als Ziele, für den baden-württembergischen Teilraum als nicht verbindliche Vorschläge (Grundsätze) festgelegt. Für den hessischen Teilraum wurde auf die Abgrenzung von Nahbereichen verzichtet, da jede Gemeinde eine zentralörtliche Funktion besitzt. Eine Vereinheitlichung der unterschiedlichen Ausprägungen des Zentrale-Orte-Systems (ZOS) in den Landesentwicklungsplänen ist nicht gelungen. Die Raumstrukturkarte zeigt vielmehr die erheblichen Differenzen in den drei Ländern. Das ZOS entspricht auch nicht mehr den aktuellen Gegebenheiten. Eine Modifizierung sollte daher gemeinsam mit den Ländern eine wichtige Aufgabe bei einer Fortschreibung des ERP sein.

Wohnbauflächen

Hinsichtlich der Steuerung der Wohnbauflächenentwicklung ist mit dem ERP eine weitgehende Harmonisierung der unterschiedlichen Länderregelungen erreicht worden. Für die Ermittlung des Wohnbauflächenbedarfs ist die zukünftige Entwicklung der Bevölkerung einer der wesentlichen Einflussfaktoren. Da die Bevölkerungsprognosen der amtlichen Statistiken in den drei Bundesländern keine einheitliche Methodik aufwiesen, wurde eine eigene Bevölkerungs- und Haushaltsvorausrechnung mit dem Zielhorizont 2020 für das Verbandsgebiet erstellt (ERP 2014: 19f.). Unter Zugrundelegung von Siedlungsdichtewerten ergab sich dann der Wohnbauflächenbedarf. Mit der Bevölkerungs- und Haushaltsvorausberechnung wurde eine einheitliche Datenbasis für alle Kommunen geschaffen. Bewusst hatte man zunächst darauf verzichtet, regionalplanerische Zielsetzungen einfließen zu lassen. Dies geschah in einem zweiten Schritt, der es ermöglichte, länderspezifische Besonderheiten zu berücksichtigen. Zentrale Kriterien der regionalplanerischen Modifikation waren unter anderem die strukturräumliche Lage der Gemeinde, die zentralörtliche Funktion, die Lage an einer regionalen Entwicklungsachse und die Lage an einem Haltepunkt des Schienenpersonennahverkehrs (Verband Region Rhein-Neckar 2014: 20f.). Dieser regionalplanerisch modifizierte Bevölkerungswert 2020 bildete die Basis für die Festlegung des maximalen Wohnbauflächenbedarfs der einzelnen Gemeinden.

Zur Gewährleistung einer nachhaltigen Siedlungsentwicklung wurde der maximale Wohnbauflächenbedarf der Kommunen als Schwellenwert festgelegt. Hinsichtlich der rechtlichen Qualität dieser Schwellenwerte konnte noch keine vollständige Harmonisierung erreicht werden. So haben die Schwellenwerte im rheinland-pfälzischen und hessischen Teilraum Zielqualität, wohingegen sie im baden-württembergischen Teilraum als Orientierungswerte (Grundsatz) vorgegeben sind. Vom maximalen Wohnbauflächenbedarf sind die vorhandenen Wohnbauflächenpotenziale abzuziehen. Deren Erfassung erfolgte für das gesamte Verbandsgebiet über eine Auswertung der Flächennutzungspläne sowie über das Projekt „Raum+" (Ministerium für Wirtschaft, Klimaschutz, Energie und Landesplanung 2011).

Grossflächiger Einzelhandel

Die Standortsteuerung von Einzelhandelsgroßprojekten (Einkaufszentren, großflächige Einzelhandelsbetriebe und sonstige großflächige Handelsbetriebe) ist in allen Bundesländern eng mit dem ZOS verknüpft. Im Rhein-Neckar-Raum finden sich in den Landesentwicklungsplänen Baden-Württemberg und Hessen sowie im Landes-entwicklungsprogramm Rheinland-Pfalz verschiedene Beurteilungsvarianten (Verband Region Rhein-Neckar 2014: 36ff.). Allen Planwerken gemeinsam ist, dass groß-flächige Einzelhandelsbetriebe nur in zentralen Orten angesiedelt werden dürfen. In den einzelnen Bundeslän-dern sind jedoch Ausnahmetatbestände formuliert. So sind Einzelhandelsgroßprojekte in allen drei Bundeslän-dern in der Regel nur in Ober- oder Mittelzentren, in Baden-Württemberg zusätzlich in den Unterzentren zulässig. In Rheinland-Pfalz gilt dies auch für die Grund-zentren, sofern das Vorhaben unter 2000 Quadratmetern Verkaufsfläche liegt. Demgegenüber sind die „zentralört-lichen Standortbereiche für Einzelhandelsgroßprojekte" (zentrale Versorgungsbereiche im Sinne des BauGB) und die „Ergänzungsstandorte für Einzelhandelsgroßprojekte" im ERP nach einheitlichen Maßstäben gebildet und in der Raumnutzungskarte dargestellt worden (Verband Region Rhein-Neckar 2014: 37f.). Ferner hat man sich auf eine einheitliche Liste zentrenrelevanter Sortimente verstän-digt, von der nur in Einzelfällen auf der Grundlage eines kommunalen Einzelhandelskonzeptes abgewichen werden kann.

Das Kapitel „Einzelhandelsgroßprojekte" ist ein Bei-spiel dafür, dass nur eine teilweise Harmonisierung der einzelnen Länderregelungen erreicht werden konnte, jedoch keine vollständige Vereinheitlichung der Bewer-tungskriterien. Die vollständige Übernahme der jeweili-gen länderspezifischen Vorgaben erleichtert dennoch die Vergleichbarkeit der unterschiedlichen Vorgaben und ist ein erster Schritt zu einer einheitlichen Betrachtungs-weise.

Windenergie

Das Thema Windenergie ist ein Beispiel für eine noch nicht vollzogene Vereinheitlichung der raumstrukturellen Zielvorstellungen der drei Länder. Die regionalplaneri-sche Steuerung der Windenergienutzung war ursprüng-lich als Kapitel des ERP vorgesehen. Stark unterschied-liche politische Vorgaben der drei Länder zu den Standortkriterien von Windenergieanlagen erschwerten eine Harmonisierung. Letzten Endes führten laufende Änderungen der landesrechtlichen Vorgaben zur Wind-energienutzung dazu, dass eine erneute Anhörung und Offenlage des ERP notwendig geworden wäre. Dies hätte zu einer wesentlichen zeitlichen Verzögerung geführt, sodass entschieden wurde, das Thema Windenergie aus dem ERP auszukoppeln und in einem eigenständigen „Teilplan Windenergie" zu bearbeiten.

Der ERP ist ein erster gelungener Schritt zu einer einheitlichen Regionalplanung im Rhein-Neckar-Raum. Mit ihm wurde bereits eine weitreichende Harmonisierung der unterschiedlichen Länderregelungen zur Raumentwicklung erreicht. Auch dort, wo noch keine vollständige Harmonisierung möglich war, ist das Bewusstsein für die länderspezifischen Sichtweisen geschärft worden. Der ERP wird hinsichtlich seiner strategischen Planungsziele und mit dem Ziel einer weiteren Harmonisierung von Länderregelungen kontinuierlich weiterentwickelt. Zu nennen ist hier insbesondere die Teilfortschreibung „Wohnen und Gewerbe".

Die aktuelle Teilfortschreibung betrifft die Bereitstellung weiterer Siedlungsflächen für Wohnen und Gewerbe und die Entwicklung eines regionalen Siedlungsflächenmanagements. Dabei geht es vor allem darum, gemeinsam mit den Kommunen die aktuellen Siedlungsflächenreserven zu ermitteln. Im rheinland-pfälzischen Teilraum wird zur Ermittlung der Siedlungsflächenreserven bereits seit mehreren Jahren mit dem System *Raum+Monitor* gearbeitet (Ministerium für Wirtschaft, Klimaschutz, Energie und Landesplanung 2016). Im baden-württembergischen und hessischen Teilraum steht noch kein vergleichbares Instrumentarium zur Verfügung. Deshalb wurde mit Rheinland-Pfalz eine Kooperationsvereinbarung zum gemeinsamen Betrieb von *Raum+Monitor* für die Gesamtregion geschlossen und das in Rheinland-Pfalz bewährte System um den baden-württembergischen und hessischen Teilraum ergänzt. Damit wird ein einheitliches online-basiertes Siedlungsflächenmonitoring etabliert (Seimetz 2019: 19f.). Die kostenfreie und einfache Nutzung der Plattform ermöglicht es insbesondere kleineren Gemeinden, denen in der Regel die technischen und finanziellen Voraussetzungen für ein solches System fehlen, ein eigenes kommunales Siedlungsflächenmanagement einzurichten.

Der Verband hat 2018 eine regionale Gewerbeflächenstudie in Auftrag gegeben, die als Grundlage für die Fortschreibung des Kapitels „Gewerbliche Bauflächen" dient. Mit dem Gutachten werden eine Grobabschätzung des künftigen gewerblichen Flächenbedarfs vorgenommen und Suchräume für regionalbedeutsame Gewerbestandorte identifiziert. Analog zur Methodik beim Kapitel

„Wohnbauflächen" werden bei der Ermittlung des zusätzlichen Flächenbedarfs die planungsrechtlich gesicherten und noch nicht bebauten Gewerbeflächenreserven berücksichtigt. Dabei wird auch hier auf die Datenbank *Raum+Monitor* zurückgegriffen. Auch für andere Themenfelder werden weitere Gutachten zur Vereinheitlichung der Datenbasis und von Beurteilungsgrundlagen notwendig sein. Die schrittweise weitere Harmonisierung erfordert jedoch politischen Willen der Akteure in den drei Ländern.

Fazit

Mit der Benennung von Metropolregionen hat die Ministerkonferenz für Raumordnung (MKRO) eine Raumkategorie eingeführt, die die in der Landesplanung bekannte raumstrukturelle Gliederung erweitert und außerhalb des ZOS liegt. Mit dem Verzicht auf eine exakte räumliche Abgrenzung und organisatorische Ausgestaltung der Metropolregionen hat die MKRO die Entwicklung regional angepasster Governance-Strukturen ermöglicht. In den einzelnen Metropolregionen haben sich vielfältige stadtregionale Organisations- und Managementformen entwickelt. Neben der Metropolregion Rhein-Neckar gibt es weitere Ländergrenzen überschreitende Metropolregionen, wie die Metropolregion Mitteldeutschland (Sachsen, Sachsen-Anhalt, Thüringen), die Metropolregion Rhein-Main (Hessen, Rheinland-Pfalz) oder die Metropolregion Berlin-Brandenburg.

In der Metropolregion Rhein-Neckar ist es in besonderer Weise gelungen, öffentliche Planungsträger, Wirtschaftsunternehmen und zivilgesellschaftliche Akteure für eine kooperative Raumentwicklung zusammenzubringen. Die raumplanerische, strategische Tätigkeit des Verbands ist eng mit den regionalen, operativen Aktivitäten der Wirtschaft und der Zivilgesellschaft verzahnt. Dies wurde dadurch begünstigt, dass sich das Gebiet der Metropolregion Rhein-Neckar mit einer formalen Planungsregion deckt. Räumliche Planung, insbesondere im grenzüberschreitenden Bereich, erfordert zwingend formale Steuerungselemente als auch informelle Entscheidungsstrukturen. Mit den verbindlichen Zielsetzungen im ERP Rhein-Neckar und den gemeinsamen Aktivitäten von Politik, Wirtschaft, Wissenschaft und Zivilgesellschaft in informellen Strukturen der Raumentwicklung ist dies in der Metropolregion Rhein-Neckar beispielhaft gelungen.

Literatur

- HESSISCHES MINISTERIUM FÜR WIRTSCHAFT, VERKEHR UND LANDESENTWICKLUNG (HG.) (2000): Landesentwicklungsplan Hessen 2000, Wiesbaden

- MINISTERIUM DES INNERN UND FÜR SPORT RHEINLAND-PFALZ (HG.) (2008): Landesentwicklungsprogramm (LEP IV) Rheinland-Pfalz vom 14.10.2008, Mainz

- MINISTERIUM FÜR WIRTSCHAFT, KLIMASCHUTZ, ENERGIE UND LANDESPLANUNG (HG.) (2011): Raum+ Rheinland-Pfalz 2010. Die Bewertung von Flächenpotenzialen für eine zukunftsfähige Siedlungsentwicklung. Mainz

- MINISTERIUM FÜR WIRTSCHAFT, KLIMASCHUTZ, ENERGIE UND LANDESPLANUNG (HG.) (2016): Raum+Monitor. Ein Instrument zu einer nachhaltigen Siedlungsentwicklung in Rheinland-Pfalz, Mainz

- SCHMITZ, GOTTFRIED (2005): Metropolregion Rhein-Neckar – Modellregion für einen kooperativen Föderalismus. In: Raumforschung und Raumordnung, Heft 5, S. 360–366

- SEIMETZ, HANS-JÜRGEN (2009): Regional Governance – Voraussetzung für eine zukunftweisende Regionalentwicklung. In: Sonderheft der Materialien zur Regionalentwicklung und Raumordnung, Bd. 28, Kaiserslautern

- SEIMETZ, HANS-JÜRGEN (2019): Flächenmanagement in Rheinland-Pfalz. Vom traditionellen Regionalplan zum proaktiven Handeln. In: PlanerIn, Heft 3/19, S. 18–20

- STAATSVERTRAG zwischen den Ländern Baden-Württemberg, Hessen und Rheinland-Pfalz über die Zusammenarbeit bei der Raumordnung und Weiterentwicklung im Rhein-Neckar-Gebiet vom 26. Juli 2005

- VERBAND REGION RHEIN-NECKAR (HG.) (2014): Einheitlicher Regionalplan Rhein-Neckar, Mannheim

Thomas Walter

Mittelzentrale Funktionsräume in Thüringen

Thomas Walter
geboren 1970 in Ostercappeln, Landkreis Osnabrück, ist Diplom-Geograf, Referatsleiter für Raumordnung und Landesplanung und stellvertretender Abteilungsleiter im Thüringer Ministerium für Infrastruktur und Landwirtschaft. Von 1995 bis 2001 war er als Regionalplaner bei der Regionalen Planungsgemeinschaft Prignitz-Oberhavel im Land Brandenburg tätig.

Thüringen verfügt dank einer langen historischen Entwicklungslinie über ein Netz von Städten, wie es in dieser gleichmäßigen Verteilung in keinem anderen Land der Bundesrepublik zu finden ist. Während beispielsweise Sachsen wesentlich durch die drei Großstädte Dresden, Leipzig und Chemnitz, Brandenburg durch die Metropole Berlin oder Nordrhein-Westfalen durch den Ballungsraum an Rhein und Ruhr geprägt wird, ist Thüringen mit Ausnahme der Oberzentren Erfurt, Jena und Gera ein auffällig homogen besiedeltes Land der Klein- und Mittelstädte. Diese polyzentrische Siedlungsstruktur ermöglicht eine ausgewogene, gleichmäßige und dichte Verteilung mittelzentraler Funktionen. Darauf aufbauend wurden mit dem Landesentwicklungsprogramm Thüringen (LEP) 2025 mittelzentrale Funktionsräume bestimmt.

Das LEP 2025 mit dem Titel „Thüringen im Wandel" (Thüringer Ministerium für Bau, Landesentwicklung und Verkehr 2014) ist am 5. Juli 2014 in Kraft getreten. Vorausgegangen war eine etwa dreijährige Verfahrensdauer mit drei Kabinettsbefassungen, zwei Öffentlichkeits- und Behördenbeteiligungsverfahren, zweimaliger Beteiligung des Thüringer Landtags sowie eine sehr umfangreiche Behördenbeteiligung. Insgesamt gingen über 700 Stellungnahmen mit über 7000 einzelnen Sachäußerungen ein. Die meisten wurden zum Abschnitt „Zentrale Orte", insbesondere zu den Grundzentren abgegeben. Das lag daran, dass mit dem LEP 2025 erstmals alle Zentralen Orte, auch die Grundzentren, auf der Landesebene bestimmt werden sollten. Die Zentralen Orte bilden das Rückgrat der Landesentwicklung zur Stabilisierung (Ankerpunkt) oder Entwicklung (Impulsgeber) aller Landesteile und dienen als Standortsystem der öffentlichen Daseinsvorsorge (Thüringer Ministerium für Bau, Landesentwicklung und Verkehr 2014: Abschnitt 2.2).

Die neu eingeführten mittelzentralen Funktionsräume formieren mit ihrer Orientierung an den für Thüringen charakteristischen Mittelzentren geeignete fachübergreifende und überörtliche funktionale Einheiten im Sinne ausgeglichener Funktionsräume. Sie gewährleisten zudem eine angemessene Erreichbarkeit der Mittelzentren. Die Ermittlung und räumliche Bestimmung erfolgte durch Verschneidung der erreichbarkeitsnächsten Gemeinden mit Pendlerdominanzbereichen bezogen auf die Mittel- und Oberzentren. Als Indikator für das Angebot wurden Einzugsgebiete herangezogen, welche sich durch ein Minimum an Zeitaufwand zur Erreichung eines entsprechenden Zentralen Orts unter Nutzung des

213

Motorisierten Individualverkehrs (MIV) definieren. Die Inanspruchnahme (Nachfrage) mittelzentraler Funktionen wurde anhand der Arbeitsplatzzentralität bezogen auf das Auspendlermaximum (Zeitraum: 2008–2012) bestimmt. Sofern beide Indikatoren übereinstimmen, wird von einem hohen funktionalen Zusammenhang ausgegangen.

Stimmen beide Indikatoren nicht überein, das heißt, entspricht die Pendlerausrichtung nicht dem Erreichbarkeitsminimum, erfolgt im Sinne der variablen Geometrie keine Zuordnung zu einem mittelzentralen Funktionsraum (*bilaterale Ausrichtung*). Wenn keine eindeutige Zuordnung vollzogen wird, wird die Bevölkerungszahl jeweils zur Hälfte den mittelzentralen Funktionsräumen zugerechnet (siehe Tabelle 3: Bevölkerungszahl der mittelzentralen Funktionsräume, LEP 2025).

Im Vorfeld der Bestimmung der mittelzentralen Funktionsräume wurden verschiedene methodische Ansätze durchgespielt. Letztlich wurde entschieden, die mittelzentralen Funktionsräume nur anhand der beiden genannten Indikatoren zu bestimmen. Dies ermöglicht zum einen größtmögliche Transparenz und erlaubt zum anderen eine Anwendung und Erweiterung für vielfältige Handlungs- und Themenbereiche.

Die mittelzentralen Funktionsräume bilden somit das grundlegende räumliche Bezugssystem für vielfältige Anwendungsfälle, zum Beispiel zur Sicherung der Daseinsvorsorge und zur Gewährleistung gleichwertiger Lebensverhältnisse.

Mittelzentrale Funktionsräume werden aus Sicht der Raumordnung und Landesplanung als geeignete Kooperationsräume im Sinne einer Verantwortungsgemeinschaft zwischen Mittelzentrum als Impulsgeber beziehungsweise Ankerpunkt und dem funktional verflochtenen Umland (Begründung zu Grundsatz 2.3.1 LEP 2025) betrachtet. Sie wurden als Grundsätze der Raumordnung angelegt, da eine verbindliche Festlegung universell geeigneter Verflechtungsräume als Ziele der Raumordnung nicht sachgerecht erschien.

Die Ministerkonferenz für Raumordnung (MKRO) stellt in ihrer Entschließung „Zentrale Orte" vom März 2016 fest, dass die Zentralen Orte mittlerer Stufe für die möglichst vollständige, gleichmäßige und gut erreichbare Versorgung der Bevölkerung und zur Sicherung der Chancengleichheit in allen Teilräumen des Bundesgebiets eine besondere Bedeutung haben. Denn: Mittelzentren sind mit ihren Verflechtungsbereichen eine geeignete und für

Zentralörtliche Festlegungen Thüringen

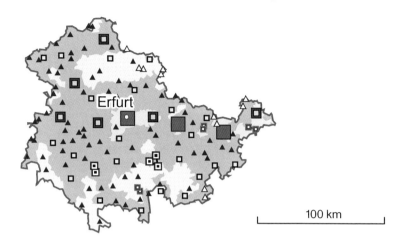

Zentralörtliche Festlegungen

■ Oberzentrum

▣ Mittelzentrum mit Teilfunktionen eines Oberzentrums

▣—▣ Teile eines mittelzentralen Verbundes mit Teilfunktionen eines Oberzentrums

▢ Mittelzentrum

▫—▫ Teile eines mittelzentralen Verbundes

▲ Unter-/Grundzentrum

△ Teile eines unterzentralen Verbundes

Lagetyp nach erreichbarer Tagesbevölkerung

sehr zentral

zentral

peripher

sehr peripher

die Akteure überschaubare räumliche Kulisse, um die Angebote der Daseinsvorsorge, die über die Grundversorgung hinausgehen, flächendeckend zu gewährleisten. Die Verflechtungsbereiche der Mittelzentren sind daher für flächendeckende Versorgungsfunktionen eine besonders geeignete räumliche Bezugsgröße, zum Beispiel für die Ärzteversorgung und für stationäre medizinische Versorgungseinrichtungen (BMVI 2016: 15ff.). Dies entspricht dem Thüringer Ansatz.

A Zentralörtliche Festlegungen Thüringen

Die mittelzentralen Funktionsräume bilden so einerseits den an die Thüringer Erfordernisse angepassten Steuerungsrahmen und stellen andererseits ein Angebot für die verschiedenen Fachplanungen dar. Dieses Angebot wurde in einigen nachfolgenden Fällen aufgegriffen.

Neuabgrenzung der Bedarfsplanbereiche der Ärzt*innen und Psychotherapeut*innen

Ausgehend von Überlegungen auf Bundesebene stand in Thüringen eine Neuabgrenzung der Bedarfsplanbereiche der Ärzt*innen und Psychotherapeut*innen an. Die mittelzentralen Funktionsräume sind als Orientierungsrahmen für diesen Zweck grundsätzlich geeignet. Von Vorteil war bei dem Vorhaben, dass die mittelzentralen Funktionsräume im LEP 2025 politisch legitimiert und insofern belastbar sind. Gegen eine einfache und schnelle Zusammenführung von Funktionsräumen und Bedarfsplanbereichen sprach aber, dass nicht jede Umlandgemeinde eindeutig einem Mittelzentrum zugeordnet werden konnte. Die Neuabgrenzung wurde nicht vollendet, da zwischenzeitlich die Thüringer Landesregierung eine Kreisgebietsreform und eine flächendeckende Gemeindegebietsreform angestrebt hatte und dies abgewartet werden sollte.

Verknüpfung der Landesplanung mit der strategischen Sozialplanung

Im Koalitionsvertrag zwischen den Parteien Die Linke, SPD und Bündnis 90 / Die Grünen für die sechste Wahlperiode des Thüringer Landtags 2016–2020 heißt es unter Punkt 7.2 (Ressortübergreifende Abstimmung bei der Landesentwicklung/Landesplanung): „Die für Landesentwicklung und Infrastruktur sowie für Soziales zuständigen Ministerien werden in Zusammenarbeit mit den Kommunen Maßnahmen und Instrumente der Verknüpfung von Sozialplanung mit Raum- bzw. Landesentwicklung konzipieren." (Landtag Thüringen 2014).

Zur Umsetzung dieser Zielstellung wurden in einem ersten Schritt die im LEP 2025 ausgewiesenen mittelzentralen Funktionsräume mit ausgewählten Sozialindikatoren verknüpft, die die Lebenslagen der Thüringer Bevölkerung, gemessen an den Herausforderungen, die sich dadurch für die Landkreise und kreisfreien Städte ergeben, darstellen: Anteil der Kinder in Bedarfsgemeinschaften an allen Kindern unter 18 Jahren, Schulabgänger*innen ohne Hauptschulabschluss, Arbeitslose Jugendliche, Langzeitarbeitslose, Arbeitslose insgesamt, Grundsicherung bei Erwerbsminderung, ausschließlich geringfügig Beschäftigte nach Wohnort, Haushalte mit Wohngeldbezug, Grundsicherung im Alter, Verhältnis der Bevölkerung über 80 Jahren zur Bevölkerung zwischen 50 Jahren und 65 Jahren (Thüringer Ministerium für Infrastruktur und Landwirtschaft 2017). Im Ergebnis wurden erstmals raumordnerische Betrachtungen mit den Lebenslagen der Menschen in Thüringen verknüpft. Infolgedessen wird beabsichtigt, den Aspekt der strategischen Sozialplanung bei einer zukünftigen Fortschreibung des LEP 2025 stärker zu berücksichtigen. Die mittelzentralen Funktionsräume können dabei das räumliche Bezugssystem für weitere Anwendungsfälle bilden, zum Beispiel bei der Strukturierung der Integrationsfachdienste oder der Ermittlung der existenzsichernden Bedarfe für Unterkunft und Heizung. Mittelzentrale Funktionsräume sind also immer dann geeignet, wenn die administrativen Strukturen alleine den besonderen fachlichen Ansprüchen nicht hinlänglich genügen.

Kommunaler Finanzausgleich

In einzelnen Bundesländern ist der Kommunale Finanzausgleich (KFA) mit dem Zentrale-Orte-Konzept verknüpft, das heißt, die Gemeinden, die als Zentraler Ort eingestuft sind, erhalten eine zusätzliche Finanzzuweisung. In Thüringen existiert diese Verknüpfung nicht, was Vor- und Nachteile mit sich bringt. Für eine Verknüpfung spricht insbesondere die finanzpolitische Inwertsetzung des Zentrale-Orte-Konzepts, dagegen die Reduzierung der Bestimmung der Zentralen Orte auf die Folgen für den

KFA. Fachlich gebotene Veränderungen bei der Bestimmung der Zentralen Orte, zum Beispiel als Folge des demografischen Wandels, könnten dadurch erschwert werden.

Das Thüringer Ministerium für Inneres und Kommunales ließ bei der Überprüfung des horizontalen Finanzausgleichs Überlegungen zur Einführung eines Sonderlastenausgleichs für zentralörtliche Funktionen untersuchen (Steinbeis Forschungszentrum Regionalwirtschaft, Innovationssysteme und Kommunalfinanzen 2017). Nach der gutachterlichen Einschätzung handele es sich beim Zentrale-Orte-Ansatz um einen Faktor, dessen Verwendung zu einer zusätzlichen Erhöhung der Sachgerechtigkeit führen würde. Demnach seien die im LEP 2025 vorgenommenen zentralörtlichen Einstufungen auf der Basis der empirischen Ergebnisse als Indikator für die Bestimmung mindestens ebenso gut geeignet wie die Hauptansatzstaffel, um Unterschiede in den Zuschussbedarfen zu erklären. Die inhaltlichen Argumente ergaben, dass mehr für die Nutzung zentralörtlicher Einstufungen spricht als für die Hauptansatzstaffel. Die Vorgehensweise bei der Bestimmung der mittelzentralen Funktionsräume als Verflechtungsbereiche der Mittelzentren habe zwei wesentliche Vorteile:

1. Die Festlegung von Verflechtungsbereichen anhand statistischer Indikatoren könne nicht durch die Gemeinde beeinflusst werden.
2. Durch die Nutzung der zwei Indikatoren „Gemeinde" und „Umland" erfolge ein Ausgleich des jeweiligen Einzelindikators.

Demnach würde der Rückgriff auf Verflechtungsbereiche einen deutlichen Mehrwert gegenüber der ausschließlichen Nutzung der eigenen Einwohnerzahl im Hauptansatz bieten. Abschließend kommen die Gutachter*innen allerdings zu dem Ergebnis, dass keine eindeutige Empfehlung abgegeben werden könne, denn mit dem einfachen, wenig streitanfälligen und bewährten Indikator der Hauptansatzstaffelung können fast ebenso gute Ergebnisse erzielt werden wie bei einer ergänzenden Nutzung der zentralörtlichen Einstufung. Die Landesregierung hat letztlich entschieden, den Zentrale-Orte-Ansatz nicht aufzugreifen, um unter anderem die Landesplanung zu schützen. Ansonsten würde die Landesplanung mit finanziellen Konsequenzen aufgeladen, das maßgebliche LEP würde stärker politisiert und gegebenenfalls auch streitbefangener. Im Übrigen sollte ein weiterer Systemwechsel neben der stattfindenden Gebietsreform vermieden werden (Steinbeis Forschungszentrum Regionalwirtschaft, Innovationssysteme und Kommunalfinanzen 2017: 35f.).

Gebietsreform

Das Thüringer Ministerium für Infrastruktur und Landwirtschaft hat am 16. Juni 2017 die Ergebnisse zweier fachlicher Expertisen veröffentlicht, die zwischenzeitlich als Beitrag für eine sachorientierte Diskussion im Rahmen der Verwaltungs-, Funktional- und Gebietsreform konzipiert waren (Gather 2017). Ziel der Untersuchung „Mögliche Gebietszuschnitte einer Thüringer Kreisreform, Fachbeitrag aus raumordnerischer Sicht" war es, einen fachlichen Beitrag für Kreisgebiete aus raumwissenschaftlicher Sicht zu erarbeiten. Auf der Basis der Verflechtungsbereiche Thüringer Mittelzentren und eines Indikatorensets (Zugehörigkeit zu Planungsregionen, Erreichbarkeit und Pendlerverflechtungen) wurden Varianten möglicher Kreiszuschnitte entwickelt. Den Einstieg der Untersuchung bildete eine Abgrenzungsvariante anhand der mittelzentralen Funktionsräume. Diese sind auch gut geeignet, Gemeindegliederungsoptionen fachlich zu bewerten. Bewegen sich Gemeindezusammenschlüsse innerhalb eines mittelzentralen Funktionsraums, entspricht dies beispielsweise den Erfordernissen der Raumordnung. Auf eine Kreisgebietsreform wurde letztlich verzichtet, die Abgrenzung der mittelzentralen Funktionsräume spielte aber weiterhin eine Rolle bei der fachlichen Bewertung der geplanten Gebietsneugliederungen auf Gemeindeebene.

Einzelhandel

Für eine Fortschreibung der Zentralen Orte im LEP 2025 wird die Leistungsfähigkeit von Städten und Gemeinden bei der Erfüllung von zentralörtlichen Versorgungsfunktionen ein ganz wesentlicher Aspekt sein. Da für den Wirtschaftszweig Handel keine Erfassung von Daten durch die amtliche Statistik erfolgt, hat das Thüringer Ministerium für Infrastruktur und Landwirtschaft eine umfassende Einzelhandelsuntersuchung mit einer Vor-Ort-Erfassung aller Einzelhandelsgeschäfte in Thüringen vorgenommen

(Thüringer Ministerium für Infrastruktur und Landwirtschaft 2018). Im Rahmen dieser Untersuchung wurde beispielsweise die Marktabdeckung mittelzentraler Funktionsräume durch das jeweilige Ober- und Mittelzentrum im mittel- und langfristigen Bedarf untersucht. Sie ist ein wesentlicher Indikator für die Handelsfunktion des jeweiligen Zentralen Orts. Auch hier bieten die mittelzentralen Funktionsräume wichtige Erkenntnisse für die Fortschreibung des LEP.

Fazit

Die mittelzentralen Funktionsräume stellen einen neueren Ansatz der Thüringer Landesplanung dar. Sie vereinen die klassische Ermittlung und Ausweisung von Mittelbereichen in den landesweiten Raumordnungsplänen mit einer stärker flexiblen und aufgabenbezogenen Umsetzung und stehen gleichberechtigt neben einzelnen fachlichen Ansprüchen beziehungsweise können durch diese fallbezogen erweitert werden.

Aus den mittelzentralen Funktionsräumen im LEP 2025 kann aber kein allgemeingültiger oder übergeordneter Anspruch hergeleitet werden. Sie sind ursächlich nicht als universell-verbindliche Vorgabe, sondern als zusätzliche landesplanerische Variante für diverse Anwendungsfälle angelegt. Dies hat Vor- und Nachteile.

Einerseits wäre es wünschenswert, wenn eine universelle, verbindliche und eindeutige Abgrenzung von Verflechtungsbereichen als übergeordnete Regelung existieren würde oder geschaffen werden könnte, an die eine bloße Anpassung ohne weitergehende fachliche Überlegungen möglich wäre. Andererseits hat der offene und fachlich gleichberechtigte Ansatz überhaupt erst dafür gesorgt, dass die mittelzentralen Funktionsräume als Option für verschiedene Fachplanungen in Betracht kommen. Aus aktueller fachlicher Sicht hat sich dieser Ansatz bewährt.

Literatur

- BUNDESMINISTERIUM FÜR VERKEHR UND DIGITALE INFRASTRUKTUR (2016): Entschließung der Ministerkonferenz für Raumordnung (MKRO) „Zentrale Orte" vom 09.03.2016. In: Dass. (Hg.): Raumentwicklung und Einzelhandel, https://www.bmwi.de/Redaktion/DE/Downloads/W/workshop-impulsvortrag-raumentwicklung-und-einzelhandel.pdf?___blob=publicationFile&v=3 (letzter Zugriff: 26.05.2020)

- GATHER, MATTHIAS (2017): Mögliche Gebietszuschnitte einer Thüringer Kreisgebietsreform – Fachbeitrag aus raumordnerischer Sicht. https://www.thueringen.de/mam/th9/tmblv/landesentwicklung/tmil_gebietszuschnitte_kreisgebietsreform.pdf (letzter Zugriff: 26.05.2020)

- LANDTAG THÜRINGEN (HG.) (2014): Koalitionsvertrag zwischen den Parteien Die Linke, SPD und Bündnis 90/Die Grünen für die 6. Wahlperiode des Thüringer Landtags, Erfurt

- THÜRINGER MINISTERIUM FÜR BAU, LANDESENTWICKLUNG UND VERKEHR (HG.) (2014): Landesentwicklungsprogramm Thüringen 2025 – Thüringen im Wandel, Erfurt

- THÜRINGER MINISTERIUM FÜR INFRASTRUKTUR UND LANDWIRTSCHAFT (HG.) (2018): Landesentwicklungsbericht 2018, Erfurt

- THÜRINGER MINISTERIUM FÜR INFRASTRUKTUR UND LANDWIRTSCHAFT (HG.) (2018): Einzelhandelstagung Thüringen 2018. Veranstaltungsdokumentation, Erfurt

- THÜRINGER MINISTERIUM FÜR INFRASTRUKTUR UND LANDWIRTSCHAFT (HG.) (2017): Landesentwicklungsbericht 2016, Erfurt

- STEINBEIS-FORSCHUNGSZENTRUM REGIONALWIRTSCHAFT, INNOVATIONSSYSTEME UND KOMMUNALFINANZEN (2017): Überprüfung des horizontalen Finanzausgleichs in Thüringen. In: Thüringer Landtag: „Gesetzentwurf der Landesregierung Thüringer Gesetz zur Anpassung des kommunalen Finanzausgleichs. DS 6/4497

Dirk Michaelis

Stendal –
Große Einheitsgemeinde
in der dünn besiedelten
Altmark

Dirk Michaelis

geboren 1958 in Stendal, Altmark, studierte Stadt- und Regionalplanung von 1979 bis 1984 an der HAB Weimar. Seit 1992 ist er Leiter des Bauordnungsamts im Landkreis Stendal und dort seit 2005 auch für den Bereich Kreisplanung und Kreisentwicklung zuständig.

Der Landkreis Stendal liegt im Nordosten des Bundeslandes Sachsen-Anhalt. Gemeinsam mit dem westlich angrenzenden Altmarkkreis Salzwedel wird er der Region Altmark, einer der ältesten deutschen Kulturlandschaften, zugeordnet. Mit einer Gesamtfläche von 2423 Quadratkilometern gehört Stendal zu den zehn größten Landkreisen Deutschlands und bezogen auf die aktuelle Bevölkerungsdichte von 46 Einwohner*innen pro Quadratkilometer zu den zehn am dünnsten besiedelten Landkreisen, woraus allgemein die Zuordnung zu den ländlich geprägten, strukturschwachen Landkreisen in Deutschland resultiert. Entstanden ist der Landkreis in seinen heutigen Grenzen am 1. Juli 1994, also vor etwa 25 Jahren.

Mit seiner Lage außerhalb der Verflechtungsbereiche der umliegenden Metropolen und aktuell ohne Autobahnanbindung, wird der Landkreis häufig mit dem Begriff der peripheren Mitte beschrieben.

Bedingt durch den wirtschaftlichen Zusammenbruch in den Nachwendejahren, der im Landkreis Stendal überdurchschnittlich ausgeprägt war, kam es in der Region zu erheblichen Arbeitsplatzverlusten und zu einer massiven selektiven Abwanderungswelle. Überlagert mit den ebenfalls in der Nachwendezeit einsetzenden sinkenden Geburtenzahlen kam es in der Zeit nach 1990 zunächst zu einem sehr starken Bevölkerungsrückgang, der sich auch in absehbarer Zukunft – allerdings in abgeschwächter Form – weiter fortsetzen wird. Der Landkreis Stendal gehört laut Raumordnungsbericht 2011 des Bundes zu einer Gruppe von 21 Landkreisen, die von sehr stark unterdurchschnittlichen regionalen Lebensverhältnissen geprägt sind.

Bereits im Jahr 2006 wurde der Landkreis Stendal daher im Rahmen der Erstellung der neuen Leitbilder der Raumentwicklung für die Bundesrepublik Deutschland (Einig 2006: 625f.) einer Gruppe von „Stabilisierungsräumen" zugeordnet. Laut Landesentwicklungsplan (LEP) des Landes Sachsen-Anhalt 2010 (Gesetz- und Verordnungsblatt LSA 2015: 170) gehört der Landkreis Stendal zu den „Räumen mit besonderen Entwicklungsaufgaben", die laut des seit 2015 geltenden Landesentwicklungsgesetzes Sachsen-Anhalt (Gesetz- und Verordnungsblatt LSA 2015: 170) vor allem bei Maßnahmen zur Verbesserung der Infrastruktur, der Wirtschaftsstruktur und der wirtschaftlichen Leistungsfähigkeit besonders zu berücksichtigen sind.

Kreis-
und Gemeindegebietsreform

Der Landkreis Stendal ist Ergebnis einer zweistufigen Kreis- und Gemeindegebietsreform in Sachsen-Anhalt, die auf eine deutliche Reduzierung der Kreise und Kommunen abzielte. Heute besteht der Landkreis aus sechs Einheits- und drei Verbandsgemeinden. Die flächenmäßig größte Gemeinde ist mit einer Fläche von 438 Quadratkilometern und etwas weniger als 10.000 Einwohner*innen die Verbandsgemeinde Seehausen. Die einwohnerstärkste ist die Einheitsgemeinde Hansestadt Stendal mit nicht ganz 40.000 Einwohner*innen auf einer Fläche von 268 Quadratkilometern. Der Landkreis Stendal ist als Zusammenschluss der Altkreise Havelberg, Osterburg und Stendal im Rahmen der ersten Kreisgebietsreform im Jahr 1994 entstanden. Von der zweiten Stufe der Kreisgebietsreform im Jahr 2007 war der Landkreis dann nicht mehr betroffen.

Auf der gemeindlichen Ebene vollzog sich zunächst eine zweistufige Verwaltungsreform, so wurden 1992 Verwaltungsgemeinschaften gebildet, die im Jahr 2005 vergrößert wurden. In der Koalitionsvereinbarung der Landesregierung von 2006 wurde das Ziel der Bildung leistungsfähiger Gemeinden verankert. 2007 existierten im Bundesland Sachsen-Anhalt 1033 Gemeinden. Im Rahmen der ersten freiwilligen Phase (7. August 2007 bis 30. Juni 2009) sank die Zahl auf 863 Gemeinden. Ab dem 1. Juli 2009 begann die gesetzliche Phase, die am 1. November 2011 mit einer Zahl von 219 Gemeinden endete. Vorrangiges Ziel der Gemeindegebietsreform war die Bildung von Einheitsgemeinden. Die alternative Verbandsgemeinde räumt den Mitgliedsgemeinden noch eine gewisse Selbstständigkeit ein. Im Ergebnis der Gemeindegebietsreform entstanden letztendlich 104 Einheitsgemeinden und 18 Verbandsgemeinden mit insgesamt 115 Mitgliedsgemeinden. Die im westlichen Nachbarkreis liegende Stadt Gardelegen rückte bedingt durch die dadurch entstandene Gesamtfläche von 632 Quadratkilometern zur drittgrößten Stadt Deutschlands auf. Diskussionen begleiteten diesen Prozess. Die Befürworter*innen betonten das wirtschaftlichere Handeln einer zentralisierten Verwaltung, verwiesen auf Effizienzsteigerungen, Kosteneinsparungen und eine höhere Flexibilität gegenüber demografischen Veränderungen. Grundsätzlich wurde dabei den Einheitsgemeinden eine höhere Zukunftsfähigkeit gegenüber den kleinen Gemeinden bescheinigt. Die Gegner*innen vermuteten eher eine Verringerung von Effizienz und Effektivität der kommunalen Verwaltung und sahen insbesondere die Gefahr, dass dörfliche Identitäten zunehmend verloren gehen würden. Die dagegen erhobene Klage mit der Begründung, dass dieser Eingriff in die kommunale Selbstverwaltung nicht verfassungskonform war, wurde vom Landesverfassungsgericht abgewiesen. Der Versuch eines Volksbegehrens scheiterte an mangelnder Beteiligung.

Im Ergebnis ist sicherlich die Effizienz gestiegen, während die Ortsansässigen, insbesondere der Ortsbürgermeister, hin und wieder den Verlust der dörflichen Identität beklagen. Mit der Gemeindegebietsreform erfolgte auch eine deutliche Reduktion der Anzahl von Gemeinderät*innen und Ortsbürgermeister*innen. Der damit einhergehende Wegfall von wohnsitznahen Kommunalverwaltungen hat bei vielen Bewohner*innen zu einer Entfremdung von politischen Prozessen und staatlichen Strukturen geführt, die sich unter anderem in einem Rückgang der Wahlbeteiligung niederschlug.

Demografie und Siedlungsstruktur

Die Bevölkerungsentwicklung ist das zentrale Problem des Landkreises Stendal. Von 1990 bis 2018 ist die Bevölkerungszahl von 156.000 auf 112.000 Einwohner*innen gesunken. Dieser Schwund um 44.000 Einwohner*innen entspricht einem Rückgang von circa 28 Prozent. Bis zum Jahr 2030 wird ein weiterer Rückgang um circa 15 Prozent auf ca. 97.600 Einwohner*innen prognostiziert. Das würde mit Blick auf die Bevölkerungszahl von 1990 einen Rückgang von insgesamt circa 38 Prozent bedeuten. Damit gehört der Landkreis Stendal deutschlandweit zu einer Gruppe von besonders stark vom demografischen Wandel betroffenen Regionen.

Die Altmark wird häufig als Abwanderungsregion bezeichnet, was aber bei genauer Betrachtung einseitig wahrgenommen ist Sicher fiel das Wanderungssaldo im Zeitraum von 2000 bis 2010 mit durchschnittlich minus 1300 Einwohner*innen pro Jahr deutlich negativ aus. Im Zeitraum von 2011 bis 2017 lag der Bevölkerungsverlust allerdings nur noch bei durchschnittlich 460 Einwohner*innen pro Jahr. Der Trend spricht dafür, dass die

Region sich zunehmend erholt und wieder verstärkt als Lebensraum angenommen wird. In einigen Städten überwiegt inzwischen sogar der Zuzug.

Die Altmark ist seit jeher dünn besiedelt und so sind auch nur 4,5 Prozent der Fläche des Landkreises Stendal als Siedlungsfläche ausgewiesen (Landeswert: 7,7%) und die Siedlungsdichte liegt bei aktuell 606 Einwohner*innen pro Quadratkilometer Siedlungs- und Verkehrsfläche (Landeswert: 941 EW/km^2 SuV; Deutschland: 1622 EW/km^2 SuV). Hinzu kommt eine sehr disperse Siedlungsstruktur mit 268 Dörfern, neun Kleinstädten sowie der Mittelstadt Stendal. Alles zusammengenommen ergibt sich eine relativ gleichmäßige Verteilung in der Fläche und eine geradezu idyllische Einbettung in den Naturraum. Dabei haben eigenen Erhebungen zufolge 81 Prozent der Dörfer weniger als 300 Einwohner*innen, 42 Prozent der Dörfer sogar weniger als 100 Einwohner*innen. Die Kernstadt Stendal sticht da mit ihren 31.500 Einwohner*innen deutlich heraus. Für die Sicherung der Daseinsvorsorge stellen die demografischen und siedlungsstrukturellen Rahmenbedingungen eine gewaltige Herausforderung dar.

Zentrale Orte

Der LEP des Landes Sachsen-Anhalt (Gesetz- und Verordnungsblatt LSA 2011) stärkt vor dem Hintergrund des demografischen Wandels das System der Zentralen Orte und verfolgt dabei den klassischen Ansatz eines dreistufiges Systems, bestehend aus Ober-, Mittel- und Grundzentren, und räumlicher Konzentration der Versorgungsleistungen. Die Ausweisung der Ober- und Mittelzentren erfolgt dabei im Landesentwicklungsplan und die der „reinen" Grundzentren in den jeweiligen regionalen Entwicklungsplänen der fünf Planungsregionen. Für dünn besiedelte Regionen gibt es Ausnahmemöglichkeiten von den Tragfähigkeitsschwellen, da der Erreichbarkeit der Vorrang eingeräumt wird. Weiterhin ist die Funktionsteilung möglich. Im Land Sachsen-Anhalt werden bei Nichteinhaltung der Erreichbarkeitskriterien auch Teilfunktionen zugewiesen. So nehmen die Hansestadt Stendal in der Altmark und die Stadt Halberstadt im Harz jeweils die Funktion eines Mittelzentrums mit der Teilfunktion eines Oberzentrums wahr. Im Gebiet des Landkreises Stendal weist der LEP außerdem die beiden Hansestädte Havel-

Zentralörtliche Festlegungen
Sachsen-Anhalt

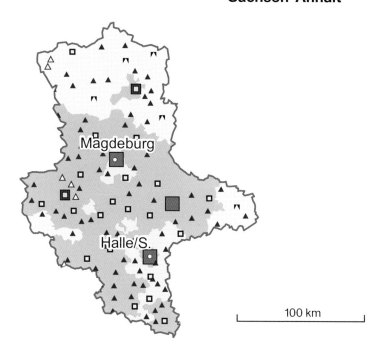

Zentralörtliche Festlegungen

▨ Oberzentrum

◘ Mittelzentrum mit Teilfunktionen
eines Oberzentrums

☐ Mittelzentrum

◪ Unterzentrum mit Teilfunktionen
eines Mittelzentrums

▲ Unter-/Grundzentrum

△ Teile eines unterzentralen
Verbundes

**Lagetyp nach erreichbarer
Tagesbevölkerung**

▨ sehr zentral

☐ zentral

▨ peripher

☐ sehr peripher

A Zentralörtliche Festlegungen
Sachsen-Anhalt

berg und Osterburg, also die ehemaligen Kreisstädte, als Grundzentrum mit Teilfunktionen eines Mittelzentrums aus.

Die Mittelzentren erhalten laut § 13 Finanzausgleichgesetz (Gesetz- und Verordnungsblatt LSA 2017: 60) einen Zentralitätszuschlag von 20 Prozent. Sowohl für die „reinen" Grundzentren als auch für die im LEP festgelegten Grundzentren mit der Teilfunktion eines Mittelzentrums ist dagegen kein spezieller Zuschlag vorgesehen. Das ist die traurige Wahrheit, die vor dem Hintergrund der im LEP verankerten, gezielten Stärkung der Zentralen Orte absolut nicht nachvollziehbar ist. Die Gewährleistung der Daseinsvorsorge und damit der Gleichwertigkeit der Lebensverhältnisse in peripheren, strukturschwachen ländlichen Räumen ist ein permanent diskutiertes Thema in Deutschland und Gegenstand zahlreicher Modellprojekte und Studien. Zentralitätszuschläge für jede Stufe der zentralen Orte zu gewähren, wäre mit Sicherheit ein großer Schritt, um den anvisierten Zielen näherzukommen. Es ist in Sachsen-Anhalt auch nicht gewollt, dass die jeweilige Einheits- oder Verbandsgemeinde die ihr zugewiesene zentralörtliche Funktion in ihrer Gesamtfläche wahrnimmt. Definiert ist dies in § 5 des Landesentwicklungsgesetzes vom 23. April 2015: „Zentraler Ort ist ein im Zusammenhang bebauter Ortsteil als zentrales Siedlungsgebiet einer Gemeinde einschließlich seiner Erweiterungen im Rahmen einer geordneten städtebaulichen Entwicklung. Der zentrale Ort ist im Raumordnungsplan durch den Träger der Planung festzulegen."

Die Einheitsgemeinde Stendal hat aktuell circa 40.000 Einwohner*innen, die sich auf die Mittelstadt Stendal und weitere 29 Dörfer verteilen, wobei 31.500 Einwohner*innen auf die Kernstadt, also die Hansestadt Stendal als das eigentliche Mittelzentrum, entfallen. Damit wohnt gut jede*r vierte Einwohner*in (28% im größten zentralen Ort des Landkreises beziehungsweise der Altmark. Im Stadtgebiet verteilen sich zahlreiche Institutionen der sozialen Daseinsvorsorge, darunter etliche Außenstellen von Landesbehörden, wie das Finanzamt, die Katasterbehörde, das Landesamt für Verbraucherschutz, das Landesveterinäramt, das Landeseichamt. Die Hansestadt Stendal ist Gerichtsstandort, verfügt über ein großes Krankenhaus, ist Sitz der Kreisverwaltung und hält zahlreiche Bildungseinrichtungen aller Stufen einschließlich Hochschule vor. Im Arbeitsort Stendal sind 17.637 sozialversicherungspflichtige Beschäftigte tätig, wovon 8945 einpendeln (Statistisches Landesamt 2017).

Verkehrliche Situation

Die Hansestadt Stendal ist überregional per Straße und Schiene sehr gut erreichbar. Mit Einsetzen der Industrialisierung zum Ende des 19. Jahrhunderts wurde Stendal zum Verkehrsknotenpunkt, da sich hier Straßen- und Schienenverbindungen in Ost-West- und Nord-Süd-Richtungen kreuzten. Zu Beginn der 1990er Jahren erhielt die Stadt eine Anbindung an die ICE-Strecke Berlin–Hannover mit Halt zu den beruflichen Spitzenzeiten, und auch das Straßennetz des Landkreises ist für die Anbindung der unterschiedlichen Orte ausreichend. Nur hinsichtlich der Autobahnanbindung zeigen sich Defizite: Im Bundesverkehrswegeplan aus dem Jahr 2014 wird der Landkreis einschließlich der nördlich angrenzenden Gebiete in Brandenburg und Niedersachsen als größtes zusammenhängendes Gebiet mit dem höchsten Erreichbarkeitsdefizit in Deutschland benannt (BMVI 2014: 38). Spätestens 2025 soll aber die im Bau befindliche Verlängerung der A-14 fertiggestellt sein und den Anschluss Stendals an das Autobahnnetz gewährleisten.

Wie sieht es aber für jene Bevölkerungsteile aus, die kein eigenes Auto nutzen? Der Landkreis Stendal ist Träger des öffentlichen Straßenpersonennahverkehrs (ÖSPV). Auf der Basis des Nahverkehrsplanes wird die innerregionale Erschließung sichergestellt. Für den Busverkehr wurden 44 Liniengenehmigungen erteilt, wovon 40 betrieben werden. Das gesamt Netz hat eine Länge von circa 1300 Kilometern und für das Ein- und Aussteigen existieren 533 Haltstellen. Der Busbahnhof Stendal ist der zentrale Knoten des gesamten Netzes. Bei schwach ausgelasteten Verbindungen wurde ein zusätzliches Rufbussystem eingerichtet. Der Fahrplan wurde jedoch überwiegend auf den Schulbetrieb abgestimmt, da circa 80 Prozent der Nutzer*innen Schüler*innen sind. Die ältere nicht mobile Bevölkerung ist bei einem Besuch der Kreisstadt damit wesentlich vom Rhythmus der auf die Schüler*innen abgestimmten Fahrzeiten abhängig. Der gesamte Busbetrieb kann dabei nicht kostendeckend betrieben werden und erfordert derzeitig einen Zuschuss von etwas mehr als 5 Millionen Euro pro Jahr. Vor diesem Hintergrund ist eine kürzere Taktung der Fahrzeiten nicht möglich. Die Suche nach alternativer Mobilität im dünn besiedelten ländlichen Raum bleibt also auf der Tagesordnung.

Fazit

In den 1990er Jahren wollte man die Rahmenbedingungen von dünn besiedelten Regionen verbessern, indem Verwaltungsleistungen in der Fläche in Bürgerbüros angeboten werden sollten. Von ersten, mit viel öffentlichem Beifall versehenen Praxisversuchen war jedoch nach relativ kurzer Zeit nichts mehr zu hören. Insofern bleibt abzuwarten, wie die derzeit vorbereitete Breitbanderschließung die Nachfrage nach Versorgungsleistungen wie auch die Rolle des Mittelzentrums Stendal verändern wird.

Der LEP Sachsen-Anhalt verwendet das dreistufige Modell der Zentralen Orte und setzt auf die räumliche Konzentration der Funktionen in den jeweiligen Siedlungskernen, das heißt durch eine gezielte räumliche Abgrenzung des zentralen Ortes innerhalb der jeweiligen Einheits- oder Verbandsgemeinde. Gerade vor dem Hintergrund des demografischen Wandels und der angestrebten Gleichwertigkeit der Lebensverhältnisse werden die Zentralen Orte zu Kernbausteinen der Regionen. So hat, wie von Jürgen Aring prognostiziert, die Stadt Stendal in den letzten zehn Jahren einen enormen Bedeutungszuwachs in der Altmark erfahren. Da die zeitlich vorgegebene Erreichbarkeit des nächsten Oberzentrums nicht gewährleistet ist, wurde die Hansestadt Stendal als Mittelzentrum mit der Teilfunktion eines Oberzentrums im LEP ausgewiesen. Mit einem recht breiten Angebot an Funktionen wird sie diesem Status gerecht und versorgt die Einwohner*innen im Norden des Bundeslandes deutlich über den Grundbedarf hinaus. Gemeinsam mit den weiteren ausgewiesenen Zentralen Orten, die sich relativ gleichmäßig verteilen, wird die Stabilität des Versorgungssystems in der Fläche gewährleistet. In diesem Zusammenhang kann festgestellt werden, dass sich die Bildung der Einheitsgemeinde bewährt hat.

Literatur

- BUNDESMINISTERIUM FÜR VERKEHR UND DIGITALE INFRASTRUKTUR (HG.) (BMVI) (2014): Grundkonzeption zum Bundesverkehrswegeplan 2015, Bonn

- EINIG, KLAUS (2006): Analytische Grundlagen der Leitbilder. In: Informationen zur Raumentwicklung – Heft 11/12

- GESETZ- UND VERORDNUNGSBLATT LSA (2011): Verordnung über den Landesentwicklungsplan 2010 des Landes Sachsen-Anhalt. GVBL Nr. 6, Magdeburg

- GESETZ- UND VERORDNUNGSBLATT LSA (2015): Landesentwicklungsgesetz Sachsen-Anhalt, GVBL Nr. 9, Magdeburg

- GESETZ-UND VERORDNUNGSBLATT LSA (2017): Finanzausgleichsgesetz Sachsen-Anhalt, GVBL LSA Nr. 5, Magdeburg

- STATISTISCHES LANDESAMT SACHSEN-ANHALT (LSA) (2017): Statistischer Bericht Erwerbstätigkeit, Datenstand 2017, Halle (Saale)

III
GLOBALISIERTE RÄUME –
GESPALTENE
GESELLSCHAFT

Jörg Dürrschmidt

Gesellschaftliche Reaktionen auf Digitalisierung und Globalisierung

Jörg Dürrschmidt
geboren 1964 in Ludwigslust,
Mecklenburg, ist Professor für
Soziologie an der Hochschule für
Öffentliche Verwaltung und
Finanzen Ludwigsburg und
ebenda Co-Leiter des Instituts für
Angewandte Forschung. Zuvor
lehrte er an anderen Universitäten
im Aus- und Inland, u. a. an der
University of the West of England
in Bristol und an der Universität
Kassel.

Lesen nicht raumplanerisch geschulte Leser*innen den *Raumordnungsbericht 2017: Daseinsvorsorge sichern*, so bleiben drei nachhaltige Eindrücke. Zum Ausdruck kommt zunächst die grundsätzliche Skepsis gegenüber der nachhaltigen Belastbarkeit des Zentrale-Orte-Systems (ZOS) mit Blick auf die Zukunft bis 2035: „Bereits heute werden vor allem in dünn besiedelten ländlichen und peripheren Teilräumen [...] raumordnungspolitische Herausforderungen an die Daseinsvorsorge nur mit Einschränkungen erfüllt". Deutlich wird zudem eine latente Verunsicherung bezüglich der Berechenbarkeit „privater Akteure, die mit ihren Entscheidungen hinsichtlich Konsum, Wohnort- und Arbeitsplatzwahl sowie Investitionen [...] dazu beitragen, ob und in welchem Maße das Leitbild ‚Daseinsvorsorge sichern' umgesetzt wird". Weiterhin wird vermutet, dass die zukünftige Entwicklungen des ZOS neben den harten materiellen auch weiche Leitplanken hat: „Auch hängt es von gesellschaftspolitischen Wertvorstellungen ab, welche unterschiedlichen Leistungen in den in den unterschiedlichen Bereichen als grundlegend für die Versorgung der Bevölkerung angesehen werden" (BBSR 2017: 7, 9, 63, 46).

Nun können diese Eindrücke so interpretiert werden, dass das ZOS wie so oft in seiner langen Geschichte (Blotevogel 2013) nachjustiert werden muss mit Blick auf neue Herausforderungen: unter anderen den demografischen Wandel in seinen verschiedenen Facetten, verändertes Mobilitätsverhalten, veränderte Familien- und Berufswelten, oder die Veralltäglichung virtueller Medien. In diesem raumplanerischen Sinne bieten die Straffung und Reskalierung von siedlungs- und infrastruktureller Zentralität einen Schlüssel zur Aufrechterhaltung einer grundlegenden gesellschaftlichen Chancengleichheit in der nationalstaatlichen Fläche (ARL 2013).

Die Krisensymptome des ZOS könnten aber auch gelesen werden als Indikatoren für grundlegende „Schwierigkeiten des Regierens in Zeiten der Globalisierung" (Maull 2015). Dann wären sie im Zusammenhang eines „Megatrends" zu sehen, der „als sich immer weiter öffnende Schere zwischen dem Bedarf nach politischer Steuerung einerseits und der Fähigkeit der Politik, diese Steuerungsleistung zu erbringen andererseits" beschrieben werden kann. Ursächlich hierfür sind die gegenläufigen Tendenzen der global ausgreifenden Vernetzung bei gleichzeitiger Fragmentierung territorialer Ordnungsgefüge (Maull 2015: 34).

„Fragmentierte Globalisierung" (Scholz 2012: 28f., 32) kann zunächst als selektive Integration regionaler Wirtschaftsmilieus in transnationalisierte Wertschöpfungsketten beschrieben werden, mit den entsprechenden Konsequenzen brüchiger Raumstrukturen und Tendenzen sozialer Entsolidarisierung. Auch wenn es sich hier zunächst um einen sektoralen Strukturwandel handelt, der die rohstoff- und arbeitsintensiven Industrien benachteiligt, technologie- und wissensintensive Branchen hingegen avanciert, so profiliert sich dieser globale Wandel doch in einer recht deutlich wahrnehmbaren Geografie von Abstiegs- und Aufstiegsregionen auch in Europa und Deutschland (Südekum et al. 2017). Diese Auf- und Abwertungsprozesse von Räumen betreffen aber auch die in ihnen beheimateten Lebensentwürfe; und zwar nicht nur im Sinne möglicher sozioökonomischer Deklassierungserfahrungen, sondern grundsätzlicher Identitätsverunsicherungen. Bis weit in die bürgerliche Mitte reicht in den Gesellschaften des globalen Nordens die Angst nicht nur vor tatsächlichen oder erwartbaren materiellen Statuseinbußen, sondern auch die Sorge vor einer Verschiebung der Koordinaten des legitimen sozialen Positionserwerbs über wohlfahrtsstaatlich abgesicherte Leistungen und Anrechte. Der Wandel in der sozialen Wahrnehmung der Globalisierung von einem „Motor der Wohlstandsmehrung" hin zu einer „Quelle der Bedrohung und Überforderung", von „Erwartungsoffenheit" zu „Verunsicherung" kann durchaus als Hinweis auf eine grundlegende Erschöpfungstendenz der „inklusiven", das heißt nationalstaatlich organisierten, „zweiten" Globalisierung gelesen werden (Hüther et al. 2018: 7, 10).

Ein Schlüssel zur Einschätzung der Tragweite dieses grundlegenden Strukturwandels liegt darin, dass „eine zentrale Funktionalität unserer Epoche – friedlich, effizient und effektiv Koordinationsleistungen zu erbringen – in Zweifel gezogen wird" (Hüther et al. 2018: 10). Damit ist das Stumpfwerden nationaler Politiken der sozialen Inklusion über die Institutionen des Wohlfahrtstaats angesprochen. Während es lange zu den tragenden Illusionen der „zweiten" Globalisierung gehörte, „dass es direkt und überall nur Gewinner gibt", werden nun vor der Kulisse institutioneller und normativer Verunsicherung des nationalstaatlich domestizierten Globalisierungsprojekts „die Verliererpositionen sichtbarer, mit der jeder ökonomische Strukturwandel und erst recht im globalen Maßstab verbunden ist" (Hüther et al. 2018: 252f., 258).

Gewinner*innen und Verlierer*innen der Globalisierung: disparate Erfahrungswelten

Folgt man den sozioökonomischen Analysen zu den Folgen der fragmentierten globalen Umverteilung von Arbeit und Reichtum, dann gehören die arbeitenden Mittelschichten in Amerika und Europa zu den Hauptverliererinnen dieser Dynamik. Sie müssen Sorge haben vor dem, was der Ökonom Branco Milanovic als „the great middle class squeeze" (Milanovic 2016: 214f.) beschrieben hat, also vor dem Zerrieben-Werden zwischen den Gewinnerinnen dieser Entwicklung. Diese werden prototypisch benannt mit den metropolitanen Eliten des globalen Nordens einerseits und den aufstrebenden Mittelschichten Asiens andererseits. In den Gesellschaften dies- und jenseits des Atlantiks zeigt sich die neue Dynamik von Gewinner*innen und Verlierer*innen der Globalisierung nicht nur in statistisch belegbaren Einkommensspreizungen (EPRS 2016), sondern auch in einer Polarisierung der Werthaltungen. Die Verlierer*innen reagieren auf Arbeitsprekarität und Identitätsverlust mit Rückzug auf autoritäre Werte und Leitbilder kultureller Homogenität (EPRS 2016: 21). Schaut man sich diesbezüglich die Wahlausgänge der Brexit-Entscheidung und der letzten US-Präsidentschaftswahlen an (Abb. 1), dann deutet alles auf ein „Votum der Globalisierungsverlierer außerhalb der urbanen Zentren hin" (Südekum et al. 2017: 1).

Schauen wir zunächst auf die Brexit-Karte, dann sehen wir die Zentren der „Remain"-Stimmen neben dem Großraum der Global City London vor allem in Universitätsstädten mit kosmopolitaner Geschichte und Bevölkerung sowie mit Nähe zu Flughäfen und anderen Infrastrukturen globaler Vernetzung, wie Bristol oder Newcastle. Die „Exit"-Stimmen und Stimmungen hingegen konzentrieren sich in der Fläche des ländlichen Englands und Wales. David Goodhart hat in seinem Buch *The Road to Somewhere* hinter der Geografie der knappen 52 zu 48 Prozent Brexit-Entscheidung eine auf grundsätzlichen Werten beruhende Spaltung der Lebensführungsmuster in der britischen Gesellschaft skizziert (Goodhart 2017). Auf der einen Seite haben sich über die letzten Jahrzehnte die „Anywheres" (oder „Überalls") zu einem global denkenden und beruflich wie privat in transnationalen Netzwerken beheimateten metropolitanen Milieu herauskristallisiert. Sie schätzen Offenheit, Mobilität, Diversität und Selbstbestimmung als Werte einer individualisierten Gesellschaft. Mit dieser Einstellung und dem dazugehörigen Human- und Sozialkapital können sie tatsächlich überall Fuß fassen Die „Somewheres" (oder „Irgendwos") hingegen fühlen sich gebunden an und verbunden mit den Orten, an denen sie langjährige Freundschaften und stabile Familienstrukturen etabliert haben. Ihre Berufs- und Lebenswelt honoriert die Vertrauens- und Solidaritätskultur lokaler Netzwerke.

Es wäre eine verkürzte Analyse, das Brexit-Votum als Anti-Immigration- und Anti-EU-Votum abzuhandeln, auch wenn die politische Projektionsfläche dieser Lebensführungsdebatte das suggeriert (Freedland 2017). Vielmehr geht es nach Goodharts Analyse im Kern dieser Debatte um gesellschaftliche Leitbilder für das 21. Jahrhundert. Das Brexit-Votum ist demnach im Grunde eine Absage der kleinstädtischen und ländlichen Provinz an die „Londonisation" der britischen Gesellschaft (Goodhart 2017: 216). Auch hier gilt wiederum, dass diese Ablehnung nicht nur die kosmopolitane und gut vernetzte Metropole meint, sondern die Ablehnung eines „Mantras der sozial mobilisierten Lebensführung", das sozialen Aufstieg und Erfolg mit „Leaving" assoziiert und die moralische Wertigkeit von Ausharren in sozialer Bindung und langfristiger Verpflichtung geringschätzt (Goodhart 2017: XVf.). Wenn also den „Somewheres" oder Brexit-Befürworter*innen hohe Zustimmung zur Aussage „Britain sometimes feels like a foreign country" zugeschrieben wird, dann bezieht sich das neben ethnischen Aspekten auch und vor allem auf eine Dominanz der Lebensführungsmuster der „Anywheres" durch ihre Präsenz in Politik und Medien, obwohl sie numerisch nur 20 bis 25 Prozent der Bevölkerung ausmachen (Freedland 2017).

Dieser Art der kulturellen Entfremdung quer durch die Mitte der Nationalstaatsgesellschaft erforscht Arlie Russel Hochschild in ihrem Buch *Strangers in their Own Land: Anger and Mourning on the American Right* (2016). Aus ihrer ethnografischen Erkundung Louisianas als exemplarischem Feld für den zu beobachtenden kulturellen Drift stammen vor allem drei Beobachtungen, welche die Analyse von peripherisierten Milieus weiter erschließen (Davies 2017). Das ist zum einen die Rolle des Ressentiments in der moralischen Geografie der Entfremdung zwischen Globalisierungsverlierer*innen und -gewinner*innen. Ressentiment ist, anders als Wut, das unterschwellige Gefühl derer, die (aus ihrer Sicht) ungerechtfertigte soziale Zurücksetzung erfahren und die damit verbundene Scham und Hilflosigkeit immer wieder neu durchleben. Es äußert sich in Hochschilds Beschreibung als ein latenter Antiintellektualismus gegen diejenigen die zwar viel spezialisiertes Fachwissen haben („knowing that"), aber nicht wirklich wissen wie der Alltag der einfachen Leute funktioniert („knowing how") (Davies 2017: 413f.). Die zweite Beobachtung in Hochschilds Analyse peripherisierter Räume und Lebenswelten betrifft die Bedeutung der Alltagsnarrative. Die verinnerlichte Verletzung der eigenen Wertmaßstäbe wird demnach aufgefangen durch „deep stories", also von tief in der kollektiven Alltagserfahrung integrierte Geschichten wie das „waiting in line" (Davies 2017: 417). Sie handelt vom amerikanischen Traum der einfachen Leute, in dem nicht nur harte Arbeit, sondern auch Disziplin, Respekt vor den anderen, die denselben Traum hegen, ein hohes Maß an Ausharrungsvermögen verlangt, bis man eben an der Reihe ist. Diesem selbstgenügsamen, geduldigen Streben widerspricht die Erfahrung des „cutting in line", das aus der Sicht der betroffenen durch wohlfahrtsstaatliche Sonderprogramme unter andere für ethnische Minderheiten und Geflüchtete systematisiert wird. „Deep Stories" erzählen keine rationalen Zusammenhänge oder objektive Daten nach, sondern artikulieren „how things feel" im Alltag der Globalisierungsverlierer*innen. Es resultiert daraus eine gewisse Affinität zu populistischen Ideologien oder was aus wissenschaftlicher Distanz heraus als „great paradox" beschrieben wird (Davies 2017: 414f.). So ist die Aversion gegen die Regierung in Washington und ihre Strukturprogramme gerade in Bundesstaaten wie Louisiana am deutlichsten ausgeprägt, die zugleich deren größte Profiteure sind. Zu begründen ist dies zum Teil damit, dass niemand gerne alimentiert wird, aber auch mit einem „fierce sense of morality" (Davies 2017: 416). In dessen Horizont erscheint der neoliberale Kapitalismus als rücksichtslos, eigennützig aber ehrlich, während die Regierung als nett und wohlmeinend, im Endeffekt aber intransparent wahrgenommen wird. Und so handeln viele einfache Amerikaner*innen an der Wahlurne scheinbar gegen ihre objektiven Interessen, aber im Einklang mit ihrer Moral.

Diesen in den beiden transatlantischen Studien skizzierten Zusammenhang von wiederkehrender Territorialisierung sozialer Lagen und Verlagerung neuer sozialer Spaltungslinien in die kulturelle Sphäre hat die Soziologin Cornelia Koppetsch auch für Deutschland skizziert anhand der insbesondere hier geführten Debatten um Heimat (Koppetsch 2017). Räumliche Disparitäten und auseinanderdriftende Wertewelten manifestieren sich demnach entlang einer Bruchlinie in der nicht mehr nivellierten Mittelschicht. Für die neue innovative und akademisch orientierte Mittelschicht ist Heimat das angenehme Nebenprodukt gelingender „investiver Statusarbeit" in transnational ausgerichteten Netzwerken der Berufswelt und des kosmopolitanen Kulturkonsums. Für die alten oder industriell arbeitenden Mittelschichten ist Heimat weniger erworbene Leistungsbestätigung als vielmehr vorgegebenes Schicksal, und somit in „kultur-konformistischer Haltung" zu akzeptieren und gegebenenfalls zu verteidigen (Koppetsch 2017: 5). Im symbolischen Wettbewerb um die politisch akzeptable Bedeutung von Heimat in Zeiten der Globalisierung stehen sich mit den „Globalisten und Nativisten" zwei „konkurrierende Gesellschafts- und Lebensauffassungen" gegenüber (Koppetsch 2017: 4, 10). Seinen Ausdruck findet diese zunächst kulturelle Konfliktlinie in „wachsender sozialräumlicher Polarisierung" zwischen postindustriellen urbanen Zentren einerseits und kleinstädtisch-dörflichen Peripherien andererseits (Koppetsch 2010: 8). Die Analyse macht darauf aufmerksam, dass beide, also auch die kosmopolitische Ausrichtung der Heimatpraxis der Globalisten, „spezifische soziale Räume" bewohnen und darin kulturelle Selbstvergewisserung über räumliche Exklusivität suchen. Nur setzt sich die periphere Exklusivitätsanstrengung mit ihrem „neu erwachten Heimatbewusstsein" etwas plumper über klassische Etablierten-/Außenseitermuster durch, während die sozialräumliche Abgrenzung der kosmopolitischen Milieus über ein diffiziles, aber „hochgradig effektives Grenzregime" der Immobilienpreise und Mieten sowie exklusive Kultur- und Freizeiteinrichtungen funktioniert (Koppetsch 2017: 3, 7, 9).

Neue Herausforderungen an die Politik

Jede der drei aus unterschiedlichen regionalen Perspektiven dargestellten Polarisierungstendenzen in den Wertestrukturen und Lebenswelten der transatlantischen Moderne bringt jeweils eine Facette der eingangs erwähnten „Krise des Regierens" im Kontext fragmentierter Globalisierung deutlich zum Ausdruck.

Folgt man Goodharts (2017: XI) Analyse der Kluft zwischen den „Anywheres" und den „Somewheres", so kann die Pattsituation zwischen diesen beiden Wertewelten und Lebenseinstellungen in ihrer gesellschaftlichen Reichweite als kulturelles Äquivalent zur letzten großen ökonomischen Blockadesituation zwischen Kapital und Arbeit gesehen werden, seinerzeit paradigmatisch ausgefochten im polizeilich beendeten Streik der britischen Minenarbeiter 1984/85, und letztlich durch Margret Thatcher zur grundsätzlichen Weichenstellung in Richtung neoliberale Globalisierung genutzt. Der heutige Konflikt über den Brexit ist das Ergebnis einer auch unter Tony Blairs New Labour weitergeführten naiven Globalisierungspolitik, die den inklusiven Charakter wirtschaftlicher Öffnung überschätzt, und die Wichtigkeit begleitender soziokultureller Steuerung unterschätzt hat. Die Herausforderung an die Politik heute ist demzufolge eine nachholende Debatte über die lebenspraktische Umsetzung einer offenen und mobilen Gesellschaft, die auch denjenigen Lebensstilen Stolz und Würde lässt, die das „gute Leben" stärker in Familie und lokaler Gemeinschaft verankert sehen (Goodhart 2017: XVI, 221).

Dass dieser Prozess notwendiger gesellschaftlicher Selbstreflexion über mögliche Formen des „guten Lebens" im 21. Jahrhundert kein einfacher Weg ist, hat Hochschild (2016: 5ff.) in ihrer Studie über das gegenseitige Sich-fremd-Werden der Pro- und Anti-Trump-Sektionen der amerikanischen Gesellschaft wunderbar in die Metapher des Überwindens einer „Empathie-Mauer" gefasst. Damit wird angesprochen, dass es im Dialog beider Wertewelten und Lebenswirklichkeiten weniger um den Austausch rationaler Argumente als die Überwindung gegenseitigen Ressentiments geht. Und so geht es folglich bei der Vielzahl der Bottom-up-Initiativen, welche sich dem „talking across the Red Blue Divide" verschrieben haben, wie „Make America Dinner Again", zunächst mal um respektvolle Konversation, Kennenlernen der anderen Position und gutes, gemeinsames Essen (Hochschild 2017). Die politische Herausforderung besteht hier darin, ein entstehendes Selbstbewusstsein der peripherisierten Milieus nicht pauschal als „falsches Bewusstsein" einer „Arbeiterbewegung von rechts" zu entzaubern (Blättler 2017), sondern sich auf geduldiges Zuhören und die Arbeit des kleinteiligen alltagsweltbezogenen „reframing" einzulassen.

Dass ein Interesse an dieser aufwendigen Reparaturarbeit am sozialen Gewebe der Gesellschaft jedoch nicht über alle sozialen Milieus gleichmäßig verteilt ist, dürfen wir aus den Analysen zu Heimat und Weltoffenheit von Koppetsch schließen. Denn der Drift zwischen den transnational ausgerichteten Globalisten und den nationalstaatlich verankerten Nativisten könnte unter Rekontextualisierung eines anderswo geprägten Slogans auch als „Clash of Solidarities" (Krastev 2007) beschrieben werden. Während die einen sich eine transnationale „Aufstiegsschneise", bestehend unter anderen aus individualisierten Netzwerken, privat finanzierten Bildungsoptionen und internationalisierter Berufstätigkeit, geschaffen haben – und demzufolge nur begrenztes Interesse an den Solidaritätsverpflichtungen gegenüber einem kollektivierenden nationalen Wohlfahrtsstaat zeigen –, sind die Lebensläufe der anderen genau an den Institutionen dieses Wohlfahrtsstaates ausgerichtet und verlassen sich auf den darin immer noch implementierten sozialen Ausgleich (Koppetsch 2017: 12f.). Die Herausforderung für die Politik besteht an diesem Punkt darin, ein Mindestmaß an sozialer Kohäsion trotz der vermutlich breiter werdenden Kluft zwischen der „geschlossenen Solidarität" des Nationalstaats einerseits und den „offenen Solidaritäten" der globalen Netzwerkgesellschaft andererseits zu moderieren (Münch 2001: 179f.). Stärker sozialgeografisch gedacht könnte man sagen, dass ausgleichende Sozialintegration in einem solchen Szenario nicht nur horizontal in der Fläche des Nationalstaats überlegt werden muss. Vielmehr müssen die vertikal verteilten Chancenstrukturen im komplexen Muster entstehender „socioscapes" (Albrow 1997), also den sich lokal überlagernden Lebensmustern mit unterschiedlicher räumlicher Reichweite und transnationaler Vernetzung, in ihren Konsequenzen für Solidaritätsgefühl und sozialen Ausgleich mitbedacht werden.

Ein veränderter Blick auf Zentralität und (Wohlfahrts-)Staatlichkeit

Es ist klar, dass die auf Hierarchie und Territorialität begründete Form der modernen Nationalstaatlichkeit dem als Europäisierung und Globalisierung daherkommenden Strukturwandel Tribut zollen muss. „Sozialintegration in offenen Räumen" verlangt weniger nach umverteilendem Ausgleich zwischen Schichten und Regionen mit der Intention nachholender Modernisierung der Lebensführung als nach Anschluss an globalisierte Netzwerke und deren translokale Optionsräume (Münch 2001). Im Unterschied zur schichtspezifischen Absicherung kollektiven nationalen Wohlstands sind die Zugänge zu Netzwerken jedoch individuell und die Zugangsbarrieren kenntnis- und fähigkeitsspezifisch.

Die zunächst einmal sozioökonomische Öffnung der Lebenschancen in der Netzwerkgesellschaft führt folglich zu einer Ausdifferenzierung der Nachfrage nach sozialer Sicherheit und damit der Sozialpolitik in eine „Sicherheitsdimension" einerseits und eine „Umverteilungsdimension" andererseits. Es deutet sich in empirischen Studien an, dass die diffuse Verunsicherung der Lebenslagen bis in die Mitte der Gesellschaft den Bedarf an staatlicher Risikokompensierung (unter anderen Sozialversicherungen) deutlich artikuliert, mögliche Umverteilungspolitiken mit egalitärem Anspruch hingegen zunehmend weniger Sympathien auslösen (Dallinger 2014: 61f., 67f.). Diese Spreizung der Nachfrage nach sozialer Absicherung zeigt sich nicht zuletzt auch in der Erosion des Grundkonsens der territorialen Angleichung der Lebensverhältnisse (Neu 2006: 13).

Der Staat trägt dem sich verändernden Modus der Sozialintegration in geöffneten Räumen Rechnung, indem er sich vom umverteilenden Subventionsstaat zum „social investment state" transformiert. Dieser arbeitet nach dem Kalkül, dass Investition in die potenzielle Wettbewerbsfähigkeit individueller Lebensentwürfe nachhaltiger wirkt als reagierende bedarfsorientierte Umverteilung zwischen Statusgruppen und Regionen. Eine zentrale Rolle spielt dabei die Wissensvermittlung im Sinne einer „employability-oriented lifelong learning policy" (Mayo 2011: 60). In den Bildungsinstitutionen des Nationalstaates werden heute nicht nur global orientierte Wissensinhalte vermittelt (unter anderen darf hier an den Bolognaprozess und dessen Implikationen von Wissenstransfer und Studierendenmobilität erinnert werden), sondern auch im Sinne des „hidden curriculum" Werte und Schlüsselqualifikationen der neoliberalen Individualisierung propagiert. Dies mag als Beispiel dienen für die wohlfahrtsstaatliche Umstellung von „redistribution to predistribution" in der globalisierten Wissensgesellschaft. Exemplarisch deutlich wird an diesem Wandel des institutionellen Gefüges wie auch der ideologischen Ausrichtung des Bildungswesens: „the state remains central to the neoliberal project" (Mayo 2011: 67).

Mit etwas mehr Fantasie ließe sich aus den neu gewonnenen Staatlichkeitspotenzialen aber mehr rekonstruieren als die willige Vollstreckung einer neoliberalen Agenda. Angesichts der Einsicht, dass „fragmentierte Globalisierung" genau das meint, nämlich „nicht nachholende, sondern fragmentierte Entwicklung" (Scholz 2012: 28), ist mit zunehmenden Disparitäten in der horizontalen, aber vor allem vertikalen Sozialstruktur der Gesellschaft zu rechnen. Positiv gewendet könnte dies als Chance zur gesellschaftlichen Verständigung zu konkreten Utopien jenseits des gescheiterten Paradigmas „nachholender Modernisierung" verstanden werden. Statt Integration in ein nach abstrakten Gerechtigkeitsmaßstäben gesteuertes Modell von Nationalstaatsgesellschaft würde eine solche reflexive Mobilisierung von Differenz die tatsächlichen Bedarfe an solidarischer Infrastruktur offenlegen können.

Eine solche gesellschaftliche Suchbewegung nach lebenswerter Heterogenität könnte sich mit dem etwas sperrigen Konzept der „Integritäten" (Albrow 2014: 136f.) erschließen lassen. Es beschreibt zunächst einmal vom Adjektiv her gedacht die Fähigkeit, jenseits juristischer Verantwortlichkeiten und verbriefter Rechte moralisch selbstbestimmt zu handeln. Sodann aber bezieht es diese Fähigkeit auf soziale Entitäten, die aufgrund dieser moralischen Eigenlogik in der Lage sind, abgrenzbare alltagskulturelle Identitäten zu praktizieren und gegenüber der gesellschaftlichen Umwelt durchzuhalten (Albrow 2017).

Entscheidend zur Erschließung des gesellschaftlichen Potenzials von Integritäten wäre ein Umkehrschub in der Organisation von Zentralität in Richtung „democratic experimentalism": „The role of the administrative centre in this experimentalist democracy is not to set rules and police compliance. Rather, with local units, it defines broad projects and fixes provisional general standards" (Sabel 2001: 123). Ein solcher Umkehrschub ist vermutlich alternativlos, wenn die Revitalisierung von Gesellschaft angesichts der „wicked problems" einer komplexen Gesellschaft gewollt ist (Sabel 2001: 124f.); nicht nur, weil so die Heterogenität tatsächlicher Lebensverhältnisse transparenter wird, sondern weil durch das Erschließen von Integritäten auch eine nachhaltige Stärkung der Innovations- und Organisationskräfte der Zivilgesellschaft möglich wird. Nachhaltig, weil nicht nur informelle Potenziale zur Selbsthilfe angerufen werden, sondern die milieuspezifischen Einstellungen zum „guten Leben" dahinter zur Sprache kommen können. Denn dort, wo soziale Infrastrukturen umgebaut werden, ist der wertbasierte Streit um Prioritäten unabdingbar, werden mögliche und wahrscheinliche Zukünfte ausgehandelt. In letzter Konsequenz geht es also bei diesem Umkehrschub von Staatlichkeit in Richtung alltagsweltlicher Integritäten um den mutigen Schritt, ein Stück weit die „innere Souveränität" der Gesellschaft gegenüber den scheinbar alternativlosen Zwängen einer recht einseitig sozioökonomisch forcierten Form der Globalisierung wiederzugewinnen (Hüther et al. 2018: 381). Dies ist zwar eine gesamtgesellschaftliche Herausforderung, in ihrer Umsetzung sollten aber auch die peripherisierten Milieus „Deutungs- und Benennungsmacht" zurückgewinnen (Neu 2006: 13).

Suchen wir nach praktischen Ansatzpunkten dieser Integritäten, so finden wir sie bereits in einem breiten Spektrum zivilgesellschaftlicher Initiativen, die sich unter dem Konzept des „informellem Urbanismus" (BBSR 2014) gruppieren. Viele dieser auf Lebensqualität gerichteten Initiativen sind aber erkennbar im ländlichen Raum unterwegs und/oder bieten eine interessante Symbiose ländlicher und urbaner Wertewelten. Zu denken ist hier etwa an Initiativen im Bereich der solidarischen Landwirtschaft. Zu denken ist aber auch an die vielen weitestgehend ungewürdigten peripheren „Überlebensstrategien" (Willisch 2012), in denen sozioökonomische Perspektivlosigkeit in ein Leben in Selbstachtung übersetzt wird. Weitergedacht werden darf unter dem Signum sozialer Integritäten aber auch an die Idee möglicher „Schutzräume [...], die zumindest einem Teil der Bevölkerung ein Leben ohne den Stress der ständigen Verbesserung der eigenen Wettbewerbsfähigkeit erlauben" (Münch 2001: 191).

Staatlichkeit wäre aus dieser Perspektive dann zunächst die Fähigkeit, Prozesse der gesellschaftlichen Selbstbeschreibung und Selbstreflexion gezielt anzustoßen und anzuleiten. Dieser Perspektive liegt die Annahme zugrunde, dass die Bindungskraft von Gesellschaft letztlich auf Werten beruht. Die Interventionskraft des Staates kann sich somit gerade in der offenen und pluralen Gegenwartsgesellschaft nicht auf das Bereitstellen technischer Infrastrukturen beschränken, sondern braucht die wertebasierte Verortung dieser Infrastrukturen in Bezug auf die zunehmend pluralen Auffassungen vom „guten Leben" (Albrow 2014: 136f.). Drauf aufbauend wäre es eine zweite

245

zentrale Funktion von Staatlichkeit, die zwei grundlegenden Ordnungsmuster von Gesellschaft neu zu koordinieren. Während Netzwerke offen, spontan aber eben auch labil sind, stehen Hierarchien für stabile Rangordnungen mit sanktionierbaren Rechten, sowie verteilten Kompetenzen und Verantwortlichkeiten. In einer Gesellschaft der offenen Räume und Solidaritäten gilt es dann, „das Spannungsfeld von Netzwerk und Hierarchie" im Sinne des Gemeinwohls zu balancieren, ohne auf den bisherigen territorialen Imperativ des nationalstaatlichen Regierens pochen zu können (Hüther et al. 2018: 32f.).

Braucht es für diese sich andeutende Art von Staatlichkeit die eingangs erwähnten Zentralen Orte? Wohl weniger im Sinne der längeren oder kürzeren Wege zur Erreichung lebensrelevanter technischer Infrastrukturen. Unbedingt aber als „neue Gestaltungsräume und Begegnungsorte", die in ihren Infrastrukturen die notwendige Öffentlichkeit zulassen zur Diskussion darüber, „wie wir in Zukunft leben wollen" (Neu und Nicolic 2018: 16f.).

Literatur

ALBROW, MARTIN (2014): Local Integrities and Global Interconnectedness. In: Global Age Essays on Social and Cultural Change, Frankfurt/M., S. 127–137

ALBROW, MARTIN (1997): Travelling beyond local cultures: socioscapes in a global city. In: John Eade (Hg.): Living the Global City, London S. 37–55

AKADEMIE FÜR RAUMPLANUNG UND LANDESPLANUNG (ARL) (2013) (HG.): Anforderungen an ein zukünftiges Zentrale-Orte-Konzept: Beispiele aus Hessen, Rheinland-Pfalz und dem Saarland (Positionspapier aus der ARL 92), Hannover

BLÄTTLER, ANDREA C. (2017): Inklusive Klassenpolitik als Antwort auf eine Arbeiterbewegung von rechts? In: Berliner Journal für Soziologie Nr. 27, S. 579–593.

BLOTEVOGEL, HANS HEINRICH (2013): Zentrale Orte. In: Akademie für Raumplanung und Landesplanung (ARL) (Hg.): Handwörterbuch der Raumplanung, Hannover, S. 1307–1315.

BUNDESINSTITUT FÜR BAU-, STADT- UND RAUMFORSCHUNG (BBSR) (2017): Raumordnungsbericht 2017: Daseinsvorsorge sichern, Bonn

BUNDESINSTITUT FÜR BAU-, STADT- UND RAUMFORSCHUNG (BBSR) (2014): Informeller Urbanismus, Themenheft Informationen zur Raumentwicklung 2, Bonn

DALLINGER, URSULA (2014): Globalisierung und die Nachfrage nach sozialer Sicherheit: eine kritische Analyse des „domestic demand"-Ansatzes. In: Berliner Journal für Soziologie 24, S. 59–88

DAVIES, WILLIAM (2017): A Review of Arlie Russel Hochschild's ‚Strangers in their Own Land: Anger and Mourning on the American Right'. In: International Journal of Political and Cultural Sociology No.30, S. 413–420

DORÉ, LOUIS (2018): 15 maps and charts that explain how Brexit happened, https://www.indy100.com/article/maps-charts-explain-brexit-european-union-referendum-8279206 (letzter Zugriff: 26.05.2020)

FREEDLAND, JONATHAN (2017): The Road to Somewhere by David Goodhart – a liberal's rightwing turn on immigration, https://www.theguardian.com/books/2017/mar/22/the-road-to-somewhere-david-goodhart-populist-revolt-future-politics (letzter Zugriff: 26.05.2020)

GOODHART, DAVID (2017): The Road to Somewhere: The New Tribes Shaping British Politics. London 2017

HOCHSCHILD, ARLIE RUSSEL (2017): A Response to William Davies': A Review of Arlie Russel Hochschild's Strangers in Their Own Land: Anger and Mourning on the American Right. In: International Journal of Political and Cultural Sociology No.30, S. 421–423.

HOCHSCHILD, ARLIE RUSSEL (2016): Strangers in their Own Land: Anger and Mourning on the American Right, New York: New Press

HÜTHER, MICHAEL; DIERMEIER, MATTHIAS UND GOECKE, HENRY (2018): Die erschöpfte Globalisierung – Zwischen transatlantischer Orientierung und chinesischem Weg, Wiesbaden: Springer

- KOPPETSCH, CORNELIA (2017): In Deutschland daheim, in der Welt zu Hause?, https://soziopolis.de/beobachten/gesellschaft/artikel/in-deutschland-daheim-in-der-welt-zu-hause/ (letzter Zugriff: 05.10.2018)

- KRASTEV, IVAN (2007): After Europe, Philadelphia: University of Pennsylvania Press

- LEIP, DAVE (2017): Atlas of U.S. Presidential Elections, https://www.nytimes.com/elections/2016/results/president (letzter Zugriff: 26.05.2020)

- MAULL, HANNS W. (2015): Von den Schwierigkeiten des Regierens im Zeitalter der Globalisierung. In: APuZ 31-32, S. 34–39

- MILANOVIC, BRANCO: GLOBAL INEQUALITY (2016): A New Approach to the Age of Globalization, Cambridge, M.: Harvard University Press

- MÜNCH, RICHARD (2001): Offene Räume: Soziale Integration diesseits und jenseits des Nationalstaat, Frankfurt/M.: Suhrkamp

- NEU, CLAUDIA UND NICOLIC, LJUBICA (2018): Agieren statt reagieren mit „sozialen Orten". In: LandInForm 1, S. 16–17

- NEU, CLAUDIA (2006): Territoriale Ungleichheit: eine Erkundung, in: APuZ 37, S. 8–15

- SABEL, CHALES F. (2012): A Quiet Revolution of Democratic Governance: Towards Democratic Experimentalism. In: OECD (Hg.): Governance in the 21st Century, Paris, S. 121–148

- SCHOLZ, FRED (2012): Fragmentierung – Realität der Globalisierung. In: Berliner Debatte Initial 23(1), S. 20–36

- SÜDEKUM, JENS; DAUTH, WOLFGANG UND FINDEISEN, SEBASTIAN (2017): Verlierer(-regionen) der Globalisierung in Deutschland: Wer? Warum? Was tun? In: Wirtschaftsdienst, Ausgabe 1, S. 1–8

- WILLISCH, ANDREAS (HG.) (2012): Wittenberge ist überall: Überleben in Schrumpfenden Regionen. Berlin: Ch. Links Verlag

- WISSENSCHAFTLICHER DIENST DES EUROPÄISCHEN PARLAMENTS (EPRS) (2016): Die Auswirkungen der Globalisierung: Gewinner und Verlierer in Europa und den USA, Europäische Union, S. 1–29

Gesellschaftliche Reaktionen auf Digitalisierung und Globalisierung

Jörg Dürrschmidt

Kerstin Faber

Raumpolitiken im Kontext von Globalisierungskonflikten und rechtsextremen Tendenzen

Kerstin Faber
geboren 1977 in Magdeburg, ist
Planerin und Urbanistin und seit
2014 Projektleiterin der Internationalen Bauausstellung Thüringen
StadtLand. Von 2010 bis 2014
lehrte sie am Karlsruher Institut
für Technologie im Fachbereich
Internationaler Städtebau, von
2003 bis 2010 arbeitete sie als
Projektmanagerin der Internationalen Bauausstellung *Stadtumbau*
in Sachsen-Anhalt und co-kura-
tierte die Abschlussausstellung im
Bauhaus Dessau.

Am 11. August 1919 unterschrieb Friedrich Ebert im thüringischen Schwarzburg die Weimarer Verfassung als erste demokratische Verfassung Deutschlands. 100 Jahre später gewann die Alternative für Deutschland (AfD) ihr bisher größtes Plus bei den Kommunalwahlen in Thüringen. Das Ergebnis der Europawahl 2019 bestätigt den Trend nach rechts, vor allem in den neuen Bundesländern. Hier schnitt die AfD im Durchschnitt mehr als doppelt so stark ab wie im Westen und kam im Schnitt auf 20 Prozent. Ist der Ruck nach rechts damit nur ein Problem des Ostens? Und liegt hier ein Unterschied zwischen Stadt und Land?

Der Freistaat Thüringen ist siedlungsstrukturell ländlich geprägt. Insgesamt 2,16 Millionen Menschen leben hier verteilt auf 664 Gemeinden. Fast zwei Drittel davon haben weniger als 1000 Menschen, in nur 31 Städten gibt es mehr als 10.000. Eine sechsstellige Einwohnerzahl erreicht Erfurt mit 210.000, gefolgt von Jena, das halb so groß ist. Die Vielzahl an mittelgroßen historischen Residenzstädten, kleinen Landstädten und Dörfern ist in ihrer Dichte und Größe nahezu gleichmäßig über den gesamten Freistaat verteilt. Es gibt über 200 Museen, 270 öffentliche Bibliotheken, vier Universitäten, sechs Fachhochschulen und eine Musikhochschule. Mit acht großen Theatern hat Thüringen nahezu genauso viele staatliche Bühnen wie Berlin – bei etwa halb so vielen Einwohner*innen. Darüber hinaus prägen etwa 30.000 Kulturdenkmale und 1000 Denkmalensembles das baukulturelle Erbe des Freistaates (Faber 2017).

In dieser historisch ländlichen Siedlungsstruktur, wofür Thüringen nur beispielhaft steht, vollziehen sich nicht erst seit der Wende große Veränderungen. Der französische Soziologe und Philosoph Henri Lefebvre hat in den 1970er Jahren einen sehr feinen Unterschied des Urbanisierungsprozesses formuliert, und zwar den zwischen Urbanisierung und urbaner Gesellschaft: „Die Urbanisierung ist ein Prozess, der mit der Industrialisierung verbunden ist und eine grundlegende Veränderung der Lebensbedingungen der Menschen mit sich bringt. Dies bedeutet indessen nicht, dass daraus notwendigerweise auch eine urbane Gesellschaft hervorginge. Das Urbane ist vielmehr eine Möglichkeit, ein Potential, das in der Urbanisierung angelegt ist, das zu seiner Verwirklichung aber grundlegender gesellschaftlicher Veränderungen bedarf – einer urbanen Revolution " (Lefebvre in: Schmid 2017: 27). Parallel zur fortschreitenden Urbanisierung bestünden das Ländliche, das Industrielle und das Urbane als soziale Formationen überlagernd fort. Und damit beginnen auch die Konflikte.

Zwischen Modernisierungszwang und Zukunftsangst

Ländlich-bäuerliche Lebensstrukturen gibt es in Thüringen schon lange nicht mehr. Im Freistaat wurde bereits in den 1950ern die erste Landesproduktionsgenossenschaft (LPG) der DDR gegründet – eine zunächst freiwillige, später Zwangskollektivierung, die zu einer Umstellung der bäuerlichen hin zu einer großflächigen industriellen, sehr erfolgreichen Landwirtschaft führte. Gleichzeitig verzögerte sich die Entwicklung der DDR hin zu einer Dienstleistungsgesellschaft im Vergleich zur BRD. Die sozioökonomischen Strukturen im Jahr 1989 glichen derjenigen der BRD im Jahr 1965. Noch 1989 arbeiteten über 50 Prozent der Bewohner*innen in der Güterproduktion (West: 40%) und im Primärsektor über 10 Prozent (West: 4%). Mit der deutschen Wiedervereinigung veränderten sich diese Strukturen dann abrupt. Bis 1993 haben sich die Erwerbstätigen in den Sektoren bereits an das westdeutsche Muster angeglichen. Was in der BRD ein Prozess von mehr als 25 Jahren war, wurde in den neuen Bundesländern innerhalb von nur etwa drei Jahren aufgeholt (Geißler 2004).

Dieses rasante Tempo der gesellschaftlichen und ökonomischen Entwicklung könne nachhaltig zu einem Gefühl von Überforderung führen. Das Zurückgreifen auf rückwärtsgewandte Ordnungs- und Gesellschaftsvorstellungen zugunsten einfacher Lösungen sei die Folge, umso mehr, wenn sich die Überforderung über Jahrzehnte als Deprivation in den Köpfen manifestiere. Verbunden mit der Modernisierungstheorie, die schon in den 1930er Jahren entwickelt wurde, weist der Politikwissenschaftler Hans-Gerd Jaschke gleichzeitig auf die These der Individualisierung hin, wie sie etwa von dem Bielefelder Sozialforscher Wilhelm Heitmeyer vertreten wurde. Demnach verlieren im Zuge des Strukturwandels die bekannten gesellschaftlichen Milieus, vor allem das ehemalige Industriearbeitermilieu, an Stabilität und Bindungskraft. Der Einzelne müsse sich hier neu erfinden. Das bedeutete mehr Freiheit, mehr Mobilität, aber auch mehr Risiko, mehr Unbestimmtheit, mehr soziale Ängste (Jaeschke o. J.).

Mit dem Umbruch im Osten veränderte sich auch die Raumstruktur. Die Ökonomisierung, beispielsweise der Landwirtschaft, führte nicht nur zu einer Umstrukturierung der Großbetriebe, die einen Personalabbau von bis zu 90 Prozent nach sich zog. Sie hatte auch Auswirkungen auf die Weiterverarbeitung durch Spezialisierung und auf die räumliche Zentralisierung bei gleichzeitiger Erschließung des globalen Exportmarktes und damit seines Wettbewerbs, seiner Produktionseffizienz und Logistik. So wird heute ein Großteil der Milch von den Kühen in Thüringen frisch gezapft direkt ins Zentrallager nach Erfurt gebracht, wo sie zu Milchpulver für den Weltmarkt verarbeitet wird. Viel mehr Glieder in der Kette zwischen lokal und global gibt es im Osten oft kaum. Die Sphäre der Wirtschaft wurde nach der Wende, im Westen ab den 1970er Jahren, spätestens aber mit Beginn des Neoliberalismus ab den 1980er Jahren, immer mehr vom globalen Wettbewerb bestimmt. Mittlerweile ist der ökonomische Wettbewerb, auch dank Digitalisierung, in allen Lebensbereichen der spätmodernen Gesellschaft zu spüren – nicht mehr nur am Arbeitsplatz, sondern auch in der Freizeit, in der Partnerschaft, im Familienleben, in der Kommunikation. Der Kulturwissenschaftler Kenneth Anders formuliert es mit seinen Thesen zur Landschaftskommunikation so: „Die gesellschaftlichen Kommunikationen sind heute aufgrund der stetig nachlassenden Ressourcenbindungen in den Arbeits- und Alltagswelten und infolge der globalisierten Medien kaum noch oder nur temporär an den eigenen Raum gebunden. Es entsteht also eine Kluft zwischen den Diskursen und der persönlichen Raumerfahrung" (Anders 2019).

Es ist wichtig, den ostdeutschen Strukturwandel und die damit verbundene Zentralisierung landwirtschaftlicher und gewerblicher Produktion zu verstehen, um den lokal-wirtschaftlichen Bedeutungsverlust ganzer Regionen nachzuvollziehen zu können, und die damit verbundene Ostdeprivation. Hinzu kommt, dass die politische Antwort auf den daraus folgenden demografischen Wandel, bedingt durch Abwanderung und Geburtendefizite, für ländliche Räume Zentralisierung der Daseinsvorsorge heißt. Spätestens mit der Schließung von Schulen entzieht man dezentral gelegenen Räumen allerdings die Chance, anziehend auf neue junge Familien zu wirken. Mehr noch, mit der Schließung beispielsweise von Bildungseinrichtungen verschwinden auch die Lehrer*innen als Ansprechpartner*innen für Demokratie. In der Kombination und Geschwindigkeit dieser Entwicklungen liegt ein wesentlicher Unterschied zwischen dem Wandel ländlicher Räume im Osten und den gewachsenen, sich ebenfalls verändernden ländlichen Strukturen im Westen.

Ein weiterer Unterschied liegt im Umgang mit dem Rechtsextremismus in beiden Ländern bis 1989. Annetta Kahane, Vorsitzende der Amadeu-Antonio-Stiftung erklärt dazu in einem Interview, dass die DDR in keiner Weise geeignet war, die völkischen Tendenzen und auch nationalsozialistischen Facetten, die sich in den Köpfen und Seelen der Bevölkerung angesiedelt hatten, wirklich aufzuheben. Diese Positionen wurden – so Kahane – eher konserviert und haben überwintert. Ab den 1990er Jahren blühten diese auf dem Boden kultureller Subversion wieder auf. Das stünde im Unterschied zum Rechtsextremismus der alten Bundesländer, der von der NPD, Alt-Nazis sowie rechts- und ultrakonservativen Akteuren aus dem bürgerlichen Milieu – also aus traditionellen Strukturen wie Schützenvereinen und Burschenschaften – geprägt sei (Kahane 2017).

Nicht wirtschaftlich, sondern kulturell abgehängt

Die emotionalen Debatten zur Identität der Ostdeutschen, die oft mit einer Opferrolle gleichgesetzt wird, helfen hier allerdings wenig weiter. Schlimmer noch, sie dienen gar zur Rechtfertigung für Rassismus (Poutrus 2019). Das Gefühl von Benachteiligung und des Abgehängt-Seins ist jedoch durchaus ernst zu nehmen. Der Thüringen-Monitor 2017, eine Langzeitstudie zur politischen Kultur im Freistaat Thüringen, mit der seit dem Jahr 2000 jährlich die Entwicklung der Demokratiezufriedenheit, der Demokratieunterstützung und der politischen Einstellungen der Thüringer Bevölkerung erhoben wird, kommt zu dem Schluss: „Allgemein können wir festhalten, dass nicht allein die *objektive* soziale Lage der Befragten Einfluss darauf hat, dass sie rechtsextrem eingestellt sind. Bedeutsam und teilweise sogar bedeutsamer ist die *subjektive* Wahrnehmung und Bewertung der sozialen Lage in den Köpfen der Befragten. So erhöht die Furcht vor dem Verlust des eigenen sozialen Status zwar signifikant eine ethnozentrische, nicht aber eine neo-nationalistische Einstellung, während das Gefühl der individuellen Benachteiligung und der ‚Ostdeprivation' erheblich eine neo-nationalistische Einstellung erhöht" (Best et al. 2017: 9) Katalysatoren, die Unzufriedenheit und Ängste in Ressentiments gegen Minderheiten und Demokratiefeindlichkeiten begünstigen können, sind laut Monitor der Autoritarismus und die soziale Dominanzorientierung. Je mehr die Positionierung innerhalb der Gemeinschaft gefährdet erscheint, beispielsweise durch das Tempo der Modernisierung und damit einhergehender Individualisierung, desto mehr steige die Bedeutung der Persönlichkeitsfaktoren. Menschen, die sich als Modernisierungsverlierer*innen fühlen und sich rechtspopulistischen Bewegungen oder Parteien wie der AfD zuwenden, seien also nicht immer wirtschaftlich motiviert. Vielmehr biete die AfD eine späte Gegenreaktion auf die gesellschaftspolitischen Modernisierungsprozesse der vergangenen Jahrzehnte (Hoff 2017). Die sogenannte Flüchtlingskrise im Jahr 2015 spielte der „Angstpolitik" der AfD politisch in die Hände und brachte einmal mehr zum Vorschein, dass wir es auch mit einem kulturellen Bedeutungsverlust zu tun haben. Die Folgen sind Angst vor dem sozialen Abstieg, Angst vor und Ablehnung des Pluralismus und seiner Werte, die Sehnsucht nach einer starken Führung, mehr nationaler Autonomie und Normenkonventionalismus. Mit dem vom Verfassungsschutz als rechtsextrem eingestuften Flügel der AfD unter Vorsitz von Björn Höcke hat die Partei dafür einen politischen Ausdruck gefunden – und lässt sich damit nicht länger verharmlosen.

Eine Studie des Thünen-Instituts in Braunschweig fragte, ob die AfD in ländlichen Räumen in Ost wie in West besonders erfolgreich ist (Deppisch et al. 2019). Unter Rückgriff auf weitere Studien, auf die Wahlergebnisse der Bundestagswahl 2017 auf der Gemeindeverbandsebene sowie auf den Ländlichkeitsindex der Thünen-Typologie wurden die AfD-Wahlergebnisse deutschlandweit analysiert. Im Ergebnis wurde nur bedingt ein Zusammenhang zwischen der Ländlichkeit einer Region und den AfD-Erfolgen festgestellt. Vielmehr wurde ein Ost-West-Unterschied auf mehreren Ebenen deutlich. Während im Osten der ländliche Raum ein deutlich höheres AfD-Wahlergebnis als urbane Gemeinden aufwies, zeigte sich in den sehr ländlichen Gemeinden im Westen ein relativ gleich hohes oder sogar niedrigeres AfD-Wahlergebnis als in eher ländlichen bis urbanen Gemeinden. Während für Ostdeutschland ein

Zusammenhang zwischen einem hohen Pro-Kopf-Haushaltseinkommen und einem hohen AfD-Wahlergebnis festgestellt wurde, wurde im Westen ein Zusammenhang zwischen unterdurchschnittlichem Haushaltseinkommen und einem überdurchschnittlichen AfD-Wahlergebnis erkennbar. Interessant ist der Umstand, dass bei einem hohen Altersdurchschnitt auf Wahlkreisebene ein hoher Anteil von AfD-Wähler*innen sichtbar wurde, ohne dass dies jedoch automatisch auf Wähler*innen höheren Alters schließen lässt.

Zusammenfassend ist man geneigt zu sagen, dass im Osten ein Kulturkampf herrscht, im Westen hingegen ein Klassenkampf. Eine genauere Betrachtung der Kommunalwahlergebnisse 2019 in Thüringen bestätigt das Ergebnis der Untersuchung – der ländliche Raum ist nicht per se rechter als der städtische. Es zeigt sich unter anderem, dass die AfD mit knapp 18 Prozent in Thüringen zwar insgesamt zweitstärkste Kraft wird und mit 177 AfD-Vertreter*innen in die Kreistage und Stadträte einzieht. Im Stadtrat in Gera, der drittgrößten Stadt Thüringens mit 95.000 Einwohner*innen, bildet sie jedoch die stärkste Fraktion.

Rechte Landnahme

Eine Besonderheit des ländlichen Raums sind jedoch seine Rückzugsmöglichkeiten und Ausdrucksformen für die Lebenswirklichkeiten völkischer Gruppierungen. Burgen und Schlösser, aber auch Nationaldenkmäler werden zu rechtspopulistischen Repräsentationszwecken neu angeeignet und missbraucht (Trüby 2017). Nicht ohne Grund organisiert der völkische Flügel der AfD unter dem Titel „Kyffhäusertreffen" genau an diesen Orten seine Jahrestreffen mit Bundesprominenz. Im Jahr 2018 fand die Versammlung auf Burgscheidung in Sachsen-Anhalt statt, nur wenige Kilometer vom Sitz des „Instituts für Staatspolitik" des rechten Verlegers Götz Kubitschek in Schnellroda. Sein Einfluss auf den völkischen Flügel der AfD wird damit sogar räumlich deutlich.

Der sehr ländliche Raum in Ost wie West bietet darüber hinaus den Raum, Gemeinschaften zu etablieren, deren Motto auf der „Blut und Boden"-Ideologie und der bäuerlichen Besiedlung fußt. Die sogenannten völkischen Siedler*innen unterwandern dabei vorhandene Strukturen, sie engagieren sich in Vereinen und der Kinderbetreuung, in Jugendangeboten, dem Natur- und Tierschutz, der

Biolandwirtschaft und dem traditionellen Handwerk. Ihr Ziel ist der Aufbau einer völkischen Gemeinschaft und eines ausschließlich nach innen gerichteten nationalen Wirtschaftsnetzwerks (Reinfrank o. J.). Der Einsatz kultureller Mittel dient hier einem rechtsextremen politischen Ziel. Die Themen, die sie besetzen, sind der linksalternativen Szene dabei sehr ähnlich. Die Codes und Strategien muss man jedoch lesen und erkennen lernen, um sie gut zu unterscheiden. Die Politologin Andrea Röpke und der Sozialökonom Andreas Speit formulieren dazu: „Die völkische Landnahme stellt einen Angriff auf die gesamte Gesellschaft dar. Geschichtliche Entwicklung und gegenwärtige Handlungsabläufe verdeutlichen, wie sehr es der extremen Rechten gelingt, eigene provokante Themen und Thesen zu normalisieren und zu popularisieren. [...] Die politische Raumgewinnung für antiemanzipatorische und antihumanistische Ressentiments durch alte ‚Sippen‘, junge rechtsextreme Siedler und braune Ökos ist eine gesamtgesellschaftliche Herausforderung. Sie beginnt im Privaten, und endet nicht in den Parlamenten" (Röpke und Speit 2017: 195).

Wie schwer es im sehr ländlichen Raum ist, sich persönlich öffentlich gegen Neonazis zu positionieren, zeigt das bekannte Beispiel in Jamel, Mecklenburg-Vorpommern. Das ursprünglich aus Hamburg stammende Ehepaar Horst und Birgit Lohmeyer leistet seit 15 Jahren lautstark Widerstand gegen die Neonazis vor Ort. Zur diesjährigen Kommunalwahl ist Birgit Lohmeyer als SPD-Kandidatin angetreten und verlor gegenüber dem Wahlkandidaten aus der Neonaziszene, der nun in den Gemeinderat einzieht. Das Ergebnis zeigt, wie schwer es gerade Akteuren von außen haben, die sich in Dorfgemeinschaften verorten wollen, wenn sie die lokale Orientierung öffentlich und kritisch hinterfragen. Aufgrund der Homogenisierung und Sozialkontrolle innerhalb alteingesessener Gemeinschaften ist Unterstützung hier geringer. Hinzu kommt die Skepsis gegenüber Dritten und „Expert*innen" von außen. Das gilt auch für die extrem rechte Szene. Ein Dorf ist noch lange nicht rechtsextremistisch eingestellt, weil es sich seinen Nächsten zuerst verpflichtet fühlt. Wenn es rechtsextremistischen Akteuren von außen aber gelingt, Verantwortung für diese Gemeinschaft aufzubauen, sich für die Gemeinschaft zu engagieren und zu kümmern, können rechte Positionen Fuß fassen. Eine offene Artikulation von Personen, die diese Einstellungen nicht teilen, gibt es dann kaum mehr (Simon 2017).

Raumpolitik und ihre Wirkung

Begünstigt wird diese Entwicklung durch den schleichenden Prozess der Vereinnahmung, den man erstmal realisieren muss. Die Mobile Beratung in Thüringen (MOBIT), ein Angebot des Freistaates, hilft allen, die sich engagieren wollen, die spezifische Situation zu analysieren, Handlungsstrategien zu erörtern, Lösungsansätze zu entwickeln wie auch bei der konkreten Umsetzung. Dazu müssen die Expert*innen von außen aber gerufen werden. Bildung und Sensibilisierung sind erklärtes Ziel der mobilen Berater*innen, die es in nahezu allen Bundesländern gibt. Dazu stellen sie umfassende Informationen frei zur Verfügung. Im Falle Thüringens sind es Handreichungen beispielsweise zum Versammlungsrecht, zu Saalvermietungen, zu Interventionen gegen rechts, aber auch eigene Recherchen zur Immobilienentwicklung der rechten Szene. Laut MOBIT-Veröffentlichung haben im Jahr 2016 von insgesamt 54 Rechts-Rock-Konzerten und Liederabenden in Thüringen 42 in szeneeigenen Immobilien stattgefunden. 15 Immobilien davon werden als langfristige Stätten der extremen Rechten gezählt. Dieses über Thüringen in Stadt und Land verteilte Netzwerk an Immobilien, was unter anderem aus einem Rittergut, Fachwerkhäusern und unscheinbaren Mehrfamilienhäusern besteht, wird von MOBIT als „Stützpfeiler der neonazistischen Aktivitäten" bezeichnet. Es heißt weiter, sie dienten der Verbreitung neonazistischer Ideologien, der Organisation politischer Arbeit und des Gelderwirtschaftens für die Szene (MOBIT-Team 2017).

Wie man den Kauf und die Inkulturnahme von Raum durch extreme Rechte erfolgreich verhindert, zeigt das Beispiel im thüringischen Crawinkel. Der frühere Bürgermeister und Sprecher des Crawinkler Bürgerbündnisses für Demokratie, Onno Eckert, organisierte mit seinen Mitstreiter*innen die Ausübung eines Vorkaufsrechtes der Gemeinde für eine Immobilie. Das ist kein Automatismus. Im Fall der Gemeinde Crawinkel kamen die kommunalen Gremien aber zum Ergebnis, dass die Immobilie ein besonderes historisches Erbe darstelle und deshalb von der Gemeinde erworben werden sollte. Dazu wurde das denkmalschutzrechtliche Vorkaufsrecht angewendet. Ob der Weg der Gemeinde tatsächlich so rechtmäßig war, wurde nach Rückzug der Anfechtungsklage nicht mehr geklärt (Eckert 2017). Wichtiger als die Ausübung des Vorkaufsrechts war jedoch, dass die kommunale Politik dieses

Engagement vorantrieb und dazu Verwaltung und Zivilgesellschaft mobilisierte, was in das besagte Bündnis mündete. Crawinkel zeigt damit, wie wichtig aktive Vertreter*innen demokratischer Werte sind, im besten Fall Politiker*innen vor Ort, aber auch Personen in der Verwaltung, in Schulen, in Verbänden und in Vereinen. In Räumen, in denen diese Kräfte kaum mehr existieren, wird es schwer, sich gegen rechts aktiv zu organisieren. Gleichzeitig spiegeln der transparente Umgang, die deutliche Sichtbarkeit und aktive Präsenz des Bündnisses an öffentlichen Orten die Bedeutung des öffentlichen Raums für die Demokratie wider.

In dieser Gemengelage kann eine stark zentralistische Strukturpolitik auf antidemokratische Entwicklungen verstärkend wirken. Eine Analyse zur Effizienz und politischen Wirkung von Kreis- und Gebietsreformen aus dem Jahr 2017 kommt unter anderem zu dem Schluss, dass Gebietsreformen politische Nebenwirkungen haben, was sich im Rückgang der Demokratiezufriedenheit, der Wahlbeteiligung sowie eine Stärkung populistischer Strömungen ausdrücke (Rösel 2017); denn ein Hauptproblem bei Gebietsreformen sei der Verlust an Bürgernähe. Nicht nur räumlich nehmen die Distanzen zu, der Bezug von Lokalpolitik zur Bürgerschaft schwindet. So sank nach den flächendeckenden Gebietsreformen der 1970er Jahre die Anzahl der ehrenamtlichen Mandatsträger*innen um 300.000 in Westdeutschland. In Ostdeutschland reduzierte sich die Zahl der ehrenamtlichen Kommunalpolitiker*innen zwischen 1990 und 2017 von 120.000 auf 37.000. Durch die Gemeindefusionen nahm die Zahl der lokalen Ansprechpartner*innen erheblich ab, die Anliegen der Menschen taten dies aber nicht. In einigen deutschen Gemeinden gibt es im Gemeinderat inzwischen weniger Sitze, als die Gemeinde Ortsteile hat. Damit sehen viele Bürger*innen in Großgemeinden ihre Interessen zunehmend weniger bis gar nicht mehr vertreten (Blesse und Rösel 2018).

Blick nach vorn

Die hier beispielhaften Thüringer Bedingungen einer kleinteiligen, dichten Besiedlung, ein im Wechsel von Schrumpfung und Wachstum geprägtes Bild und die sich nach rechts verschiebenden politischen Positionen konfrontieren uns mit der Frage, wie demokratische Grundlagen in Stadt und Land ausgebaut werden können. Wenn wir nicht wollen, dass demokratische Werte zu Floskeln werden und der Raum von Rechten übernommen wird, müssen wir anerkennen, dass wir einen öffentlich gewordenen Rechtsruck haben, dem in Form von breiten demokratischen Bündnissen und Projekten aus der Landes- und Lokalolitik, den Vereinen, den Verbänden, den Institutionen und der Wirtschaft gemeinsam Widerstand geleistet werden muss, und zwar durch konstruktive Lösungsansätze. „Das Morgen wird besser, nicht schlechter. Wie wir in Zukunft leben werden, liegt jedoch an uns. Gestalten wir die Streitpunkte, die jede Veränderung mit sich bringt, menschlich, solidarisch und pragmatisch. Je mehr positive Visionen wir unter der Beteiligung möglichst vieler für die Zukunft entwickeln, desto weniger Platz bleibt für rückwärtsgewandte Mystifizierungen" (Quent 2019: 268).

Positive Visionen liefert auch die Internationale Bauausstellung (IBA) Thüringen, ein Format zur Entwicklung neuer Ansätze in der Raum-, Planungs- und Baukultur. Unter dem Begriff *StadtLand* aktualisiert die IBA anhand von Projekten die rückwärtsgewandten Bilder von Stadt und Land. Die Arbeitsmethode ist transparent, kooperativ und sichtbar. Etwa 30 Vorhaben begleitet die IBA im gesamten Freistaat, darunter auch explizit zum Thema Demokratie und offene Gesellschaft. Mit der Projektfamilie „Arrival Stadtland" entwickelt sie beispielsweise mit ihren Partner*innen aus der Kommune und der Zivilgesellschaft in Erfurt, Gera und Saalfeld Projekte, die Migration und Vielfalt als Chance sehen, aktiv gestalten und so Ressentiments abbauen. Im Schwarzatal wiederum, einer landschaftlich besonders schönen Region im südlichen Thüringen, stärken Aktivist*innen aus den Städten gemeinsam mit den Protagonist*innen aus kleineren Gemeinden die regionale demokratische Kultur vor Ort. Zivilgesellschaftliche Initiativen, Vereine und Genossenschaften sowie Verwaltungen und Bildungsträger diskutieren hier neue Wege des gesellschaftlichen Zusammenlebens und der gegenseitigen Verantwortungsübernahme zwischen Stadt und Land. Das Schloss Schwarzburg kann hier als aktiver „Denkort der Demokratie" zur Visitenkarte und zur Projektadresse werden. Die Planungs- und Baumaßnahmen laufen; das Drehbuch schreiben die Akteure gemeinsam, denn, „[f]ür die Demokratien ist es folglich existenziell, raumbezogene Diskurse zu entwickeln und mit ihnen kommunikative Wechselwirkungen zwischen dem eigenen Leben und den globalen Ereignissen zu stiften" (Anders 2019).

Literatur

- ANDERS, KENNETH (2019): Kulturlandschaft geltend machen. Thesen zur Landschaftskommunikation 2019, in: http://www.landschaftskommunikation.de/thesen/thesen-2019.html, (letzter Zugriff: 29.07.2019)

- BEST, HEINRICH; NIEHOFF, STEFFEN; SAHLHEISER, AXEL; VOGEL, LARS (2017): Thüringens ambivalente Mitte: Soziale Lagen und politische Einstellungen, Zusammenfassung des Thüringen-Monitors 2017, S. 9

- BLESSE, SEBASTIAN UND RÖSEL, FELIX (2018): Gebietsreformen sparen kein Geld, https://kommunal.de/gebietsreformen-sparen-kein-geld (letzter Zugriff: 29.07.2019)

- DEPPISCH, LARISSA; KLÄRNER, ANDREAS; OSIGUS, TORSTEN (2019): Ist die AfD in ländlichen Räumen besonders erfolgreich? https://www.idz-jena.de/fileadmin/user_upload/PDFS_WsD5/Text_Deppisch_Kl%C3%A4rner_Osigus.pdf (letzter Zugriff: 29.07.2019)

- ECKERT, ONNO (2017): Vorkaufsrecht. Ein verkanntes Allheilmittel? In: Nach den rechten Häusern sehen. Immobilien der extrem rechten Szene in Thüringen, https://mobit.org/Material/MOBIT_Nach%20den%20rechten%20H%C3%A4usern%20sehen_2018.pdf (letzter Zugriff: 29.07.2019)

- FABER, KERSTIN (2017): Grafikessay Stadtland Thüringen. In: Arch+ 228, S. 6–11

- GEISSLER, RAINER (2004): Die Entwicklung zur industriellen Dienstleistungsgesellschaft - Umschichtungen in der gesellschaftlichen Mitte, Aufsatz, Universität Siegen 2004

- HOFF, BENJAMIN-IMMANUEL (2017): Die Mitte rückt nach rechts, https://www.benjamin-hoff.de/de/article/3987.die-republik-r%C3%BCckt-nach-rechts.html (letzter Zugriff: 29.07.2019)

- JASCHKE, HANS-GERD (O. J.): Rechtsextremismus, https://www.bpb.de/politik/extremismus/rechtsextremismus/41889/rechtsextremismus, (letzter Zugriff: 29.07.2019)

- KAHANE, ANETTA (2017): Wege in die offene Gesellschaft, Interview, in: Arch+ 228, S. 162–165

- MOBIT-TEAM (2017): Einführung, in: Nach den rechten Häusern sehen. Immobilien der extrem rechten Szene in Thüringen, https://mobit.org/Material/MOBIT_Nach%20den%20rechten%20H%C3%A4usern%20sehen_2018.pdf (letzter Zugriff: 29.07.2019)

- POUTRUS, PATRICE (2019): Das klingt nach völkischer Schicksalsgemeinschaft, Interview, https://www.forum-dcca.eu/das-klingt-nach-v%C3%B6lkischer-schicksalsgemeinschaft/ (letzter Zugriff: 29.07.2019)

- QUENT, MATTHIAS (2019): Deutschland rechts außen. Wie die Rechten nach der Macht greifen und wie wir sie stoppen können, München, S. 268

- REINFRANK, TIMO (O. J.): Vorwort. In: Schmidt, Anna: Völkische Siedler/innen im ländlichen Raum. Basiswissen und Handlungsstrategien, https://www.amadeu-antonio-stiftung.de/w/files/pdfs/voelkische_siedler_web.pdf (letzter Zugriff: 29.07.2019)

- RÖPKE, ANDREA; SPEIT, ANDRE-
  AS (2019): Völkische Landnahme, in:
  Arch+ 235, S. 190–195

- RÖSEL, FELIX (2017): Mehr Populismus durch Gebietsreformen?, in:
  Ländlicher Raum: Rechtspopulismus
  im ländlichen Raum. Verstehen-Sen-
  sibilisieren-Handeln, https://www.ifo.
  de/DocDL/wp-2017-234-blesse-roe-
  sel-gebietsreformen.pdf (letzter
  Zugriff: 29.07.2019)

- SCHMID, CHRISTIAN (2017): Urbanisierung und urbane Gesellschaft.
  Henri Lefebvres Thesen zur Aufhe-
  bung des Stadt-Land-Gegensatzes,
  in: Arch+ 228, S. 22–27

- SIMON, TITUS (2017): Was begründet rechtspopulistische Wahlerfolge
  in ländlichen Räumen? In: Ländlicher Raum: Rechtspopulismus im
  ländlichen Raum. Verstehen-Sensibi-
  lisieren-Handeln, https://www.ifo.de/
  DocDL/wp-2017-234-blesse-roesel-ge-
  bietsreformen.pdf (letzter Zugriff:
  29.07.2019)

- TRÜBY, STEPHAN (2017): Rechte
  Räume. Über die architektonische
  „Metapolitik" von Rechtspopulisten
  und Extremisten in Deutschland, in:
  Arch+ 228, S. 154–161

Raumpolitiken im Kontext von Globalisierungskonflikten und rechtsextremen Tendenzen

Kerstin Faber

Claudia Neu

Das Soziale-Orte-Konzept

Claudia Neu

geboren 1967 in Alsdorf, Rheinland, ist seit September 2016 Leiterin des Fachgebiets Soziologie ländlicher Räume der Universitäten Göttingen und Kassel. Von 2009 bis 2016 war sie Professorin für allgemeine Soziologie und empirische Sozialforschung an der Hochschule Niederrhein. Sie studierte an der Universität Bonn und wurde ebenda promoviert. Neu ist stellvertretende Vorsitzende des Sachverständigenrates Ländliche Entwicklung des Bundesministeriums für Ernährung und Landwirtschaft und Mitglied im Expertengremium Zusammenhalt durch Teilhabe des Bundesministeriums des Innern.

Die Lage scheint verfahren: Deutschland geht es gut, doch die Stimmung ist schlecht. In einer historisch einmaligen Welle der Solidarität haben Bürger*innen Hunderttausende geflüchteter Menschen 2015 versorgt und in Deutschland willkommen geheißen, nun fängt die Alternative für Deutschland (AfD) mit Hetzparolen Stimmen gegen Migrant*innen. Was ist da los? Politik, Medien und Wissenschaft überbieten sich – insbesondere seit den Landtagswahlen in Brandenburg, Thüringen und Sachsen im Herbst 2019 – mit Deutungsangeboten, warum trotz guter, wenn nicht sehr guter wirtschaftlicher Lage und deutlicher ökonomischer Annäherung zwischen Ost und West die Neue Rechte so im Aufwind ist.

Es liegt nah, die Globalisierungs- und Modernisierungsverlierer*innen – die prekär Beschäftigten, die Arbeitslosen, die „Abgehängten" – als primäre Wählergruppe populistischer Parteien auszumachen. Diese These, so eingängig sie auch ist, findet nur wenig empirische Bestätigung (Manow 2019: 95f.). Vielmehr scheint es so zu sein, dass eher die „Insider-Arbeitnehmer*innen" und die bürgerliche Mitte die AfD wählen, weil sie um ihre Stellung und sozialstaatliche Absicherung (durch die ins Land kommenden Migrant*innen) fürchten – und daher für nationale Abschottungsversprechen offen sind. Zudem spielen auch soziotrope Effekte eine Rolle bei der Wahl populistischer Parteien: Die Erfahrung von Deindustrialisierung und hoher Arbeitslosigkeit im sozialen Umfeld oder die anhaltende Strukturschwäche der Region (Manow 2019: 73f.). Die Vermutung liegt außerdem nahe, dass die Erfahrung von infrastrukturellem Rückbau und Erreichbarkeitsdefiziten in dieselbe Richtung wirken, das Gefühl des Abgehängt-Seins fördern – ohne vielleicht selbst wirtschaftlich schlecht dazustehen oder immobil zu sein.

Nun steht die deutlich überwiegende Mehrheit der Bürger*innen fest auf dem Boden der Demokratie, doch viele schätzen den gesellschaftlichen Zusammenhalt als gefährdet ein. Zunehmend verfestigen sich die Wahrnehmungen, denen zufolge das gesellschaftliche Miteinander Risse bekommt, soziale Milieus sich voneinander entfernen und wir uns nur noch in Filterblasen begegnen (Osztovics et al. 2018). Nicht von ungefähr stehen daher die beiden Schlagworte „Zusammenhalt" und „Gleichwertigkeit der Lebensverhältnisse" ganz oben auf der politischen Agenda der Bundesregierung, denn es geht nicht nur um den vertikalen Zusammenhalt der Gesellschaft, sondern auch um den territorialen Zusammenhalt – den

265

Ausgleich zwischen Regionen, wie ihn der politische Leitgedanke der Gleichwertigkeit der Lebensverhältnisse verspricht (Kersten et al. 2019a: 7f.).

It is (not) the economy, stupid!

Schauen wir allein auf die ökonomische Lage der privaten Haushalte, dann weiß das ifo-institut aus München Erfreuliches zu berichten: Die Ungleichheit zwischen den Regionen sowie zwischen Stadt und Land hat – gemessen am durchschnittlich verfügbaren Einkommen der Haushalte – in den vergangenen zwei Jahrzehnten abgenommen. Vor allem der Osten Deutschlands hat hier aufgeholt. Demgegenüber sind allerdings die Einkommensunterschiede zwischen den westdeutschen Regionen und Städten stärker geworden. Werden die Einkommensunterscheide zwischen den ländlichen Räumen insgesamt beobachtet, dann fällt auf, dass auch hier die Unterschiede kleiner geworden sind, was wiederum der „Aufholjagd" der ländlichen Räume im Osten geschuldet ist. Allerdings darf nicht übersehen werden, dass die Einkommensdivergenzen zwischen den ländlichen Regionen im Westen wie im Osten zunehmen. Insgesamt führt dies jedoch dazu, dass die Einkommensunterschiede zwischen Stadt und Land insgesamt rückläufig sind (Fuest und Immel 2019). Unterschiede im verfügbaren Einkommen sind allerdings nur ein Teil der Bedingungen, die das alltägliche Leben der Menschen bestimmen. Ungeachtet der zu konstatierenden positiven Entwicklung prägen weiterhin die demografischen Größen, die Anzahl der Arbeitsplätze und die Verfügbarkeit von wohnortnaher Grundversorgung die Lebensverhältnisse. *It is not only the economy!*

So belegen eine ganze Reihe von empirischen Studien und Gutachten – zum Beispiel die Raumordnungsberichte (BBSR 2012, 2017), die beiden Disparitätsberichte der Friedrich-Ebert-Stiftung (Albrech et al. 2016; Hennecke et al. 2019), die Studie des Berlin-Instituts (2019) oder der *Deutschlandatlas* (2019) – die neben dem Einkommen weitere Indikatoren wie Wirtschaftskraft, Demografie und Infrastrukturausstattung miteinbeziehen – vor allem eines: Die Disparitäten zwischen und in den verschiedenen Regionen der Bundesrepublik verfestigen sich. Weder das deutliche Wirtschaftswachstum der vergangenen Jahre noch der damit zusammenhängende Rückgang der Arbeitslosigkeit hat zu einer Angleichung der reichsten und ärmsten Regionen geführt. Was zunächst „nur" als die Transformationslast ostdeutscher Kommunen infolge von Deindustrialisierung und Abwanderung nach dem Abbau der ostdeutschen Betriebe erschien, hat sich zu einem flächendeckenden Phänomen in ganz Deutschland entwickelt: Großstädtische Agglomerationen wie Hamburg oder Berlin wachsen. Periphere ländliche Räume schrumpfen und altern stark. Arbeitskräftezuzug, hohe Gewerbeeinnahmen und eine kreative Start-up-Szene bringen die Städte und Kommunen wirtschaftlich weiter nach vorn. Strukturdefizite werden durch die demografische Alterung und die Infrastrukturkrise noch weiter zugespitzt. Auf die Deindustrialisierung folgt(e) in vielen ländlichen Regionen Ostdeutschlands die Deinfrastrukturalisierung (Kersten et al. 2012). So sind im Ergebnis nicht nur Arbeitsplätze regional sehr ungleich verteilt, sondern so steht es auch um die Zahl der Hausärzt*innen, der Apotheken und Volkshochschulen. Es mangelt in Deutschland sicher nicht an Supermärkten, doch ohne Pkw kann der Weg dorthin an manch ländlichem Ort schon beschwerlich sein. Günstige Wohnungen und Häuser lassen sich in peripheren ländlichen Räumen geradezu spottbillig finden, in Großstädten hingegen wird Wohnraum zu einem heiß umkämpften Gut.

Es wird immer deutlicher, dass zahlreiche Regionen der Bundesrepublik den Anschluss an den allgemeingültigen Standard der Lebensverhältnisse verlieren. Hierbei bilden sich regionale Cluster: Während wir in Süddeutschland weit überwiegend auf ausreichendes Arbeitsplatzangebot und sehr gute Lebensbedingungen treffen, haben sich im Ruhrgebiet und im Nordosten zusammenhängende Gebiete gebildet, die sich von der durchschnittlichen Entwicklung der Lebensverhältnisse in der Bundesrepublik mehr und mehr entfernen. Die Friedrich-Ebert-Stiftung geht gar noch einen Schritt weiter und spricht von „Fünfmal Deutschland – fünfmal ein anderes Land" (Fink et al. 2019: 8): Weiterhin stark ist die „solide Mitte", zu der sich die meisten Kreise zählen können. Zudem erfreuen sich die dynamischen Groß- und Mittelstädte wie Berlin oder München großer Beliebtheit und ziehen weiter Menschen an, strahlen so auch ins Umland aus. Doch gerade in den wachsenden Großstädten zeigen sich die negativen Konsequenzen der Entwicklung: Hohe Mieten führen zu Segregationstendenzen in der Wohnbevölkerung. Wie im vergangenen Jahr auch das Wissenschaftszentrum Berlin (Helbig und Jähnen 2018) feststellte, bleiben in deutschen Großstädten zunehmend

267

die sozialen Milieus unter sich. Das Schlusslicht bilden dann zurückbleibende Regionen, die sich – wie das Ruhrgebiet und periphere ländliche Räume – aus der Strukturkrise nicht befreien können.

Soziotropie vs. Egotropie?

Die (ökonomische) Wahlforschung kennt seit Langem das Phänomen, das nicht allein die eigene finanzielle Lage das Wahlverhalten bestimmt (egotropisch), sondern dass auch die wirtschaftliche Situation des Umfeldes von besonderer Bedeutung ist (soziotropisches Wahlverhalten; Manow 2019: 73f.). Einem ähnlichen Muster folgt offensichtlich auch die Einschätzung des gesellschaftlichen Zusammenhalts: Die Deutschen, Österreicher*innen und viele andere Europäer*innen schätzen ihr persönliches Umfeld als intakt ein, fürchten aber um den gesellschaftlichen Zusammenhalt. Die Angst vor der schwindenden Kohäsion lässt sich, laut der Arena-Analyse 2018, auf mehreren politischen Ebenen und in vielen gesellschaftlichen Bereichen gleichzeitig beobachten: „Die Einheit der EU ist in Gefahr, weil in den Mitgliedsstaaten die nationalen Egoismen die Oberhand gewinnen. Doch auch die Nationalstaaten selbst kommen durch Autonomiebewegungen unter Druck. Von Katalonien und dem Baskenland über Norditalien bis nach Schottland wird mit Eigenständigkeit und Austrittsdrohungen erfolgreich Politik gemacht. Innerhalb der kulturell nur scheinbar homogenen Regionen wächst die Entfremdung zwischen Stadt und Land. In den Städten entstehen soziale, ethnische und religiöse Ghettos, wie man sie früher nur aus den USA kannte" (Fernsebner-Kokert und Osztovics 2018). Das eigene Heim, die Nachbarschaft, das Dorf bieten dann Kontakt, Schutz und Rückzugsmöglichkeiten gegen die Zumutungen der Welt. Auf welcher sozialen oder geografischen Ebene (Familie, Nachbarschaft, Dorf, Kommune oder Nation) die soziotrope Einschätzung des gesellschaftlichen Zusammenhalts oder die Lage der Nation angesiedelt ist, ist bisher noch weitgehend ungeklärt (Manow 2019: 79).

Dieser Frage hat sich unter anderem das von Berthold Vogel und Claudie Neu an der Universität Göttingen beheimatete BMBF-Projekt „Das Soziale-Orte-Konzept. Neue Infrastrukturen für gesellschaftlichen Zusammenhalt" (2017–2020) gewidmet. Eine der beiden zentralen Fragen lautet: Wie nehmen die Bewohner*innen zweier

Landkreise – Saalfeld-Rudolstadt in Thüringen und Waldeck-Frankenberg in Hessen – den gesellschaftlichen Zusammenhalt wahr. Zeigt sich hier ein Unterschied in der Reichweite von Zusammenhalt oder, salopp ausgedrückt: Inwiefern kann man ihn fühlen?

Richtet sich der Blick auf das große Ganze, das heißt auf die gesamte Bundesrepublik, so stellt die überwiegende Mehrheit der – im Rahmen von persönlichen Interviews sowie einer *Mixed-mode*-Erhebung – befragten Bürger*innen beider Landkreise dem gesellschaftlichen Zusammenhalt ein eher schlechtes Zeugnis aus und sieht ihn in den vergangenen zehn Jahren zudem immer schwächer werden: 80 Prozent in Waldeck-Frankenberg sehen das so, mit 79 Prozent fast ebenso viele Befragte in Saalfeld-Rudolstadt. Der eingeschätzte Zusammenhalt scheint aber auch etwas mit der Größe der Gemeinde zu tun zu haben. Nehmen wir den Landkreis Waldeck-Frankenberg, so schätzen die Menschen den Zusammenhalt in ihrem Wohnort mit steigender Einwohnerzahl immer schlechter ein. In den kleinen Dörfern des Landkreises (bis 500 Einwohner*innen) halten 78 Prozent den Zusammenhalt für gut bis sehr gut, in Gemeinden bis 5000 Bewohner*innen sind es noch 70 Prozent, über 5000 Einwohner*innen mit 60 Prozent noch ein bisschen weniger. Räumliche Nähe, Kontakthäufigkeit und soziale Redundanz spielen offensichtlich eine entscheidende Rolle für die Einschätzung von Zusammenhalt. So geben die Befragten an, dass Familie, Freund*innen, Nachbarschaft, Verein und die Dorfgemeinschaft die primären Quellen des sozialen Zusammenhalts sind, in dem vertrauensvolles Kommunizieren und Handeln möglich ist. Gelegentlich wird die Heimat (-region), selten die Gesamtgesellschaft als sozialräumlicher Bezug von Zusammenhalt genannt. Folglich ist es in erster Linie der soziale Nahraum, für den man sich eine Einschätzung des Zusammenhalts zutraut. Doch hier fallen Unterschiede zwischen Ost und West auf: Die Bewertungen des Zusammenhalts im eigenen Wohnort sowie auf Landkreisebene fallen bei den Befragten im Landkreis Saalfeld-Rudolstadt deutlich negativer aus als im Landkreis Waldeck-Frankenberg.

Das ostdeutsche Narrativ des verlorenen Zusammenhalts

Dass die Einschätzungen zum eigenen Wohnort und Landkreis in dem thüringischen Landkreis viel skeptischer als in Waldeck-Frankenberg sind, verweist auf die soziotropische These: Nicht unbedingt die eigenen Erfahrungen spiegeln sich in der Einschätzung des Zusammenhalts wider, sondern die besonderen Erfahrungen ostdeutscher Bürger*innen aus der Wende- und Nachwendezeit. Dies umfasst die Auflösung von Betriebskollektiven durch Werksschließungen, die Entwertung von Berufskarrieren, die Erosion von Dorfgemeinschaften durch massive Abwanderung, das Gefühl, in einer sozial „abgehängten" Region zu leben, und die Wahrnehmung einer politischen Spaltung auch in der eigenen Gemeinde beziehungsweise im Landkreis. Ungeachtet der deutlichen Verbesserung der Lebensverhältnisse hat sich in der thüringischen Untersuchungsgruppe ein Narrativ des Verlustes breitgemacht, dass in der Wende seinen Bezugspunkt findet. Nein, die SED wollen nur die wenigsten wiederhaben, aber doch die (Arbeitsplatz-)Sicherheit, den sozialen Zusammenhalt und die günstige Versorgung mit Gütern des täglichen Bedarfs. Dass der soziale Zusammenhalt nicht immer freiwillig und die Versorgung mit den Waren des täglichen Bedarfs in der DDR nicht immer reibungslos verlief, wird gelegentlich thematisiert.

Soziale Orte

Gleichwohl ist die Sorge um den gesellschaftlichen Zusammenhalt kein ostdeutsches Phänomen, wie oben gezeigt. Wie in einem Brennglas offenbart sich im peripheren ländlichen Raum, was es bedeutet, keinen Anlass mehr zu haben, sich zu treffen oder keinen Ort der Begegnung mehr zu haben, an dem Zusammenhalt überhaupt entstehen und gelebt werden kann. Gibt es keine Schule mehr, gibt es auch keine Weihnachtsaufführung mehr. Schließt die Sparkasse, die Kirche, die Arztpraxis, der Kiosk, die Kneipe, der Turnverein – dann wird es einsam. Natürlich ist es kein Problem sich mit dem Auto – sofern vorhanden – im Supermarkt zu versorgen, die Kinder sind längst aus dem Haus und der Glaube an Gott ist auch irgendwann verloren gegangen. Zurück bleibt aber das Gefühl, dass etwas fehlt, dass es abwärts geht und der Bus auch schon mal häufiger fuhr. Jenseits der tatsächlichen oder statistisch errechneten Erreichbarkeiten ist im Blick zu behalten, dass öffentliche Infrastrukturen immer auch Symbol der Moderne, des Fortschritts und der gesellschaftlichen Teilhabe sind – zugleich soziale Orte, an denen sich Gesellschaftsmitglieder begegnen. So ist auch die Schalterhalle einer öffentlichen Verwaltung mehr als ein zugiger Warteraum, sie ist zugleich Repräsentantin eines anwesenden Staates.

Um einen Moment wegzukommen von der Rhetorik des Verlustes, lässt sich auch andersherum fragen: Wie gestalten Menschen Orte der Begegnung, sodass sie zu sozialen Orten werden (können)? Wie „produzieren" Akteure Zusammenhalt vor Ort? Diesen Fragen geht das BMBF-Projekt „Das Soziale-Orte-Konzept" in einem zweiten Schwerpunkt nach. In insgesamt acht Orten in den beiden Landkreisen Waldeck-Frankenberg und Saalfeld-Rudolstadt wurde untersucht, welche Faktoren für die Entstehung eines Sozialen Ortes entscheidend sind (Neu und Vogel 2020). Dabei kann ein Sozialer Ort ein konkreter Ort sein, wie die ehemalige Schule in Dalwigksthal, die nach ihrer Schließung zu einer genossenschaftlich geführten Gastwirtschaft umgebaut wurde; oder der sanierte Dorfplatz in der 1000-Seelen-Gemeinde Löhlbach in Hessen, der zu einem zentralen Integrationsmoment für die Dorfgemeinschaft wurde. Sozialer Ort kann aber auch ein Netzwerk sein, wie die Zukunftswerkstatt Schwarzatal in Thüringen, oder eine gemeinsame Aktion, wie die Flüchtlingshilfe in Diemelstadt, die nach der Phase der Akuthilfe zu einem kontinuierlichen kommunalen Zukunftsprojekt ausgebaut wurde. Entscheidend ist, dass Soziale Orte keine Eintagsfliegen, keine einmaligen Projekte, keine One-Man-Show sind, sondern nachhaltige Prozesse initiieren, die viele Akteure (Bürgerschaft, Verwaltung und Unternehmen) an sich binden und immer wieder neue Aktivitäten generieren. Entscheidend ist, dass Soziale Orte nicht allein mit gutem Willen und zivilgesellschaftlichem Engagement aufgebaut werden können. Unabdingbare Voraussetzung bleibt: Es braucht öffentliche Infrastrukturen wie Schulen, Schwimmbäder oder Bibliotheken, an die sich Engagement andocken und wo es sich entfalten kann. Darüber hinaus braucht es die Verwaltung, die gelegentlich selbst zur Akteurin wird, um gute Ideen auch umsetzen zu können.

Resümierend verweisen die Ergebnisse aus den beiden Untersuchungsgebieten Waldeck-Frankenberg und Saalfeld-Rudolstadt auf fünf Bedingungsfaktoren für die Institutionalisierung Sozialer Orte:

1. Unabdingbar für Soziale Orte sind das Vorhandensein und das Vorhalten öffentlicher *Infrastrukturen und Institutionen*. Soziale Orte entwickeln sich nicht gegen oder ohne öffentliche Strukturen, sondern mit ihnen.

2. Die Möglichkeit, nicht nur ein Projekt, sondern einen *Prozess* zu gestalten, ist entscheidend. Es geht nicht darum, immer wieder befristete Projekte zu ermöglichen, sondern Prozesse in Gang zu setzen, die nachhaltig nach dem Vorsorgeprinzip wirken können.

3. Für die Initiierung und Stabilisierung Sozialer Orte sind überdurchschnittlich engagierte und innovationsfähige *Akteure* erforderlich. Es braucht die „richtigen Leute am richtigen Ort". Zum Ehrenamt kann man niemanden zwingen, aber man kann ermutigen! (Finanzielle) Unterstützung, Wertschätzung und Freiräume benötigen die Akteure dringend.

4. Ein weiterer zentraler Punkt ist die Offenheit in der *Verwaltung* für partizipative Prozesse und innovative Kooperationen. Hilfreich wäre es, die Verwaltung als wichtige Partnerin bei der Produktion von Zusammenhalt „auf dem Schirm" zu haben und ihre Rolle als demokratische Infrastruktur anzuerkennen (Kersten et al. Vogel 2019a).

5. Schließlich benötigen Soziale Orte überregionale Aufmerksamkeit und Einbindung. Nur dann funktionieren sie, nur dann entwickeln sie sich nicht zu Repräsentanten für lokale Kirchturmpolitik, nur dann können sie sich nachhaltig aufstellen.

Das Zentrale-Orte-Konzept ergänzen durch ein Soziale-Orte-Konzept

Nehmen wir den Wunsch – in Ost und West – nach mehr Begegnung, gemeinsamer Aktivität und Zusammenhalt ernst, dann reicht es nicht, allein auf die Erreichbarkeiten und Mindeststandards von Daseinsvorsorgeleistungen zu schauen. Dies hieße, das erprobte Zentrale-Orte-Konzept durch ein Soziale-Orte-Konzept (Kersten et al. 2017) zu ergänzen, denn es braucht weiterhin einen hierarchischen raumplanerischen Ansatz, der von oben nach unten denkt, um territoriale Ungleichheit zu vermeiden und so den sozialen Zusammenhalt zu sichern. Es bleibt wichtig, die lokalen Unterschiede der Daseinsvorsorge, Infrastrukturen und öffentlichen Güter durch die Ausdifferenzierung einer dreistufigen Raum- und Siedlungsstruktur zu überbrücken, die zwischen Grund-, Mittel- und Oberzentren unterscheidet. Doch es braucht auch neue horizontale Verknüpfungen zwischen den – in peripheren ländlichen Räumen und segregierten Stadtteilen – teils infrastrukturell sehr ausgezehrten Grund- und Mittelzentren, um das Ziel einer flächendeckenden Grundversorgung und der gesellschaftlichen Teilhabe nicht aus den Augen zu verlieren und die Gleichwertigkeit der Lebensverhältnisse nicht weiter zu gefährden. Insbesondere haben die starke Konzentration der Daseinsvorsorgeleistungen auf Zentrale Orte und die Vernachlässigung schwieriger Stadtquartiere dazu geführt, dass Orte der Begegnung verschwunden sind, der öffentliche Raum nicht selten verwahrlost und damit die Öffentlichkeit versiegt. Lokale Demokratie lebt aber von Öffentlichkeit, dort wo sie fehlt, finden die neuen selbsternannten braunen Kümmerer auch ihre Klientel. Kurzum: Es bedarf eines Soziale-Orte-Konzepts, das in Stadt und Land die Frage beantwortet, wo sich Gesellschaftsmitglieder begegnen, wenn der Alltag digital wird und die kommunalen und regionalen Lebensverhältnisse zunehmend disparater werden (Kersten et al. 2017). Soziale Orte können dabei weitaus mehr sein als der gewohnte dörfliche Dreiklang aus Kirche, Gastwirtschaft und Vereinsheim. Sie sind nicht nur Projekte, sondern bilden Prozesse – was unmittelbar nach einer neuen Förderpolitik ruft: nicht mehr Projekte, sondern Prozesse fördern! Das heißt auch, dass zu Beginn der Idee nicht klar sein muss, was das Ergebnis ist – auch das stellt klassische Förderpolitik vor neue Herausforderungen. Diese Forderung denkt mit, dass soziale Orte Möglichkeitsräume sind, an denen die verschiedensten Akteure aus Wirtschaft, Verwaltung und Zivilgesellschaft zusammenkommen und für ihren Ort Verantwortung übernehmen. Deshalb kommt jeder politischen Ebene – Bund, Länder und Kommunen – für sich und allen politischen Ebenen zusammen die Aufgabe zu, den sozialen Zusammenhalt unserer Gesellschaft demokratisch zu gestalten und zu gewährleisten. Dies bedeutet nicht, dass der Staat die Daseinsvorsorge, die Infrastrukturen und die öffentlichen Güter selbst und allein zur Verfügung stellen müsste oder könnte. Er ist dafür insbesondere auf das Engagement der Bürger*innen, eine aktive Zivilgesellschaft und eine kooperative Wirtschaft angewiesen (Böhnke et al. 2015). Soziale Orte entstehen, so die Ergebnisse aus dem Forschungsprojekt „Das Soziale-Orte-Konzept", in schrumpfenden Landschaften und segregierenden Städten nicht von selbst. Die Menschen sind auf öffentliche Infrastrukturen und partizipationsoffene Verwaltungen angewiesen, die ihnen erst die Möglichkeit zur demokratischen Mitgestaltung geben.

Fazit

Tiefgreifende gesellschaftliche Veränderungen, die infolge des demografischen Wandels, der Digitalisierung oder des Auseinanderdriftens von prosperierenden und krisenhaften Regionen in Deutschland die Menschen verunsichern, lassen viele am Zusammenhalt und dem gedeihlichen Zusammenwirken unserer Gesellschaft zweifeln. Für die negative Stimmung im Land, die Furcht vor einer immer weiter auseinanderdriftenden Gesellschaft und auch rechte Stimmabgabe ist weniger die eigene aktuelle Lebenssituation von Bedeutung als vielmehr vorangegangene Erfahrungen (des persönlichen Umfeldes, ganzer Regionen oder Gesellschaftsgruppen) mit unbewältigtem Strukturwandel, Verlust an Teilhabechancen und Brüchen im Lebenslauf sowie die Angst vor dem sozialen Abstieg. Paradoxerweise reagieren viele Menschen auf den gefühlten Verlust von gesellschaftlichem Zusammenhalt eher mit einer Konzentration auf das eigene Umfeld oder die eigene Gruppe (Fernsebner-Kokert und Osztovics 2018). So sehen auch die Befragten in der Soziale-Orte-Studie die Chancen auf eine – auch von ihnen selbst gestaltbare – Stärkung des Zusammenhalts offenbar eher innerhalb ihres sozialen Nahraums gegeben als auf gesamtgesellschaftlicher Ebene.

Selbst wenn wir nicht genau wissen, wie oder auf welcher Ebene – Kommune, Nation oder EU – die soziotropen Effekte „zuschlagen", also wo die Einschätzung der guten eigenen Lage, der eigenen Eingebundenheit von der vermeintlich prekären nationalen Lage überlagert wird, so können wir doch zugleich festhalten: Es besteht offensichtlich eine von sehr vielen Menschen geteilte Sehnsucht nach Zusammenhalt (leider nicht von allen auch in Vielfalt), nach Begegnung und Kommunikation in der Öffentlichkeit. Wir sollten nicht den Populist*innen und Rechtsextremen das Feld überlassen, die demokratische Öffentlichkeit zu diskreditieren und durch völkische Gemeinschaft zu ersetzen. Zusammenhalt entsteht durch Teilhabe – an daseinsvorsorgenden Infrastrukturen, an zivilgesellschaftlichen Aktionen, an konflikthaften Aushandlungsprozessen. All dies geschieht an Sozialen Orten, die demokratische Mitwirkung und Öffentlichkeit vor Ort leben. Die Herausforderung im digitalen Zeitalter wird es sein, (neue) Soziale Orte zu schaffen, an denen Gesellschaft sich begegnet – profitieren davon könnte nicht nur die Gesellschaft vor Ort, sondern auch die Zukunftsfähigkeit der Gesellschaft als Ganzes.

Literatur

ALBRECH, JOACHIM; FINK, PHILIPP; TIEMANN, HEINRICH (2016): Ungleiches Deutschland: Sozioökonomischer Disparitätenbericht 2015, Bonn

ARNDT, MORITZ; BUSCHBOM, KAI, NEU, CLAUDIA ET AL. (2020): Soziale Orte. Zwei Fallstudien für ein neues Konzept zur Stärkung des sozialen Zusammenhalts im lokalen Kontext, Bonn 2020.

BERLIN INSTITUT (2019): Teilhabeatlas Deutschland, Berlin

BUNDESINSTITUT FÜR BAU,- RAUM- UND STADTFORSCHUNG (BBSR) (2012): Raumordnungsbericht 2011, Bonn

BUNDESINSTITUT FÜR BAU,- RAUM- UND STADTFORSCHUNG (BBSR) (2018): Raumordnungsbericht 2017, Bonn

BUNDESINSTITUT FÜR BAU,- RAUM- UND STADTFORSCHUNG (BBSR) (2019): Deutschlandatlas, Berlin

BÖHNKE, PETRA; KERSTEN, JENS; KLENK, TANJA; NEU, CLAUDIA; VOGEL, BERTHOLD (2015): Der Wert der öffentlichen Güter, hrsg. von der Heinrich Böll Stiftung, Schriften für Wirtschaft und Soziales, Band 15, Berlin

FERNSEBNER-KOKERT, BETTINA; OSZTOVICS, WALTER (2018): Jeder will eine Insel sein, ZEITonline, 15.01.2018, https://www.zeit.de/2018/03/gesellschaftlicher-zusammenhalt-europa-studie-wir-und-die-anderen/komplettansicht (letzter Zugriff: 11.11.19)

FINK, PHILIPP; HENNICKE, MARTIN; TIEMANN, HEINRICH (2019): Ungleiches Deutschland: Sozioökonomischer Disparitätenbericht 2019, Bonn

FUEST, CLEMENS; IMMEL, LEA (2019): Ein zunehmend gespaltenes Land? In: ifo Schnelldienst 16, S. 19–28

HELBIG, MARCEL; JÄHNEN, STEPHANIE: Wie brüchig ist die soziale Architektur unserer Städte? In: WZB Paper 2018-01, Berlin 2018

KERSTEN, JENS; NEU, CLAUDIA; VOGEL, BERTHOLD (2019): Politik des Zusammenhalts, Hamburg

KERSTEN, JENS; NEU, CLAUDIA; VOGEL, BERTHOLD (2017): Das Soziale-Orte-Konzept. Ein Beitrag zur Politik des sozialen Zusammenhalts. In: UPR, Heft 2, S. 50–56

KERSTEN, JENS; NEU, CLAUDIA; VOGEL, BERTHOLD (2012): Demographische De-Infrastrukturalisierung. In: ZAA, Heft 1, S. 39–55

KERSTEN, JENS; NEU, CLAUDIA; VOGEL, BERTHOLD (2019): Gleichwertige Lebensverhältnisse – Für eine Politik des Zusammenhalts, in: APuZ, Heft 46, S. 4–11

MANOW, PHILIP (2019): Die Politische Ökonomie des Populismus, Berlin

NEU, CLAUDIA UND VOGEL, BERTHOLD (2017–2020): Das Soziale-Orte-Konzept. Neue Infrastrukturen für gesellschaftlichen Zusammenhalt" https://www.uni-goettingen.de/de/projekte/579472.html (letzter Zugriff: 11.11.2019)

OSZTOVICS, WALTER; KOVAR, ANDREAS, FERNSEBNER-KOKERT, BETTINA (2018): Arena Analyse 2018 – Wir und die anderen, Wien

Das Soziale-Orte-Konzept
Claudia Neu

Impressum

ZENTRALITÄTEN 4.0
RAUMPOLITIKEN UND NEUE
MOBILITÄT AUF DEM LANDE

HERAUSGEBER:
Philipp Oswalt und Stefan Rettich

Schriftenreihe des Fachbereichs
Architektur, Stadtplanung, Land-
schaftsplanung der Universität
Kassel (ASL), Nr. 8

LEKTORAT:
Martin Küpper

KORREKTORAT:
Miriam Seifert-Waibel

GESTALTUNG UND SATZ:
Mauricio Sosa Noreña auf Basis
eines Reihentwurfs des Bureau
David Voss

Die Illustrationen sind jeweils
überarbeite Vorlagen der jeweiligen
Autor*innen, für S. 173, 193, 204,
215 und 227 auf Basis einer Vorlage
des BBSR. S. 116–128 sind von
Heimann & Schwantes gestaltete
Illustrationen.

LITHOGRAFIE:
Bild1Druck, Berlin

Gedruckt in der Europäischen
Union

Mit freundlicher Unterstützung
des Hessischen Ministeriums für
Wirtschaft, Energie, Verkehr und
Wohnen, des Bundesinstituts für
Bau- Stadt- und Raumforschung
(BBSR) – Innovationsprogramm
Zukunft Bau und des Fachbereichs
06 ASL der Universität Kassel.

Bibliografische Information der
Deutschen Nationalbibliothek

Die Deutsche Nationalbibliothek
verzeichnet diese Publikation in
der Deutschen Nationalbibliografie;
detaillierte bibliografische Daten
sind im Internet über
http://dnb.d-nb.de abrufbar.

jovis Verlag GmbH
Lützowstraße 33
10785 Berlin

www.jovis.de

jovis-Bücher sind weltweit im
ausgewählten Buchhandel erhält-
lich. Informationen zu unserem
internationalen Vertrieb erhalten
Sie von Ihrer Buchhandlung oder
unter www.jovis.de.

**Bundesinstitut
für Bau-, Stadt- und
Raumforschung**

im Bundesamt für Bauwesen
und Raumordnung

ISBN 978-3-86859-622-9 (Softcover)
ISBN 978-3-98612-051-1 (E-Book)